U0561393

借山图之十三　纵30厘米　横48厘米　1910年　北京画院藏

借山图之三　纵30厘米　横48厘米　1910年　北京画院藏

齊白石師友六記

北京画院——编

GUANGXI NORMAL UNIVERSITY PRESS
广西师范大学出版社
·桂林·

图书在版编目（CIP）数据

齐白石师友六记 / 北京画院编. —桂林：广西师范大学出版社，2020.11
ISBN 978-7-5598-3310-5

Ⅰ. ①齐… Ⅱ. ①北… Ⅲ. ①齐白石（1863-1957）—生平事迹 Ⅳ. ①K825.72

中国版本图书馆 CIP 数据核字（2020）第 193670 号

齐白石师友六记
QIBAISHI SHIYOU LIU JI

编　　者：北京画院
题　　字：王明明

出 版 人：黄轩庄
出版统筹：冯　波
责任编辑：谢　赫
特约编辑：吕　晓
营销编辑：李迪斐
责任技编：伍先林
装帧设计：彭振威设计事务所
出版发行：广西师范大学出版社
　　　　　广西桂林市五里店路 9 号　邮政编码：541004
网　　址：http://www.bbtpress.com
印　　刷：北京雅昌艺术印刷有限公司
开　　本：787 mm × 1 092 mm　1/16
印　　张：21.25　　字数：254 千
版　　次：2020 年 11 月第 1 版　　2020 年 11 月第 1 次
定　　价：138.00 元

序言

2020年，庚子年，中国和这个世界都发生了许多大事。6月23日这一天，中国北斗导航定位系统的最后一颗卫星成功发射，该系统全面组网成功，实现了真正的全球覆盖。按我作为一个外行的理解，这意味着我们在世界上任何一个地方，都将处于至少四颗卫星视域的交叉点上，从而建构出位置基准与时间基准，也就是所谓的定位。

回到我们的工作，齐白石是我们的研究对象，如何更准确地认清齐白石、定位齐白石呢？这的确也是一个长期的过程。早在15年前，北京画院美术馆、齐白石纪念馆成立，就确定了10个齐白石的研究、展览课题。10年前，已明确形成了以齐白石为中心的20世纪美术史研究思路，并召开了“齐白石艺术国际论坛”，后来成立了齐白石艺术国际研究中心。15年来，北京画院通过数十个齐白石展览，从不同侧面挖掘、推动了齐白石的整体研究。在研究达到现有规模和水平之际，如何开拓新的方向是近年来一直思考的问题，而“定位”的理念，给了我们启发。今年起，虽有疫情的羁绊，但北京画院的工作依然没有停歇，我们开始谋划如何链接齐白石的“上下左右”。其一，与浙江美术馆和浙江省博物馆合作，共同策划了“秋蕊香——齐白石黄宾虹花鸟画展”，从花鸟画角度切入“齐黄”的对比研究。其二，与八大山人纪念馆携手，通过展览探讨齐白石与八大之间的因缘关系，举办了“浑无斧凿痕·对话齐白石——北京画院典藏作品展”。其三，就是《齐白石师友六记》的出版与在北京画院美术馆举办的“知己有恩——齐白石的师友情缘”展览，选择了与齐白石艺术历程息息相关的六位关键人物：胡沁园、王闿运、陈师曾、释瑞光、梅兰芳、徐悲鸿，从他者视角聚焦齐白石。

以上三个项目联动形成的网络，在帮我们进一步解决齐白石研究中的一些瓶颈问题。如，我们是否因为离得太近，太关心考据中的细节或“只缘身在此山中”，而越发看不清这位艺术巨匠？这一工作的意义恰恰在于退到远处，以外在的眼光进行扫描、勾勒。我希望通过远近结合、内外等观的方式，看到一个更加鲜活、明确的齐白石。当然，此前我们做过捷克画家齐蒂尔、学者海兹拉尔的研究，来回视齐白石，也做过齐白石与徐悲鸿的对照展览等，但仍然缺少一个理性的研究架构。而此次通过多个项目、多个选点，如卫星般重新定位齐白石，校准我们的研究方向与路径，恐怕是一次有益的尝试。故而，这一系列工作也试图把许多曾经研究上的平行线，化为交叉点。譬如大家熟悉齐白石的花鸟画，那么对与他同时代的黄宾虹的花鸟画就相对陌生，两者有何异同？齐白石崇拜八大山人，愿到九泉为走狗，到底学到了什么，有实证吗？胡沁园、王闿运、陈师曾三位对齐白石颇有帮助的师友，有哪些交往中的信息需要进一步厘清？白石与梅郎颇有佳话，现存梅兰芳纪念馆的作品中，还能提供哪些新的信息？再如，关于齐白石与弟子瑞光和尚的研究，很少有人关注，这次入选其中，有何意义？等等。

最后想说，齐白石再是天才，也不是石头缝儿里蹦出来的。就算是石头缝儿里蹦出来的，也要拜师交友才能成长。白石老人深知这一点。他有一方藏于北京画院的著名印章，就是《知己有恩》。边款述其渊源：“欧阳永叔谓张子野有朋友之恩，予有知己二三人，其恩高厚，刻石记之。”欧阳修曾为故友张先作《张子野墓志铭》，文中说他与张先有“平生之旧，朋友之恩”，齐白石这方印章正取意于此。这方印刻于 1933 年，当时的齐白石已经完成“衰年变法”，立足于京华，名望渐隆。于成名之际仍能感念恩师故友，是难能可贵的品质。同时，这枚《知己有恩》也在很早就提示我们齐白石师友圈的重要性，方有今日若干项目的生成。

总之，在多位学者、多家机构的共同努力下，通过研究、出版与展览，已经确立了2020年成为齐白石研究的再定位之年，我们也明白“知己有恩”的道理，故而要一并鞠躬致谢！更要祝《齐白石师友六记》在广西师范大学出版社同人的支持下付梓顺利！祝“知己有恩——齐白石的师友情缘”展览成功！

吴洪亮

2020年10月9日于北京画院

目录

翁似高僧僧似翁
齐白石与佛门弟子瑞光的交游初探——吕晓

幸有梅郎识姓名
齐白石、梅兰芳交游略考——民国后生

江南倾胆独徐君
再议齐白石、徐悲鸿之交——华天雪

予有知己二三人，其恩高厚，刻石纪之。

癸酉八月，白石并记，时居京华。

閒坐得淚讀錢人不負乃翁書

哭松圓師

稻花落著荷花發聞道來鶯護許莊我正

多憂復多病。暗風吹雨撲茶藥。去冬今夏兒死弟亡

此生遺恨獨心知小徑蕉句耐舊時書問尚

呈初五日封支猶寄石門詩五月五日道人奉書入近報公去世

已七日矣

閒隨竹林驚魚散許對蝸甌聽鳥啼夢

半爲知己半爲師

齐白石与胡沁园交游述略

◎尹军

胡沁园像

1950 年春，北京西城区跨车胡同 15 号。年届九旬的齐白石端详着刚刚完成的山水条幅（图 1），思绪万千。稍做平复后，濡墨挥毫，题道：

沁园忆旧图。沁园师仙去三十七年矣！今年春，公孙阿龙世侄万里来师，予喜其能诵先芬，为制此图，以永两家之好。庚寅，九十岁齐璜。

沁园师，即胡沁园。

胡沁园其人

胡沁园（1847—1914），今湖南省湘潭县中路铺镇火口岭村竹冲韶塘人。派名自倬，册名庆龙，字云涛，号瀚槎、汉槎，别号沁园居士，排行第三，人称“寿三爷”。清同治四年（1865）生员，清光绪年间监生，工诗文、擅书画，在当地有“三绝”之美誉。

胡沁园为宋理学家、文学家、书法家胡安国（1072—1138）第十八代孙。胡安国本福建崇安人，南宋初由湖北荆门迁往湖南湘潭，为当地望族，湘潭胡氏多出自胡安国。胡沁园一支出自胡安国长子胡寅（1098—1156）。

据胡沁园的第五世孙胡维岳先生介绍：胡沁园父亲胡民赞、祖父胡亭午。胡沁园居所便在其祖父的亭午公祠内。亭午公祠为湘中传统祠堂建筑，为三进院落。第一进正门的横额上书“亭午公祠”四字，门两边有“韶山毓秀，塘水澄清”嵌地名联。两旁的厢房与两侧的围墙相连。步入正门，便是一偌大庭院，南北各有苍松一株。第二进和第三进，均有正屋五间，中堂与三进天墙连通，并有天井相隔。正屋两侧又各有横屋五间。因胡氏后人均分产业，胡沁园所得为公祠左侧之一半。进门前横厅有“藕花吟馆”匾额，为胡沁园书房及会客之处。横堂外侧南向，有回廊相接至一长方天井，齐白石曾住横堂第四间。

因家境殷实，兼之性格恬淡，胡沁园并不追求功名，却崇尚隐逸的乡村文人生活，吟诗作画理所当然地成为他日常生活的一种常态。胡沁园因热衷于邀集周围的文朋诗友，分享家中收藏颇丰的名人字画，饮酒吟诗，被时人誉为孟尝君、孔北海。

这从齐白石的好友王训（胡沁园的外甥）为《白石诗草》作的跋

中得到印证：

沁园好客，雅有孔北海风，同里如黎君松庵、雨民，罗君真吾、醒吾，陈君茯根及训辈，常乐从之游。花月佳辰，必为诗会。[1]

齐白石晚年在《白石老人自传》中亦回忆道：

他（胡沁园）的书房就取名为“藕花吟馆”，时常邀集朋友在内举行诗会，人家把他比作孔北海，说是：“座上客常满，樽中酒不空。”[2]

隐逸倾向与田园情怀在胡沁园所作诗歌中随处可见，如其《夏日杂兴·闲居自乐》：

花为四壁竹为门，万古消愁只酒樽。
久已烟霞成痼疾，况兼松菊满荒村。
奇书惯向灯前读，好句常从月下论。
兄弟几人长聚首，夜来姜被喜同温。[3]

胡沁园的隐逸情怀和耽于诗酒书画的追求，使他周围簇拥着为数不少的文人与士绅，成为清末湘潭县一道风景线。胡沁园的隐士思想，对齐白石的人品和画风产生了深远的影响。

---

1 齐白石：《齐白石诗集》，广西师范大学出版社，2009，第219—210页。
2 齐良迟主编，宗德路、齐展仪副主编《齐白石文集》，商务印书馆，2005，第44页。
3 文鸣辑注《湘潭历代诗词选》，湘潭大学出版社，2013，第614页。

图 1　沁园忆旧图　齐白石　轴　纸本设色　纵 136.4cm　横 35.3cm　1950 年　辽宁省博物馆藏

廿七年华始有师

齐白石原名纯芝，字渭清、号兰亭，小名阿芝。4岁随祖父识字，8岁始在外祖父周雨若执教的蒙馆读书，学习《四字杂言》《三字经》《百家姓》《千家诗》《论语》，并开始描红。因家境贫寒，不及一年而辍学回家。15岁那年正月始学粗木作，先拜叔祖齐仙佑，后随远房本家齐长龄，为期一年半左右。16岁转从周之美学细木作，19岁下半年出师。出师后，或与周之美合作，或单干，人称“芝木匠”。

20岁那年，齐纯芝偶然在一个主顾家见到一本乾隆年间翻刻的五彩套印的《芥子园画谱》，便借回家勾摹一遍，开始将画谱中的图样运用到雕花纹样中，广受村民的欢迎。后来，他又拜萧传鑫和文少可学山水画和肖像画。齐纯芝做雕花木工之余，间或做牛角烟盒，画神像功对、鞋头花样、帐檐花鸟养家糊口，“芝木匠会画画”的名声就传开了，但生活始终捉襟见肘，颇为拮据。

1889年，齐纯芝27岁，正在一个大户人家雕刻一架“出半步”的雕花大床。胡沁园见到他的画后，觉得“很可以造就”，主动收为弟子，亲自教他画工笔花鸟草虫，又让他随陈少蕃学诗文。为了以后题画方便，两位老师商量给齐纯芝取了新的名字：名璜、字濒生、号白石山人。从这崭新的称谓里，我们不难体会到胡沁园的遥深寓意：“璜”，既是一种美玉，又是商、周时的重要礼器；“濒生”，齐白石生于星斗塘畔，确为濒水而生，且水能润玉，可谓相得益彰；“白石山人”既与南宋文学家、音乐家姜夔的“白石道人”之号相近，还与明代绘画大师沈周的“白石翁”之号类同，又与齐白石所居地名相合。齐白石虽然没有对自己的名、字、号做过多阐释，但对其中的含义应该是心领神会。他早期“名余曰璜字余曰濒生”（图2）的印文造句方式，与屈原的“名余曰正则兮，字余曰灵均”何其相似！屈原为楚国重臣，齐白石也镌了一方“臣璜之印”（图3），如果说这是巧合的话，齐白石的印谱里有一枚“齐国璜印”（图4），另齐白石早期作品钤盖有“半璧印”（图5），足可旁证齐白石一直有“国宝”“国之重器”的自我暗示。这也为我们理解齐白石的高度自信找到了一把钥匙，甚至我们可以大胆揣测，这极有可能是齐白石多年以后定居京华隐秘的原因之一。

齐白石拜师后便住在胡沁园家里，胡介绍陈少蕃教齐白石读书。所读书目为《唐诗三百首》《孟子》《聊斋志异》及唐宋八家古文。这段读书经历不仅让齐白石感受到了读书是“人生最大的乐趣”，而且培养了齐白石较好的读书习惯。1903 年，他在《癸卯日记》中说：

> 四月二十三日，昨夜梦中痛泣，自出借山吟馆不曾看书……而余三日不读书，语言无味。不识字做官可矣，纯是官腔。或欲自娱，或欲医俗，非识字所不能也。

在胡沁园的鼓励和指导下，齐白石开始学习作诗，平生第一首诗便获胡沁园佳评。晚年他在《白石老人自传》中回忆道：

> 光绪十五年（己丑·一八八九），我二十七岁……那时正是三月天气，藕花吟馆前面，牡丹盛开，沁园师约集诗会同仁，赏花

左：图 2　名余曰璜字余曰濒生　齐白石
中：图 3　臣璜之印　齐白石　纵 1.8cm　横 1.8cm　北京画院藏
右：图 4　齐国璜印　齐白石

图5　月光小鸟图　齐白石　册页　纸本水墨　纵12cm　横33cm　无年款　老舍旧藏

赋诗，他也叫我加入。我放大了胆子，做了一首七绝，交了上去，恐怕做得太不像样，给人笑话，心里有些跳动。沁园师看了，却面带笑容，点着头说:“做得还不错！有寄托。”说着，又念道:“莫羡牡丹称富贵，却输梨橘有余甘。这两句不但意思好，十三覃的甘字韵，也押得很稳。”说得很多诗友都围拢上来，大家看了，都说:“濒生是有聪明笔路的，别看他根基差，却有灵性。诗有别才，一点儿不错！”这一炮，居然放响，是我料想不到的。从此，我摸索得了作诗的诀窍，常常做了，向两位老师请教。[1]

与此同时，胡沁园和陈少蕃还对齐白石开启了作文训练的模式。

1　齐良迟主编，宗德路、齐展仪副主编《齐白石文集》，商务印书馆，2005，第43—47页。

上文提及所读的唐宋八家古文便是作文的基础训练，而真正开始作文，便是在胡沁园的外甥黎雨民“逼迫”之下。《白石老人自传》如是说：

光绪二十一年（乙未·一八九五），我三十三岁……在前几年，我自知文理还不甚通顺，不敢和朋友们通信，黎雨民要我跟他书信往来，特意送了我一些信笺，逼着我给他写信，我就从此开始写起信来，这确是算得我生平的第一个纪念。[1]

齐白石学习篆刻也是拜入胡门后的事情，引其入门的是胡沁园的姻亲黎松安，黎薇荪、黎铁安也助力不少。齐白石的篆刻初始阶段主要是学习丁敬、黄易以及汉印，录《白石老人自传》两则以证：

光绪二十二年（丙申·一八九六），我三十四岁……黎松安是我最早的印友，我常到他家去，跟他切磋，一去就在他家住上几天。我刻着印章，刻了再磨，磨了又刻……松安很鼓励我，还送给我丁龙泓、黄小松两家刻印的拓片……

光绪二十四年（戊戌·一八九八），我三十六岁……黎薇荪的儿子戬斋（笔者注：戬斋即黎泽泰，湖南湘潭人，1898年始出生，是年不可能转交印谱，齐白石记忆有误）交给我丁龙泓、黄小松两家的印谱，说是他父亲从四川寄回来送给我的……我对于丁、黄两家精密的刀法，就有途轨可循了。

据敖普安、敖晋编撰的《齐白石年表》所载，齐白石最初治印的

1　齐良迟主编，宗德路、齐展仪副主编《齐白石文集》，第53—54页。

老师是胡沁园。因年表中未注明出处，无法查证。但目前并没有资料显示胡沁园操刀刻印，齐白石也无相关记载，胡教齐刻印一说只得存疑。当然，若是胡鼓励齐刻印，提供相关书籍和印谱予观，甚至建议齐向黎松安等人请教，倒也符合情理，但缺乏足够的证据支撑。

齐白石真正意义上的书法学习，是在拜胡沁园为师之后，学的是何绍基体。他在《白石老人自传》中说：

> 光绪二十二年（丙申·一八九六），我三十四岁。我起初写字，学的是馆阁体，到了韶塘胡家读书以后，看了沁园、少蕃两位老师，写的都是道光年间我们湖南道州何绍基一体的字，我也跟着他们学了。

齐白石入胡门后学习何字是千真万确的事实，有分别作于1896年、1897年、1898年、1899年的四件绘画款识为证（图7）。但自传里所说胡、陈均写何绍基体无法验证。我们目前无缘见到陈少蕃的手迹。本以为陈少蕃为齐白石《借山图》题诗是我们一睹真容的绝好机会，令人遗憾的是，陈的题诗却由黎鲽庵代写（图8）。这份题诗代写于1902年，根据齐白石此时写何体的状况来推测陈少蕃的何字水平，

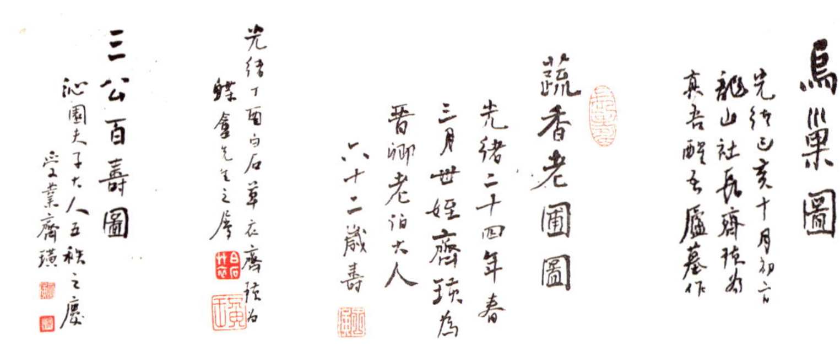

图7　齐白石1896年、1897年、1898年、1899年绘画款识

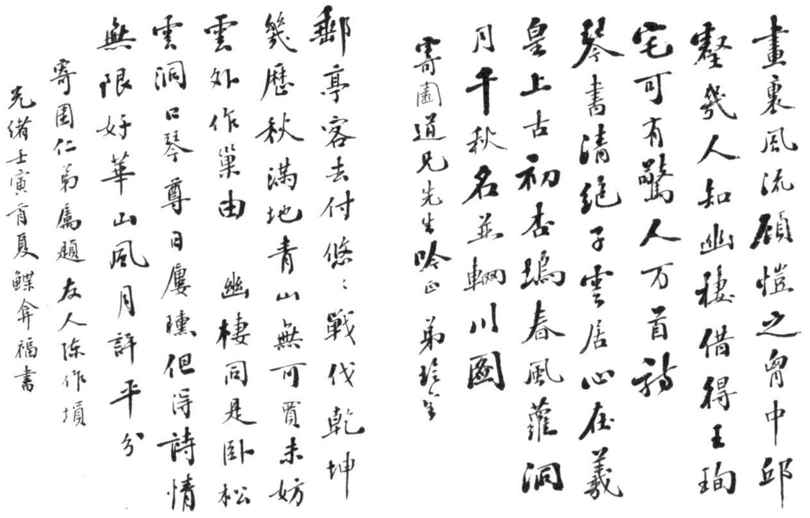

图 8　跋《借山吟馆图》 陈少蕃诗、黎鲽庵代题　镜心　纸本　纵 29.5cm　横 47cm　1902 年　北京画院藏

应付题诗当是绰绰有余。看来我们只能把写何字的目标转向胡沁园了。问题是胡沁园写何字的手迹我们同样也无缘见到，下文会有涉及，此不赘述。

据齐白石说，他的工笔花鸟草虫是胡沁园亲自教的：

> 光绪十五年（己丑·一八八九），我二十七……又跟胡沁园老师学画，学的是工笔花鸟草虫。沁园老师常对我说："石要瘦，树要曲，鸟要活，手要熟。立意、布局、用笔、设色，式式要有法度，处处要合规矩，才能画成一幅好画。"他把珍藏的古今名人字画，叫我仔细观摩。[1]

胡沁园这些谆谆教诲，在齐白石以后的绘画实践中，随处可见对这种要义的把握与呈现，尤其在齐白石栩栩如生、丝丝入扣的工笔草虫中，贯彻得异常充分。

奇怪的是，辽宁省博物馆藏有多件胡沁园的工笔花鸟，却不见工笔草虫。而在1889年拜入胡门至1914年胡沁园辞世的这段时间里，齐白石的存世作品也多为小写意花鸟画、山水画及小写意人物画、工笔仕女、描容写真等（图9—图13），工笔花鸟草虫极为罕见，只能通过一幅《花卉蟋蟀图》（图14）去揣摩与想象。直到20世纪20年代，齐白石才开始大量创作工笔花卉草虫（图15、图16）。而且，齐白石弟子王森然的《齐璜先生评传》，齐白石好友胡佩衡、弟子胡橐合著的《齐白石画法与欣赏》均没有齐向胡学工笔草虫的记载，不知是他们没有问及，还是有意避开。而记录、整理《白石老人自传》的张次溪，在《齐白石的一生》中给了我们一个大跌眼镜的答案：

---

1 齐良迟主编，宗德路、齐展仪副主编《齐白石文集》，第53—54页。

图 9　三公百寿图　齐白石　横幅　纸本设色　纵 90.6cm　横 176.9cm　1896 年　辽宁省博物馆藏

> 至于他的草虫，据别人说，是从长沙一位姓沈的老画师处学来的。这位老画师画草虫是特有的专长，生平绝艺，只传女儿，不传旁人。他结识了老画师的女儿，才得到了老画师画草虫的底本，他的草虫，后来就画出了名。[1]

看来，齐白石直接从胡沁园学画工笔草虫的说法，还得换个角度讨论。或许齐白石所说的向胡沁园学习工笔花鸟草虫，只是一个笼统的概括，更确切地说是一种“偏义复词”的用法：“花鸟草虫”是个复词，而义项却独指“工笔花卉”，并不包括“鸟”，因为目前我们鲜见齐白石工笔描绘的鸟类。实际上，只要我们细审原文中的“石要瘦，树要直，鸟要活”这句话，就会发现胡沁园教的根本就和工笔草虫不搭界。

1　张次溪：《齐白石的一生》，人民美术出版社，1989，第 140—141 页。

图 10　绿杉野屋图　齐白石　轴　纸本水墨　纵 134cm　横 32cm　1897 年　北京市文物公司藏

图 11　李铁拐图　齐白石　轴　纸本设色　纵 73cm　横 37.5cm　1897 年　浙江省博物馆藏

图 12　西施浣纱图　齐白石　轴　纸本设色　纵 90cm　横 33cm　无年款　首都博物馆藏

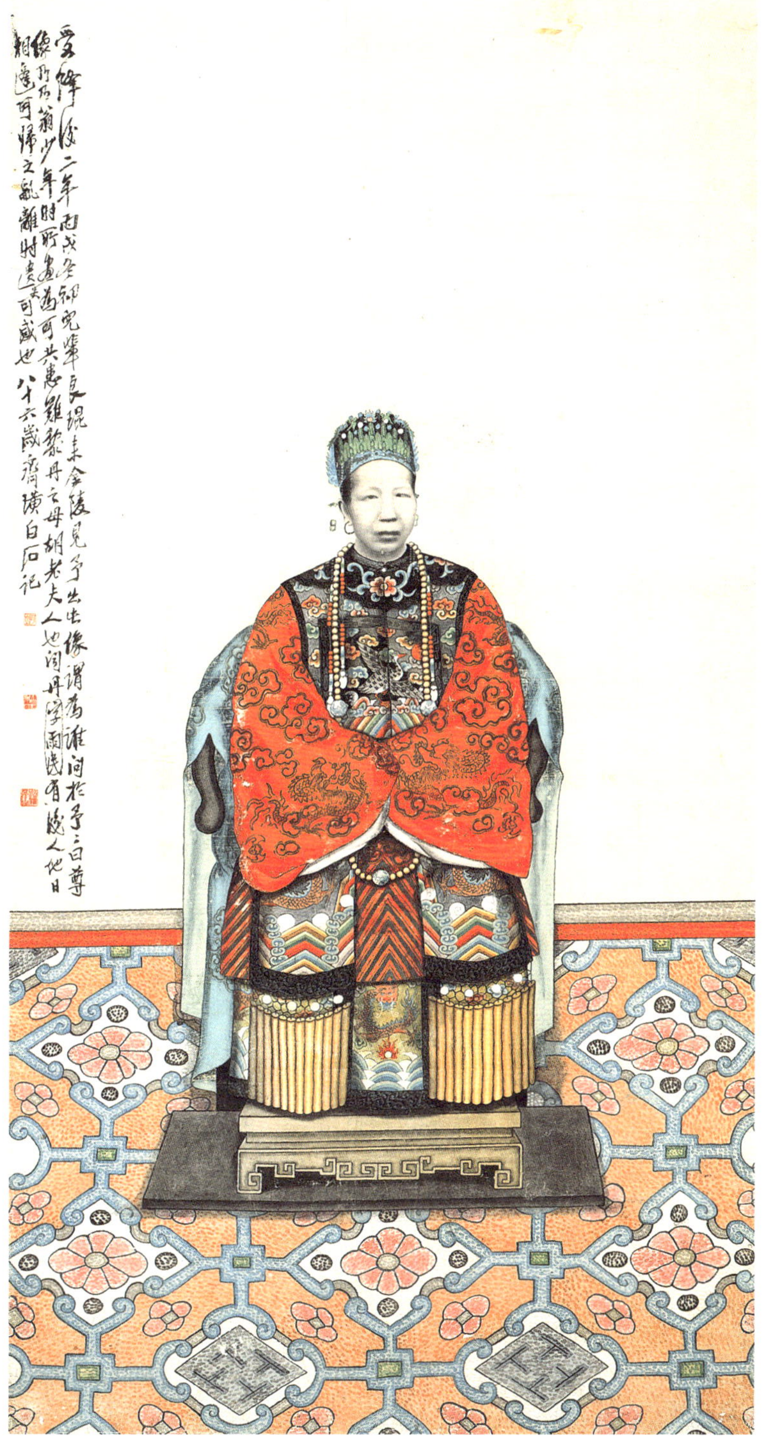

图 13　黎夫人像　齐白石　轴　纸本设色　纵 129cm　横 69cm　无年款　辽宁省博物馆藏

图 14　花卉蟋蟀图　齐白石　团扇　绢本设色　直径 24cm　无年款　辽宁省博物馆藏

只有这样解读，才会豁然开朗。那么，胡沁园的工笔花鸟究竟是一种怎样的面貌呢？我们可从辽宁省博物馆所藏的《胡沁园设色花鸟册页》中窥见一斑（图 17—图 19）：师法对象虽不明确，但明显有宋元影子，只是境界少了一份宋元的高亢和虚静；又似有清代恽寿平的痕迹，只是气息上少了一份恽的舒展与雅逸。总的来说，胡沁园的工笔花鸟画有四个特点：一是笔法规范，二是描绘工细，三是态度严谨，四是构图爽净。严格地说，齐白石并没有把胡沁园这一路工笔花鸟画继承下来，也就是说，齐白石并未不折不扣地学习沁园夫子的皮相，所以才会在沁园夫子的画上吐露心声：“沁园师花鸟工致，余生平所学独不能到，是可愧也。”（图 20）这当然是齐白石的谦辞。事实上，从齐的存世作品来看，或许他压根就没学过胡沁园的工致花鸟，这更可看出

左：图 15　蚂蚱贝叶　齐白石　册页　绢本设色　纵 25.4cm　横 32.5cm　1921 年　王方宇旧藏
右：图 16　鸢尾蝴蝶　齐白石　册页　纸本设色　纵 25.8cm　横 18.5cm　1920 年　中国美术馆藏

齐白石并非被动学习，而是主动选择。话说回来，不学不代表未受其影响，胡沁园绘画的四个特点，齐白石均有不同程度的吸收，尤其是“态度严谨”和“构图爽净”，被齐白石在各种题材的画作中发挥到了极致。

究其实，胡沁园并非专画工笔画，也画小写意水墨花鸟。齐白石藏胡沁园所绘的《草蟹图》（图 21）便是铁证。这很可能是齐白石早期学习画蟹的范本，但齐白石通过观察和写生很快超越了胡沁园。（图 22）

尤为重要的是，齐白石的文人画意识被唤醒。上文所谈到的学习作诗、作文、写字、篆刻，是典型的文人画素养训练，下文将要谈到的诗歌结社也是典型的文人情怀熏陶，但齐白石文人画创作意识的唤醒，胡沁园却有着举足轻重、不可替代的作用。《白石老人自传》如是说：

> 光绪十五年（乙丑·一八八九），我二十七岁……我常常画了画，拿给沁园师看，他都给我题了诗。他还对我说：“你学习作诗吧！光会画，不会作诗，总是美中不足。”

上：图 17　牡丹　胡沁园　册页　纸本设色　纵 29.5cm　横 36.5cm　无年款　辽宁省博物馆藏
中：图 18　花鸟　胡沁园　册页　纸本设色　纵 29.5cm　横 36.5cm　无年款　辽宁省博物馆藏
下：图 19　花鸟　胡沁园　册页　纸本设色　纵 29.5cm　横 36.5cm　无年款　辽宁省博物馆藏

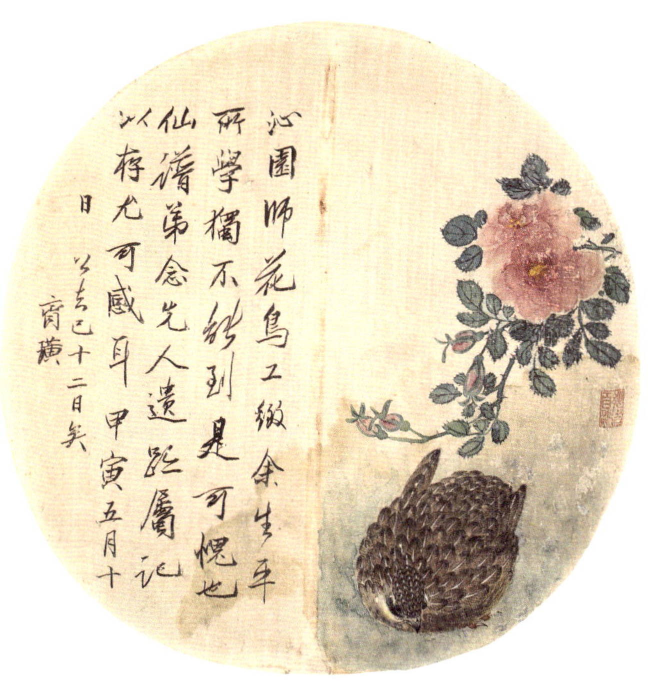

图 20　月季鹌鹑图　胡沁园　团扇　绢本设色　纵 25.8cm　横 26cm　无年款　辽宁省博物馆藏

胡沁园告诉齐白石诗中要有画，画中要有诗，诗画要互相阐发，这正是中国文人画的核心理念。齐白石后来喜欢在画上长篇累牍地作跋和题诗，我们不难从这里找到肇端。尤其是胡沁园反复灌输“读万卷书、行万里路”的理念，不仅是对“书斋文人”的一种超越，还蕴含着胡沁园对齐白石崭新文人形象的希冀与塑造。这种形而上的又极具操作性的引领，在齐白石身上烙下了不可磨灭的印记。

疑惑当然也有，目前我们不仅无法见到齐画胡跋的作品，而且胡沁园存世的 8 件画作上，竟有 3 件没有题款（图 17—图 19），3 件为齐白石所题（图 20、图 21、图 23），1 件为黎松安所题（图 24），剩下的 1 件藏于北京画院（图 25），上有“壬午夏杪，沁园主人戏笔”的款识，

图 21　草蟹图　胡沁园　托片　纸本水墨　纵 47cm　横 32cm　无年款　北京画院藏

图 22　芦蟹图　齐白石　轴　纸本水墨　纵 75cm　横 40cm　无年款　辽宁省博物馆藏

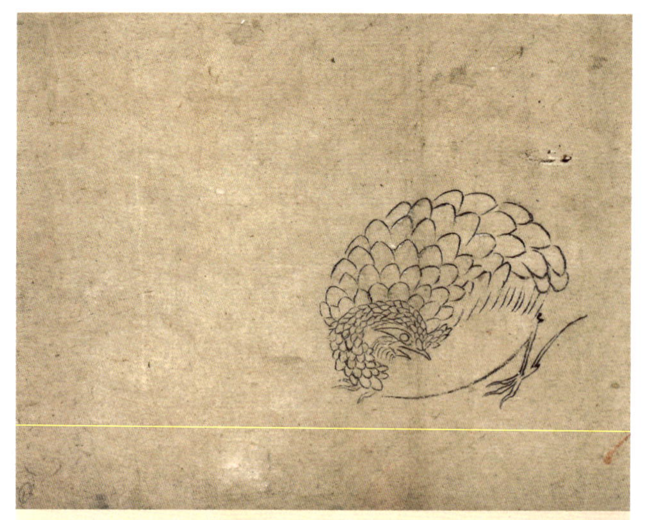

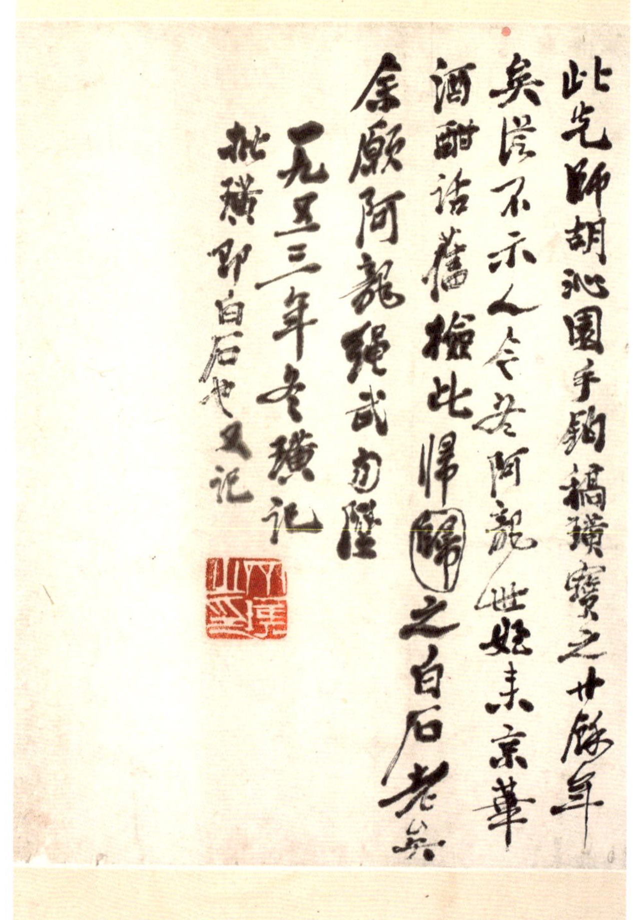

此先師胡沁園手鈎稿璜寶之廿餘年
矣嘗不示人今茲阿龍世姪來京華
酒酣話舊檢此歸之白石老矣
余願阿龍繩武勿墜
一九五三年冬璜記
批璜即白石也又記

图 23　鹌鹑图　胡沁园　托片　纸本水墨　尺寸不详　无年款　辽宁省博物馆藏

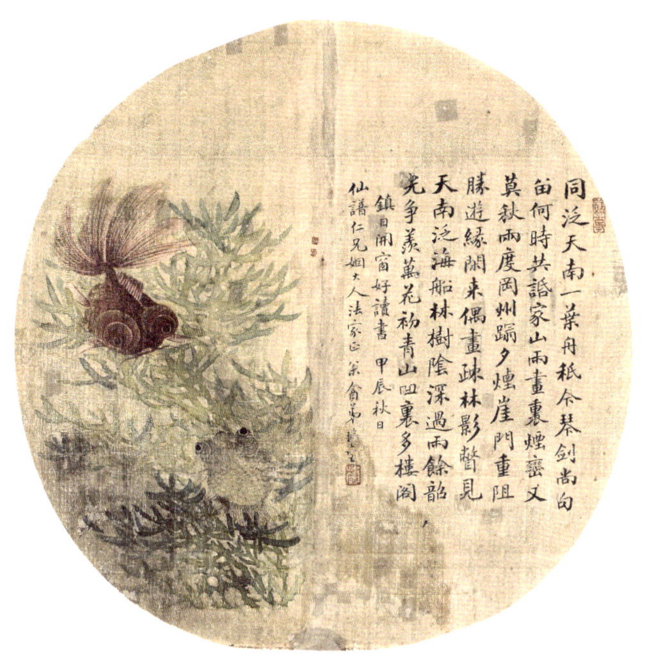

图 24　金鱼图　胡沁园　团扇　绢本　工笔设色　纵 25.5cm　横 25.8cm　无年款　辽宁省博物馆藏

即便是胡沁园亲题，也和齐白石所说的“能写汉隶”“写的都是道光年间我们湖南道州何绍基一体的字”有较大出入。连自己的画都不题款，很难想象能为齐白石画作题诗。

关于胡沁园为齐白石画上题诗之说，唯敖普安、敖晋合撰的《齐白石年表》可与《白石老人自传》互证。该年表己丑（1889）词条下云：

> 冬，作《琴书至乐园》《浮湘望岳图》，由胡沁园、黎培銮分别题诗。

因年表未注出处，无法查验，且年表中仅此一例言及胡沁园为齐画题诗，这与齐白石所言“他都给我题了诗”明显不符。尤为有意思

图25　虾　胡沁园　托片　纸本水墨　纵32.5cm　横27cm　1882年　北京画院藏

的是，齐白石最为珍爱的《借山吟馆图》，周围诗友都有题诗相赠，而恰恰重量级的胡沁园表现异常“吝啬”，不但没有题诗，而且连题字都付之阙如。我们甚至还可以追问，胡沁园竟连齐白石的“寄萍堂”斋名都未曾题写。胡沁园擅诗的信息是可以确证的，这有《湘潭历代诗词选》中所选胡沁园多首诗歌可以坐实，但胡是否擅写汉隶和何体书法、是否大量为齐白石画作题诗，还得找相应的验证材料，倘若《白石老人自传》中对胡沁园没有进行“塑造”与“构建”的话，那么就一定会有较复杂的因素和更隐蔽的原因，需要我们进一步求证与探索。

齐白石在胡门诗书画印之余，还在胡沁园的建议下向萧传鑫学习装裱技术，并开始卖画养家，一度紧张的经济状况得到舒缓。

七子寒名夙有缘

湘潭历来文蒸霞蔚，文人有诗歌结社的传统，据记载，自明崇祯初年始至1937年，湘潭诗歌结社的现象如雨后春笋，代有传承：明崇祯初年的岸花诗社，清乾隆末年至嘉庆初年的雨湖诗社，清嘉庆至道光年间的雨湖诗社，清咸丰六年（1856）以王闿运等人组建的兰林词社，光绪年间的东山诗社、碧螺诗社，光绪二十年（1894）的龙山诗社，光绪二十一年（1895）年的罗山诗社，民国初年黎薇荪等组建的霞峰诗社，约1920年的南园诗社，1931年朱德裳等人三组的雨湖诗社，1936年的壶山诗社，1937年黎锦熙四组的雨湖诗社。

1894年春末，湘潭县中路铺文人王仲言发起龙山诗社，诗社在中路铺镇白泉村棠花冲罗真吾、罗醒吾兄弟家组建。1894年在五龙山大杰寺正式成立，名为龙山诗社。因山上多白果树，又名白社，社员七人，推齐白石为社长，活动以诗词为主，兼及字画、篆刻、器乐等。《白石老人自传》有云：

> 光绪二十年（甲午·一八九四），我三十二岁……到了夏天，经过大家讨论，正式组成了一个诗社，借了五龙山的大杰寺内几间房子，作为社址，就取名为龙山诗社……诗社的主干，除了我和王仲言，罗真吾、醒吾兄弟，一共是七个人，人家称我们为龙山七子。

齐白石绘《龙山七子图》以纪（图26）。

罗山诗社的结社时间为1895年，社结湘潭县中路铺文人黎松安家。诗友有王仲言、罗真吾、黎丹、黎裕昆等，原龙山诗社的社友也

图 26　龙山七子图　齐白石　轴　纸本设色　纵 179cm　横 96cm　1894 年　藏地不详

纷纷加入。罗山诗社开办起来后，不断发展壮大。1897年，因人多屋窄，黎松安建“诵芬楼”以为诗社。推齐白石为社长、黎松安为副社长。《白石老人自传》有云：

> 光绪二十一年（乙未·一八九五），我三十三。黎松安家里，也组成了一个诗社。松安住在长塘，对面一里来地，有座罗山，俗称罗网山，因此，取名为“罗山诗社。”黎锦熙在《齐白石年谱》光绪二十年（1894）辞（词）条下的按语云：“我记得十岁左右也都参加过，号小社友，受白石翁的领导。”

可作为印证。

目前，我们虽然无法找见胡沁园组建诗社、加入诗社的文献资料。但龙山诗社与罗山诗社的社友，大都和胡沁园有着千丝万缕的联系。譬如，王仲言是胡的外甥，胡立三是胡的侄儿，黎松安是胡的姻亲，罗醒吾是胡的侄婿，黎丹喊胡为舅舅……胡沁园的这根纽带有多强劲，可见一斑，其所起到的作用，亦可想而知。

可以这样说，此时的齐白石已顺利地融入了当地的士绅文化圈。朋友圈的改变无疑是齐白石拜入胡门后的另一重大收获，我们可从下面的两个表格见出端倪（表1、表2）。

表1　齐白石入胡门前的师友一览表

姓名	与齐白石的关系	职业
齐仙佑	粗木作第一位师傅	木匠
齐长龄	粗木作第二位师傅	木匠
周之美	细木作师傅	雕花木匠
左人满	邻居，善乐器	篾匠
萧传鑫	画像老师，纸扎匠，能画山水、人物及花卉，会作诗，擅装裱	民间画师
文少可	画像老师	民间画师
齐铁珊	朋友	不详
齐伯常	做雕花木工时的主顾	绅士
齐公甫	做雕花木工时的知己	不详

表 2 入胡门后，齐白石的师友一览表（1889—1899）

姓名	与齐白石关系	身份
胡沁园	绘画老师	绅士
陈少蕃	诗文老师	诗人、胡沁园家的西席
谭溥	山水画老师	诗人、地方画家
黎松安	篆刻入门引领者	绅士、诗人、书法家
黎锦熙	黎松安之子，多年后为齐白石编年谱	语言学家、教育家
黎丹	“逼迫”齐白石写信第一人	诗人、书法家
王仲言	社友，后成儿女亲家	私塾先生，工诗文，旁及篆刻
张仲飏	因诗与齐白石结识，后成儿女亲家	曾为铁匠，后工诗文，致力于《礼经》研究
黎薇荪	印友、诗友	四川崇宁县令，诗人，书法家
黎鲽庵	介绍齐白石为谭氏兄弟刻印	绅士
胡光	好友，曾为其作《石门二十四景图》	诗人、书法家
谭延闿	为其刻印	书法家、诗人
罗醒吾、黄伯魁等十余人	龙山诗社、罗山诗社社友	多为绅士、诗人
备注：之所以把时间的下限设为 1899 年，是因为 1899 年齐白石拜师王闿运，为不与以王闿运为纽带结文的朋友圈相混淆，故有此设。另外，这个表格绝非引导读者产生“均为胡沁园功劳”的联想。		

授书不忘藕花池

1902年，齐白石40岁，拉开了长达八年的远游序幕。虽常有“旧雨新知”相伴，“客中寂寞”却如影随形，为沁园师购买文房四宝、日常用具，差可慰藉，最直接的方式当然是直接与沁园师书信。

目前，可见齐白石与胡沁园书信有三封，其中一封为齐白石手迹，收录在湖南美术出版社出版的《齐白石全集》第9卷第13页（图27），该信写于1914年夏历二月十五日，释文如下：

楚人之像极似，专人送去，道出尊处，乞公加函为索酬谢也。今春植梨树卅余株，倘皆栽活，明春可奉赠一二株，移于沁园深处，以报赐桃树也。桃著实十，甚喜。因及之今日（阴二月十五日），问公安否于蜕园，人还，知贵恙将愈，喜极！慰极！因挑灯作此，明日将寄。沁园夫子门下弟子璜顿首。

从此信可见胡沁园为齐白石承揽业务，并为齐白石索取酬值。做老师做到这种程度，夫复何求！

另外两封信，笔者曾见过手迹，因图片不完整，只录文字于下。

夫子大人座下：璜昨到家，因俗务万不能拔开，故暂未能奉谒门墙。公知我者，想不叱责。刘君来，风尘愁苦，一问便欲加怜。九弟如暇，请来寄园一会。十三弟及立三可偕同来望望，老少万福。受业璜书。

沁公夫子大人座下：自别公后，眠食欲废，奈何！委画各件，

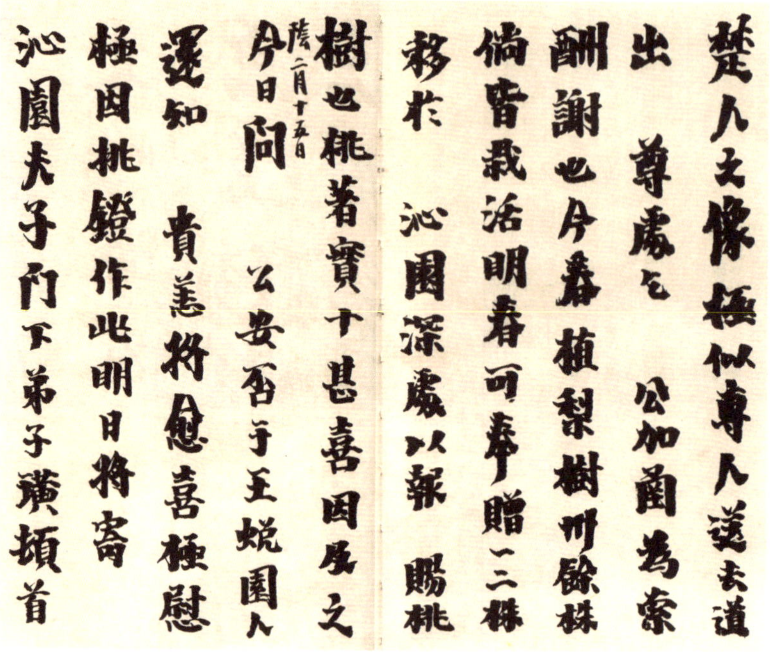
楚人文像極似尊人送去道
出尊處乞 公加閱為索
酬謝也今春植梨樹卅餘株
倘皆栽活明春可奉贈一二株
移於 沁園深處以報 賜桃
樹也桃著實十甚喜因思之
陰二月十五日 今日問 公安否于王蜕園人
還知 貴恙將愈喜極慰
極因桃鐙作此明日將寄
沁園夫子門下弟子璜頓首

图 27 齐白石与胡沁园函 信札 纸本 尺寸不详 1914 年 藏地不详

> 一无应命，知我惟公，想不罪我也。璜旧画小中幅一，其品清逸，寄来奉公置之壁间，胜门人朝昏对立。璧还便面二，折扇二。又琴兄便面一，请代交去。工致小品画册，乞查收。仙谱弟为璜刊竹器，工成付我。合家万福！门人璜顿。立三弟贤昆仲均此。十月十五日中。

从“沁公夫子大人座下”一信可知，齐白石未能完成胡沁园的委画要求，而应以一件小中幅，这或许就是下文焚画以悼的原因之一。

“交作业”无疑是报答师恩的不二方式。齐白石为胡沁园究竟作了多少书画作品，目前很难确定具体数字。仅笔者目见，便达 19 件

左：图 28　沁园夫子五十岁小像　齐白石　轴　纸本设色　纵 65.3cm　横 37.5cm　1896 年　辽宁省博物馆藏
右：图 29　沁园师母五十岁小像　齐白石　轴　纸本设色　纵 63.3cm　横 37.7cm　1901 年　辽宁省博物馆藏

套，其中 4 件为四条屏，1 件为三条屏，若以单幅论，则多达 33 件。其中有明确纪年的最早作于 1892 年，最晚作于 1912 年八月。题材以花鸟数量为最，山水次之，画像又次之。聊取画像、山水各一组举隅。

辽宁省博物馆藏有齐白石分别为沁园夫子，沁园师母的写真图各一（图 28、图 29）。关于此两帧写真图的画法之妙，研究者之述已备。值得一提的是齐白石的寓意。沁园夫子手持兰花，寄寓了齐白石对胡沁园品格的评价：高洁、典雅、坚忍不拔；沁园师母手持灵芝，则寄寓了吉祥如意、幸福康泰的美好祝福。这两幅写真合起来则有“与善人居，如入芝兰之室，久而不闻其香，即与之化矣”之意。

齐白石借用《孔子家语》中的话，曲折而形象地表达了对沁园夫子、师母虔诚的敬仰和深沉的感激。当然，我们也不难读出齐白石在此既是誉人，也是喻己：师父、师母的芝兰之气润物细无声，自己自然也近朱者赤了。齐白石后来喜用谐音在画作中寄寓自己的主体情思，便是这种思维方式的延续。如画四个柿子、一只鹌鹑寓“事事安顺”；画两朵盛开的牡丹和两只白头翁寓“大富贵两白头”；画一株万年青寓“祖国万岁”……

齐白石所赠胡沁园《山水》三条屏和《华山图》团扇，代表了齐白石早期山水画学习的两个阶段，即临摹阶段、由临摹向写生转换的阶段。

《山水》三条屏（图30），虽无年款，但从“汉槎夫子大人之命，受业齐璜”的款识字体来看，绘制的时间下限不会超过1896年，山体明显有学习传统和时人的痕迹，画得结实而略显拘谨，树却有《芥子园》树的倾向，这种拼贴临摹的思维方式，在齐白石后来的绘画实践中成为一种常态，齐白石自己称之为“移花接木”手段。《华山图》团扇（图31）无年款，但根据《白石老人自传》记载，当画于1903年远游归来。《华山图》已有写生痕迹，采用全景山水的构图方式，远、中、近景虚实相生，但用笔较为谨慎。原因之一是沁园夫子之命，原因之二是画幅尺寸较小，要纳华山全景于其中，委实有难度，原因之三是临摹山水的惯性仍在作怪。因此，我们可以把《华山图》团扇视为写生，亦可视为齐白石对自己的华山图原图（原图已佚）的临摹。齐白石这种临摹自己作品的方式，在后来的山水画实践中屡见不鲜，在此便不一一列举了。

为了让我们对齐白石为胡沁园所作书画有一个大致的了解，兹列表3于下：

表 3 齐白石为胡沁园所作书画一览[1]

序号	时间	款识中的纪年	作品的名称	收藏
1	1892 年	光绪十八年八月	《佛手花果图》扇面	湖南省博物馆
2	1893 年	光绪十九年夏四月	《梅花天竹白头翁图》立轴	辽宁省博物馆
3	1896 年	沁园夫子大人五秩之庆	《三公百寿图》横幅	辽宁省博物馆
4	1896 年	丙申正月上九日	《山水图》扇面	湖南省博物馆
5	1896 年	丙申四月	《沁园夫子五十岁小像》立轴	辽宁省博物馆
6	1897 年	丁酉五日正午	《老虎图》立轴	辽宁省博物馆
7	1901 年	辛丑四月	《沁园师母五十岁小像》立轴	辽宁省博物馆
8	1903 年	无年款，据相关叙述，从印鉴、题款等来看，可断为 1903 年	《华山图》团扇	辽宁省博物馆
9	1908 年	戊申秋	《芙蓉水禽图》横幅	辽宁省博物馆
10	1912 年	壬子秋八月	《花鸟》四条屏	辽宁省博物馆
11	待考	无年款	《芦雁图》团扇	辽宁省博物馆
12	待考	无年款	《花卉蟋蟀图》团扇	辽宁省博物馆
13	待考	无年款	《荷花双鱼图》立轴	辽宁省博物馆
14	待考	无年款，每幅均钤“沁园赏鉴”白文印	《花鸟》四条屏	湖南省中山图书馆 湖南省图书馆
15	待考	无年款	《胡沁园像》镜心	湘潭齐白石纪念馆
16	待考	无年款	《松阴·梅影》楹联	私人
17	待考	无年款	《花鸟》四条屏	辽宁省博物馆
18	待考	无年款，每幅均有“沁公赏鉴之记”白文印	《花鸟草虫》四条屏	辽宁省博物馆

1　需要说明的是，其中有两件四条屏，均无上款，但因钤有胡沁园鉴赏印，笔者亦纳于此表，并在表中做了简单交代。

1914年5月23日，胡沁园去世，齐白石七天后才闻此消息，悲恸万分：

民国三年（甲寅·一九一四），我五十二岁……正是端阳节，我派人送信到韶塘给胡沁园师，送信人匆匆回报说：他老人家故去已七天了。我听了，心里头顿时像小刀子乱扎似的，说不出有多大痛苦。他老人家不但是我的恩师，也可以说是我生平第一知己，我今日略有成就，饮水思源，都是出于他老人家的栽培。一别千古，我怎能抑制得住满腔的悲思呢？[1]

齐白石为胡沁园作祭文（已佚）和挽联："衣钵信真传，三绝不愁知己少；功名应无分，一生长笑折腰卑"，并参酌旧稿，画了20多幅画，都是胡沁园生前赏识过的，亲自裱好，装在亲自糊扎的纸箱内，在他灵前焚化。此外，齐白石还作七言绝句十四首，追念师徒26年来的点点滴滴。聊录三首：

平生我最轻流俗，得谤由来公独知。
成就聪明总辜负，授书不忘藕花池。

苏家席上无门下，因喜停车长者风。
难得扫除无习气，称呼随众曰萍翁。

往迎车使礼荒唐，喜得春风度草堂。
五百年来无此客，入门先问读书房。

1 齐良迟主编，宗德路、齐展仪副主编《齐白石文集》，第85页。

图 30　山水　齐白石　条屏　纸本设色　每幅纵 94cm　横 19.5cm　无年款　辽宁省博物馆藏

图 31　华山图　齐白石　团扇　绢本设色　纵 26cm　横 24cm　无年款　辽宁省博物馆藏

“平生我最轻”诗提供了胡沁园与齐白石心意相通的信息；“苏家席上”诗反映了胡沁园对齐白石非常尊重的谦谦君子之风；“往迎车使”诗则展现了胡沁园对齐白石“读书为第一等事”的叮咛与教诲。

结语

自1889年正月始，至1914年夏历四月止，齐白石与胡沁园相识、相知长达26年，他们之间究竟有多少感人至深的故事与细节，因为资料的缺乏，尤其是胡沁园资料的缺乏，我们已很难从时光的长河中一一打捞、一一拼贴。但这些并不妨碍我们对齐、胡相遇的意义进行探讨。

19世纪末，作为平民阶层的齐白石，能够遇见绅士阶层的胡沁园，的确是一种偶然，但这种偶然里包含了必然。

晚清虽然处于一个社会大变局时期，但在中国这片土地上，绅士阶层对于地方文化、地方教育的职责，仍在不遗余力地坚守。正是这种坚守，齐白石之类平民阶层补充文化、进修艺术、扩大视野的诉求，才有可能顺利实现。而且，这并不是孤例，齐白石后来遇见的经学大师王闿运，也有向铁匠张仲飏、铜匠曾招吉抛递橄榄枝的经历，便是旁证。另外，张仲礼先生《中国绅士研究》[1]一书、阳信生先生《湖南近代绅士阶层研究》[2]一书，对乡村绅士的职责与作用，多有阐述与诠释，我们可以从其中看出绅士的尽职尽责是当时的一种社会常态。

显然，齐、胡相遇是湘潭县绅士阶层对湘潭县文化、教育事业发挥积极作用的最好注脚。通过这个注脚，我们可以看到地缘关系中的脉脉温情，看到风雨如磐的时代中仍有一些明亮温暖的底色，而且，我相信，这种明亮与温暖绝非湘潭所独有。

话说回来，纵然那个时代有"国有颜子而不知，深以为耻"的风

1　张仲礼：《中国绅士研究》，上海人民出版社，2019，第40—56页。
2　阳信生：《湖南近代绅士阶层研究》，岳麓书社，2010，第30—34页。

范，前提是你得是“颜子”，是可塑之才，必须是胡沁园第一次见到齐白石所说的那样：我看到你的画了，很可以造就。

齐、胡相遇，对于齐白石个人来说，意义有二。

首先，让齐白石明白了一个道理：唯善琴者，可遇知音。从某种角度说，齐白石是带艺从师的。胡沁园之所以青眼齐白石，是因为齐白石的才华完成了对胡沁园的初步征服，这无疑给了齐白石一种强大的心理暗示。后来一连串的知遇事件标志着这种心理暗示不断发酵：遇郭葆生、遇夏午贻、遇王闿运、遇樊樊山、遇陈师曾、遇林风眠、遇徐悲鸿……

这种强大的心理暗示，还让齐白石把胡沁园这种“知遇之恩”毫无保留地进行了传递，譬如他对瑞光、对李苦禅、对刘淑度、对王雪涛、对娄师白。这种正能量的正向传递，不仅为我们勾勒出那个时代艺术圈五彩斑斓的图景，还激励着一代又一代的学人孜孜以求、奋发向上。

其次，完成了齐白石文化结构的初步塑造。事实上，胡沁园对齐白石具体教授了什么内容，这些内容又是如何在齐白石身上得到具体的呈现，我们似乎很难拿出铁板钉钉的证据。而如果我们真的为此去绞尽脑汁，希冀建立起一种一一对应的逻辑关系，那无疑是对胡沁园在齐白石身上良苦用心的严重低估。

确实，齐白石的诗书是跟陈少蕃读的；齐白石的刻印是黎松安引进门的；齐白石的山水画据说是跟谭溥学的；齐白石的装裱是跟萧传鑫学的；写信、作文还是黎丹“逼迫”的。齐白石在胡沁园那里学到的似乎只有小写意花鸟，以及我们仍应存疑的工笔花鸟草虫和何绍基体。胡沁园的高明之处也正是在此，他并不是一招一式地去教齐白石画只虾，也不是一招一式地去教齐白石画条鱼。他提纲挈领地教齐白石“石要瘦，树要曲，鸟要活，手要熟”；反复劝勉齐白石“行万里路，读万卷书”；不断叮嘱齐白石“光会画，不会作诗，总是美中不足”；甚至建议齐白石卖画也是一种不错的解决经济拮据的方式。

齐白石诗书画印学习模式的全面开启，胡沁园的作用居功至伟。我们可以试想一下，年已廿七的齐白石若只是继续雕花以糊口，那只能止于“芝木匠”，即便间或画像以营生，也只能止于“齐美人”。当然，有朋友也许会说，齐白石是千里马，遇到伯乐是必然的，这种从内在找原因的说法似乎没错，但我们千万不能忽略一个基本的事实，若不遇胡沁园，齐白石的姓名仍是齐纯芝。同时，我们也不能忽略一个基本事实，齐白石所居偏乡一隅，且为弹丸之地，他即使能碰到有伯乐眼光的人，但有眼光者不一定便有能力；他也可能会碰到有伯乐能力的人，但不一定有能力者便有心思。

胡沁园与齐白石的关系，绝对不能简单地用“伯乐与千里马”来形容，也绝对不能简单地用“师生”关系来概括。胡沁园不仅在物质上给予了齐白石最坚定的支持；同时在齐白石文化结构的初步塑造上也是颇费心力；尤为重要的是，在精神上给了齐白石方向的指引。顺着这种指引，天纵英才且勤奋异常的齐白石，一步一个境界，完成了人生的华彩交响！

在这里，并非笔者拼命夸大胡沁园之于齐白石的意义，也并非要把齐、胡相遇的意义做一个过度解读。实际上，胡之于齐的意义怎么解读都不为过。还是用齐白石《哭沁园师十四首》中的最后一首诗，来结束本文吧：

> 学书乖忌能精骂，作画新奇便誉词。
> 惟有暮年恩并厚，半为知己半为师。[1]

作者原名尹勇军

系湖南省湘潭市齐白石纪念馆创作研究部主任

---

1 郎绍君、郭天民主编《齐白石全集 普及版 全十卷 第十卷（诗文）》，湖南美术出版社，2017，第8页。

1

读白石 诗人

余十八年前为□□□今年常来京师请樊樊山先生题记由此
人皆见之所求者亦不少数放田自湖云楼扇三千第一层求者苦余
为一只后人嗤我所偏枯阴即写生一草一言
余前月画扇寄樊山先生题后亲册伊又来笺云余屡经离乱遗
扇百余柄是后乃若作作如土无[illegible]一扇一握年年精之项宣山人于扇头
书性且贻之事报谢[illegible]一反侠怪远远而犹题想达是萝中是山阴知
我平生作诗变换人相随只清风 慈禧侠寿红颜老师录出为慈禧代之人
湘潭门□台坐新语无先朝有当手之衣山人与缘夫人
廿日新五年乱作容师存国之信一家居之廿九日以言
语将至□□上此点[illegible]辛亥以后之中华不成国矣何人
之兵乱不必论[illegible]想我家国之亲人亦[illegible]然余在此不知
何如四年以来艰危苦痛泣伤言之心伤
上月初四何某大败前城北不数十里打仗京城内外能无
指某骄有严防之心刻夜不恐福也尤地之众非他方之往数专门事振
也两月余不得安乎回想也 去岁两军大战六月初一起过战二十日
[illegible]一右日东河目东以争安无家计也之二之未满什米之荒曾予

湘綺門墻白髮新

王闿运与齐白石的师生交谊

◎ 奇洁

王闿运像

地灵盛江汇，星聚及秋期。[1]

王闿运的一句诗，让齐白石苦恼了很久。

1　齐白石口述，张次溪笔录《白石老人自述》，广西美术出版社，2014，第 81 页。

拜师

《白石老人自述》(以下称为《自述》)是一本耐人寻味的口述史自传。书中齐白石自陈到，光绪二十五年(1899)正月，张仲飏介绍齐白石去拜见了王湘绮先生，此次齐白石便带了诗文、字画、印章，请先生评阅。湘绮先生说："你画的画，刻的印章，又是一个寄禅黄先生哪！"[1]《自述》中齐白石觉得湘公名声很大，一般趋势好名的人，都想列入门墙，递上一个门生帖子，就算做王门弟子，在人前卖弄卖弄，觉得很光彩了。此后，张仲飏屡屡劝齐白石拜王湘绮为师，而齐白石却怕人以为自己是攀附权贵的势利小人，迟迟没有回应。在张仲飏的反复劝说中，齐白石得知，王湘绮曾对吴劭之[2]说："各人有各人的脾气，我门下有铜匠衡阳人曾招吉，铁匠我同县乌石寨人张仲飏，还有一个同县的木匠，也是非常好学的，却始终不肯做我的门生。"[3]一代名流言语讲到这种程度，齐白石只好不再固执，距第一次拜见湘绮先生九个月后的十月十八日，齐白石终于在张仲飏的陪同下，来到王湘绮家中，正式拜师。虽已入门，齐白石在《自述》中仍旧表明自己对于此次拜师是很谨慎的，觉得自己学问太浅，怕人家说他拜入王门是想抬高身价，仍不敢把湘绮师挂在嘴边。

无独有偶，《自述》中十年前(1889)，有一个"寿三爷"听闻擅长雕花的齐木匠聪明又用功，认为他是可造之才，便主动要齐木匠去韶塘家中，随自己学习，这位附庸风雅的财主便是齐白石的恩师胡沁园。

1　齐白石口述，张次溪笔录《白石老人自述》，第 65 页。
2　吴熙(1840—1922)，字劭之，湖南湘潭人，清末民初著名联家，著有《绮霞江馆联语》。
3　齐白石口述，张次溪笔录《白石老人自述》，第 65 页。

随后，齐木匠住在胡沁园家中免费学习，并经由胡沁园介绍成为陈少蕃的诗文弟子。在随胡、陈二位先生学习的过程中，齐木匠获得了很多，名“璜”、号“濒生”、别号“白石山人”，这些之后名动海内的称呼，全部来自二位老师。不仅如此，当齐木匠受生活所迫微有哭穷之意的时候，胡沁园一句“你的画，可以卖出钱来，别担心”[1]，便成为齐白石一生所赖的生存指南。齐白石随陈少蕃读书，跟胡沁园学习花鸟画，从立意、布局、用笔、设色到临习观摩古今名人绘画，都给齐白石留下了深刻印象，直至老年进行口述自传时，仍能娓娓道来。

在胡沁园家学习期间，齐白石结交了很多朋友，如黎氏兄弟、王仲言、罗氏兄弟等。光绪二十年（1894），王仲言发起组织的诗会正式名为“龙山诗社”，主干七人称为“龙山七子”，大家推举年龄最长的齐白石为社长，北京画院现藏有齐白石自刻“龙山社长”白文印一枚（图1）。诗社活动亦有七人之外前来参加，此间齐白石认识了与其同为匠人出身的铁匠张仲飏，此时的张仲飏已经是王门弟子。齐白石眼里的张仲飏虽经学深厚、作诗工稳，但同乡们仍在背后称其张铁匠，一如自己刻苦学习诗文绘画，在乡人口中仍为“芝木匠”一般。同样出身与相同遭遇，成为齐白石与张仲飏交为知己的重要契机。五年后，张仲飏引荐齐白石拜入王门。

齐白石拜入王门始末，在《湘绮楼日记》中仅有两条，时间、地点、人物介绍十分清晰，言语却异常简洁：

> 光绪二十五年一月廿日，阴晴。
>
> 看齐木匠刻印、字画，又一寄禅、张先生也。[2]

1　齐白石口述，张次溪笔录《白石老人自述》，第52页。

2　王闿运：《湘绮楼日记》，岳麓书社，1997。

图 1　龙山社长　齐白石　白文印　纵 2.2cm　横 2.2cm　高 3.9cm　无年款　北京画院藏

光绪二十五年十月十八日，晴。

休假一日。齐璜拜门，以文诗为贽，文章尚成，诗则似薛蟠体。[1]

王闿运（1833—1916），字壬秋，世称湘绮先生，湖南湘潭人。清末民初著名经学家、文学家，咸丰二年（1852）举人，先后入肃顺、曾国藩幕府，曾主讲成都尊经书院、长沙思贤讲舍、衡州船山书院、南昌高等学堂。授翰林院检讨，加侍读衔。辛亥革命后任清史馆馆长。一生门下学生众多，著有经学著作多篇，另有《湘军志》《湘绮楼诗集》《湘绮楼日记》等。

王闿运第一次见到齐白石，称赞齐白石似寄禅先生。王闿运口中的寄禅先生为释敬安（1851—1912），湖南湘潭人。约在光绪十二年（1886），王闿运离川返湘后初识释敬安，王组织碧湖诗社，释敬安随王学习诗文，并参与诗社雅集，此间，释敬安与陈三立、郭嵩焘等名流交谊唱和频繁。王闿运此次以寄禅之名赞誉齐白石，是以出身苦寒却好学上进为出发点，齐白石自己是认同这一点的，而并非如欣赏寄禅诗文一般看待齐白石，不然不会有十月十八日拜门当日“诗似薛蟠体”一说。同时，第一次造访时的齐白石，在《湘绮楼日记》中被称为“齐木匠”。

正式拜师那天，王闿运日记中改称“齐木匠”为“齐璜”，并用

1　王闿运：《湘绮楼日记》。

了一个“贽”字，齐白石的拜师礼是自己的诗文，王闿运认为齐白石的文章还可以，而“诗似薛蟠体”。“薛蟠体”对于《湘绮楼日记》而言，并非孤例，王闿运常言他人诗文似薛蟠体，一代文坛领袖瞧不起别人诗文，用这样的言语与其说是贬损，毋宁说是一种戏谑态度。齐白石在张仲飏口中得知了老师对待拜师礼诗文的态度，《自述》中称：“这句话真是说着我的毛病了，我作的诗，完全写我心里头要说的话，没有在字面上修饰过，自己看来，也有呆霸王那样儿的味儿啊！”[1]可知齐白石当时对于王闿运的诗风具备清晰的了解。王闿运在晚清诗坛倡导复古风，陈衍在《石遗室诗话》中言及以王闿运为代表的湖湘派诗文“墨守《骚》、《选》、盛唐，勿越雷池一步”的保守态度。王闿运自身在诗的创作中借用陆机《文赋》中的“诗缘情而绮靡”立下标准，他曾经在评价学生陈锐的诗作时说：“陈伯弢诗学我已似矣，但词未妍丽耳。”可以见得，王闿运自己作诗文辞妍丽，同时对学生也做如此要求和评判标准。恰恰出身乡野、未曾接受系统塾学教育的齐白石，以生活体验和直观感受作诗，又怎能在诗文上获得王闿运青眼。

在《自述》中的齐白石拜师王闿运，前文已呈现清晰，但是还有后续关于事件的表述出入。《自述》是1933年开始，由齐白石口述、张次溪笔录的，本打算将笔录稿交给远在苏州的金松岑为白石老人做传文，但后来并未如愿。[2]因《自传》笔录的缘故，张次溪对于白石老人的一生有着非常清晰的了解，但是张次溪发表于1936年第8期《实报半月刊》上名为《王门三匠》的文中，记述了与《自述》有很大不同的拜师情节：

>……湘潭齐白石先生，亦以木工擅三绝，又与张曾为总角交，而王门三匠之称，遂播海内，初湘绮得张曾为弟子，每自豪，既

1 齐白石口述，张次溪笔录《白石老人自述》，第66页。
2 齐璜口述，张次溪笔录《白石老人自传》，人民美术出版社，1962，第1页。

闻白石先生名，又于郭葆生家见其诗，尤惊叹不置，欲纳白石先生为弟子，一日语葆生曰，吾湘有三奇人，君知之否，郭固已洞悉其意，佯作不知，曰，何谓三奇人，湘绮掀须笑曰，果不知乎，若吾门下之张曾，非世称二奇人乎，今白石者，此亦一奇人也，葆生乃以其意告白石先生，白石先生乃贽见称弟子，时白石先生年四十余矣。[1]

齐白石拜师王闿运这件事在同一个笔者的记录和描述中产生了两个不同版本，中间人由《自述》中的张仲飏变成《王门三匠》中的郭葆生，听王闿运絮叨有意收齐白石为徒的人也由吴劭之变成了郭葆生。

无论如何，齐白石已入王门，成为湘绮弟子。

1 张次溪：《王门三匠》，《实报半月刊》1936 年第 8 期，第 65—66 页。

1904年

齐白石一生与王闿运的实际交往，主要集中在1904年和1911年两个时间段。

1903年九月，时任江西巡抚的夏时奏请开办省会学堂，拟聘请王闿运主持讲学，十一月间由李金戣、张仲飏陪同前往江西，旋即返回湖南。[1]1904年二月，夏午诒再次迎请王闿运前往江西，此行齐白石与张仲飏随行。[2]《清王湘绮先生闿运年谱》记载三月江西船再次来迎，四月十日到达南昌，《自述》中写到齐白石八月十五才返回家中，此次齐白石与王闿运相处约有四个月。《湘绮楼日记》中缺失1904年于江西的记录，《自述》中所忆，最为重要的事件就是七夕那天的饮酒对诗。

《齐白石生平自传略》中对1904年七夕这一天的情况记述详尽：

> 甲辰，闻湘绮老人游江西，予亦往晤，衡州之铜匠曾招吉，湘潭之铁工张仲飏乃湘绮之门客，凡十三人。七月七日，乘小轿，七十有余之老师亲身约客曰："南昌自曾文正去后，文风寥落，吾今日门客赠来石榴，今夕可共食。"是夕，师一小徒与故人之子孙对坐，忽传来一纸条，十字：地灵胜江汇，星聚及秋期；并云，依

1 见《府君年谱》："九月，江西巡抚夏时遣江峰青来湘，请至南昌开办江西大学堂。府君呈请奏云为呈代奏事，据官报抄奉。八月二十日，上谕：'夏时奏开办省会学堂，拟聘名师以端学术。一折湖南举人王闿运昌明经术，学有本原，力拒邪说，深明大义，著传旨嘉奖。准即充江西学堂总教，教习维正学，余著照所议办理，钦此。'"王代功：《清王湘绮先生闿运年谱》，台湾商务印书馆，1978。

2 见《府君年谱》："二月，至长沙。夏午诒自桂阳来迎。八日，至开福寺斋集，日本僧六休出示倭人册页，书法殊胜宋明人，有六朝笔势。十五日，还山塘。二十四日，至东洲。"王代功：《清王湘绮先生闿运年谱》，台湾商务印书馆，1978。

年齿联句。此作诗之盛会，算第一度。[1]

七夕这天，王闿运邀约门生友人雅聚，请大家一同吃石榴，席间还说："南昌自曾文正去后，文风寥落"，老师的小徒传来纸条上写十个字："地灵胜江汇，星聚及秋期"，要求在座宾客依据年龄联句。《自述》中齐白石对于此事也有清晰的描述：

> 席间，湘绮师说："南昌自从曾文正公去后，文风停顿了很久，今天是七夕良辰，不可无诗，我们来联句吧！"他就自己唱了两句："地灵胜江汇，星聚及秋期。"我们三个人听了，都没联上，大家互相看看，觉得很不体面。好在湘绮师知道我们的底细，看我们谁都连不上，也就罢了。[2]

显然《自述》传递的信息是齐白石在七夕联句中没有联上，但是现藏在北京画院的齐白石遗物中，有一件纸本墨迹，书写着《南昌馆七夕连句》，内容如下：

> 地灵盛江汇，星聚及秋期。
> 瓜果列琼坐，文酒奉光仪（衡阳萧鹤祥）。
> 庆云开河汉，初月照阶墀（湘潭张登寿）。
> 坐久生微凉，竹簟清露滋（湘潭齐璜）。
> 临堂翳嘉树，悠悠惜良时（清泉廖旻文）。
> 年华有新故，明信谅难移（桂阳谭麦）。
> 揽彼兰蕙芳，劳兹日月驰（桂阳李金戣）。
> 仙侣共良宵，我独怀将离（湘潭郭人漳）。

1　北京画院藏《齐白石生平自传略》。
2　齐白石口述，张次溪笔录《白石老人自述》，第81页。

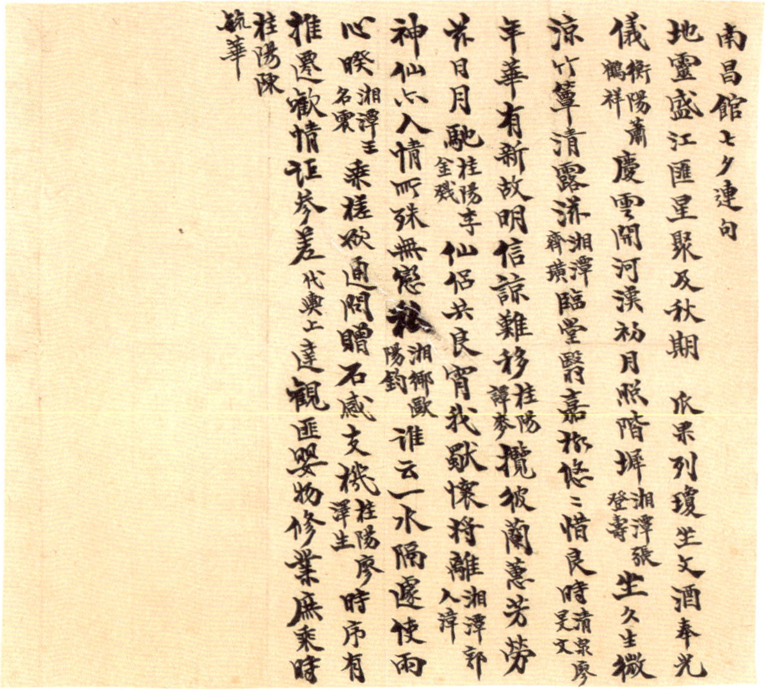
南昌館七夕連句
地靈盛江匯星聚及秋期 瓜果列瓊生文酒奉光
儀 衡陽蕭鶴祥 慶雲開河漢初月照階墀 湘潭張登壽 坐久生微
涼竹簟清露滋 湘潭齊璜 臨堂豁嘉攸悠悠惜良時 清泉廖昊文
年華有新故明信諒難移 桂陽譚參 攬被蘭蕙芳勞
苦日月馳 桂陽李全殘 仙侶共良宵我獸懷將離 湘潭郭人漳
神仙亦人情所殊無戀私 湘鄉歐陽鈞 誰云一水隔遽使兩
心睽 湘潭王名震 乘槎欲通問贈石感支機 桂陽廖澤生 時序有
推遷歡情詎參差 代興上 達觀匪嬰物修業庶乘時
桂陽陳毓華

图2 南昌馆七夕连句 托片 纸本 纵28.8cm 横32.5cm 1914年 北京画院藏

神仙亦人情，所殊无恋私（湘乡欧阳钧）。
谁云一水隔，遽使两心暌（湘潭王名震）。
乘槎欲通问，赠石感支机（桂阳廖泽生）。
时序有推迁，欢情讵参差（代兴上）。
达观匪婴物，修业庶乘时（桂阳陈毓华）。[1]（图2）

在《自述》中被称作没有对上来的诗句，出现在了这里，并且确实是基本根据年齿而依次记述的，共有12人作出了联句，其中包含齐白石的一句“坐久生微凉，竹簟清露滋”，缺少热爱现代科学技术研究的铜匠曾招吉的联句。《自述》中还有一个常常被研究者引用的重要文献，齐白石因为七夕联句不能完成，返回湖南家中后，将原本

1 王明明主编《北京画院藏齐白石全集 综合卷》，文化艺术出版社，2010，第217页。

的“借山吟馆”改为“借山馆”，可见此事让齐白石心中记怀很久。在齐白石日记和王闿运日记都不见 1904 年相关记载的情况下，诸位宾客门生联句的共同呈现，证实了齐白石联句的真实性。但为何“坐久生微凉，竹簟清露滋”在老年齐白石的记忆中彻底抹除，便不得而知。

不论联句是否成功，王闿运都不看好齐白石的诗，但这对 1904 年的齐白石没有任何负面影响。检索齐白石与王闿运有所交集的物品，不难发现七夕这天的王闿运为齐白石作传、作序、作跋，王闿运好忙，齐白石收获满满。

七夕之前，齐白石就把自己刻印的拓本呈给王闿运评阅，并请老师作序，七夕当日齐白石拿到了这篇著名的《白石草衣金石刻画》序言：

印谱传者唯昭潭老渔，纯仿秦汉玺章，墨文不印朱，见之令人肃穆。余童时见从兄介卿有一本，问姓名，不知也。意其明末隐士，至今想慕焉。介卿亦隐辟（僻）不得志，自负刻印高雅，亦存印谱，不轻示人。及余友高伯足、李篁仙、赵抝叔皆以刻印名世，而赵傲兀，求者多谩绝之。余出都，乃赠余名章，明日京师来观者踵相接。游艺之事，孤僻者乃绝伦，理势自然也。

白石草衣起于造士，画品琴德俱入名域，尤精刀笔。非知交不妄应，朋坐密谈时有生客至，辄逡巡避去，有高世之志而恂恂如不能言。吾县固多畸人。往余妻母舅李云根先生，画入逸品，雕琢工作尤精，亦善刻印，而不为人作。晚年坐一室，终日不移尺寸，见人默无言。

白石傥其流与，何其独厚于余也。余既为题《借山图》，要以同访沈山人。见其印谱，复感生平所交游奇古之士，而叹一艺成名之非偶然，复为序其意云。

甲辰七夕王闿运题于南昌馆。[1]（图3）

1　王明明主编《北京画院藏齐白石全集　综合卷》，第 172 页。

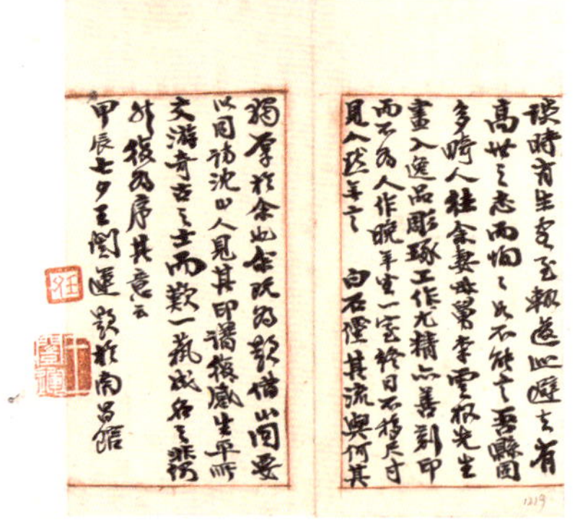

图 3 《白石草衣金石刻画》序言　王闿运　托片　纸本　纵 19.5cm　横 25cm　1904 年　北京画院藏

王闿运在这篇《序言》中对齐白石的认识是避客而不善言谈，同时也提到为齐白石题《借山馆图》：

> 无数青山，恨无处。着我松棚茅舍，租界新约千年，吾庐正堪借。行且住，三分水竹，恰安顿一囊诗画。梅熟东邻，泉分西涧，应结莲社。
>
> 是谁对，豚栅鸡栖，共料理，生涯问时价。袖手塘头吟眺，看秋花春稼。宽寂地，奇人惯有，待共寻，沈叟闲话。（吾邻有沈山人，博学能诗，七十余老农。）一笑五柳先生，折腰才罢。
>
> 濒生仁弟属题《借山馆图》，为谱《琵琶仙》词一曲，即送还隐。甲辰七夕，闿运。[1]（图 4）

世人皆知王闿运是经学大家，湖湘诗派的代表人物，其实在《湘绮楼日记》中也多次出现王闿运为古今名人画作题跋赋诗，并有鉴定古代绘画的能力，例如光绪二十八年壬寅（1902）十二月十六日条："看李伯时画马。并言'宋徽宗《训储图》自题有丸熊等语，恐明人

1　王明明主编《北京画院藏齐白石全集　综合卷》，第 152 页。

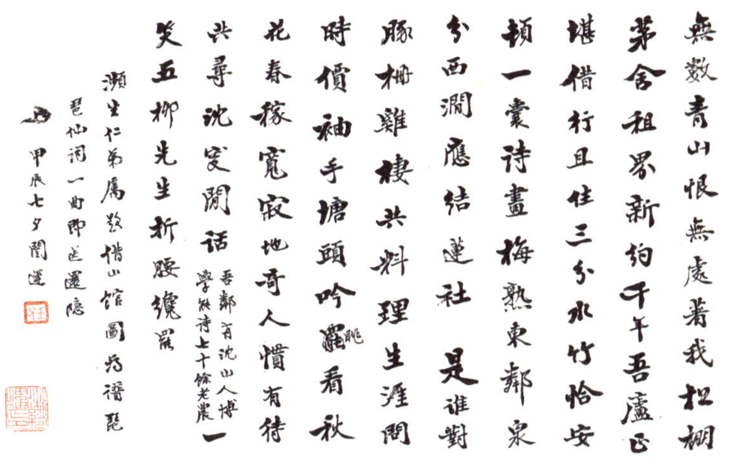

图 4　题《借山馆图》　王闿运　镜心　纸本　纵 29.5cm　横 48cm　1904 年　北京画院藏

为之，道君当不至此'。"[1] 但是在王闿运给齐白石《借山馆图》的题跋中却没有关于对齐白石绘画的评论与描述。

七夕当天，齐白石拿到了王闿运亲笔书写的《白石草衣金石刻画》序言和《题〈借山馆图〉》。七夕后二日，王闿运又让弟子陈毓华以自己的口吻，为齐白石撰《齐山人传》。《自传》中却仅提到请王闿运为篆刻集写序言的事。

《自传》中第一次出现"王门三匠"，就是此次随侍湘绮师游历南昌，但齐白石自陈："南昌是江西的省城，大官不算很少，倾慕湘绮师的盛名，时常来登门拜访。仲飏和招吉，周旋期间，倒也认识了很多阔人。我却怕和他们打着交道，看到他们来了，就躲在一边，避不见面，并不出去打招呼，所以他们认识我的很少。"[2] 相比张仲飏与曾招吉周旋于达官显贵之间，齐白石手握老师撰写的序言、题跋以及老师口吻他人撰写的传文，更加实在。

1　王闿运：《湘绮楼日记》，第 2511 页。

2　齐白石口述，张次溪笔录《白石老人自述》，第 66 页。

1911年

在齐白石与王闿运并不频繁的生命交集中，1911年显得尤为重要。1911年的《湘绮楼日记》中关于齐白石的记载共有十条，从二月至四月，齐白石与王闿运多次晤面：

> 宣统三年二月十三日，晨晴午雨。
> 朝食后，谭祖同、齐濒生来。
>
> 宣统三年二月廿六日，晴。
> 始出盥颒，内外宾客已满坐，未朝食。濒生来求文。
>
> 宣统三年二月廿八日，阴晴，桃花盛开
> 谭、黎、齐同步来，尚泥湿不可行。[1]

二月间，齐白石听闻王闿运在长沙，于是前往拜访，二月十三日谭泽闿与齐白石一同前往拜会王闿运，至二月廿六日齐白石提出请求王闿运为其祖母撰写墓志铭一事。此后王闿运在四月四日开始为齐白石祖母作墓志，四月六日又写，至四月七日完成：

> 宣统三年四月四日，晨见日。
> 作齐木匠祖母墓志。看唐诗。

1　王闿运：《湘绮楼日记》。

宣统三年四月六日，雨寒。

抄挽联，作齐志。

宣统三年四月七日，晴。

作齐志成。[1]

王闿运一生为很多人做墓志、哀词、挽联、神诰等，在《湘绮楼日记》中常常出现，还有部分文字被收入《湘绮楼文集》。被收入文集中的墓志大多为“清诰授中议大夫彭君”“清中宪大夫候官陈君”“永兴教官贺君”等，至少大多是拥有某个头衔之人的墓志。类似为齐木匠的祖母作《齐璜祖母马孺人墓志铭》则极为少见（图5），一位寂寂无闻的田间农妇，因为孙子齐白石成为王闿运的门生，而身后获得如此殊誉，应该泉下含笑了。王闿运在墓志铭文中用到的自身身份为“特赏侍讲衔翰林院检讨礼学馆顾问官王闿运”，1911年正月元日，王闿运年谱中有记：“湖南巡抚杨文鼎送来电谕，因先生乡举周甲加翰林院侍讲衔。”[2]正月任命的官衔，四月时用在齐白石祖母的墓志铭上，更显农妇尊贵。

在运筹祖母墓志铭文的同时，三月初齐白石收到了王闿运手书信札一封：

濒生仁兄晚安，谭府

（欧阳属李池莲）闿运借顿初十日午刻借瞿协揆楼约文人二三同集，请翩然一到，藉瞻清扬，想不吝也，亦有汪九与君雅故，恕不自诣为幸。[3]（图6）

1 王闿运：《湘绮楼日记》。

2 王代功：《清王湘绮先生闿运年谱》，台湾商务印书馆，1978。

3 王明明主编《北京画院藏齐白石全集 综合卷》，第286页。

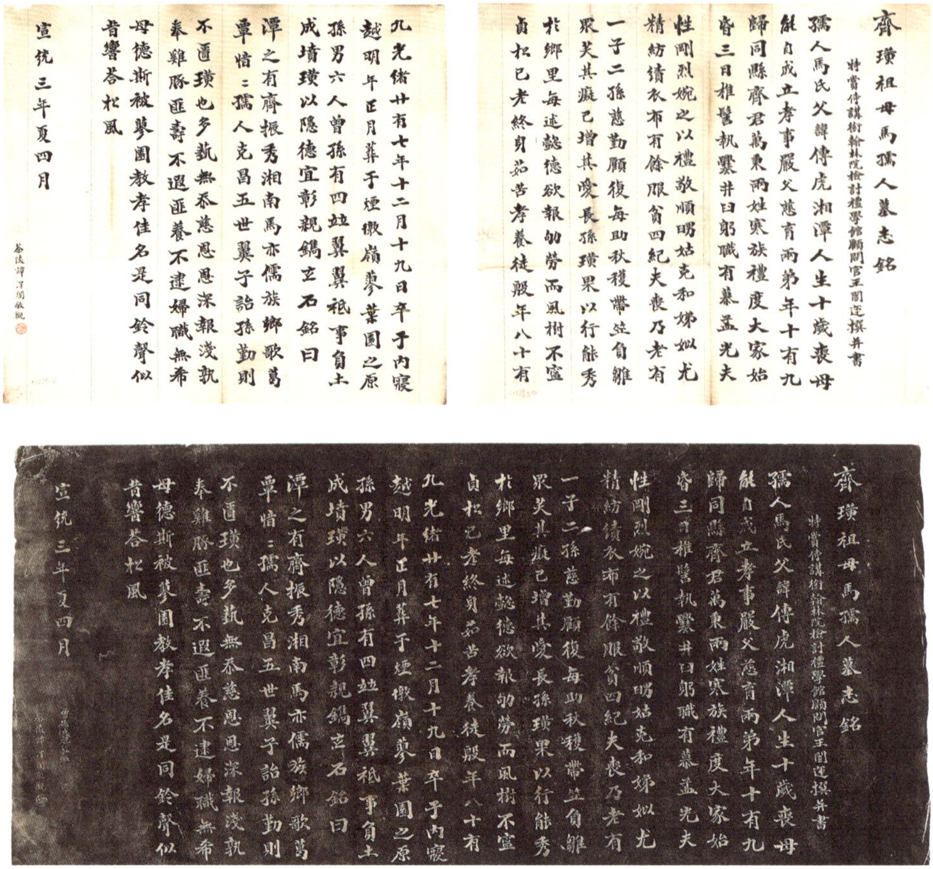

齊璜祖母馬孺人墓志銘

特賞侍講銜翰林院檢討禮學館顧問官王闓運撰并書

孺人馬氏父諱傳虎湘潭人生十歲喪母
能自成立孝事嚴父慈育兩弟年十有九
歸同縣齊君萬秉兩姓寒族禮度大家始
昏三日椎髻執爨井臼躬職有嘉孟光夫
性剛烈婉之以禮敬順明姑克和娣姒尤
精紡績衣布有餘服貧四紀夫喪乃老有
一子二孫慈勤顧復每出秋穫帶竝負雛
衆笑其癡已增其愛長孫璜果以行能秀
於鄉里每述懿德欲報劬勞而風樹不寧
自松已老終身茹苦孝養徒殷年八十有
九光緒卅有七年十二月十九日卒于內寢
越明年正月葬于煙嶶嶺蓼葉園之原
孫男六人曾孫有四竝纍纍祇事負土
成墳璜以隱德宜彰親鐫玄石銘曰
潭之有齊振秀湘南馬亦儒族鄉歌葛
覃愔愔孺人克昌五世翼子詒孫勤則
不匱璜也多執無忝慈恩恩深報淺孰
奉雞豚匪壽不遐匪養不逮婦職無希
母德斯被蓼園教孝佳名是同鈴聲似
昔響荅松風

宣統三年夏四月

茶陵譚澤闓敬觀

图 5 齐璜祖母马孺人墓志铭 王闿运 托片 纸本 每页纵 31.8cm 横 35.5cm 1911 年 北京画院藏

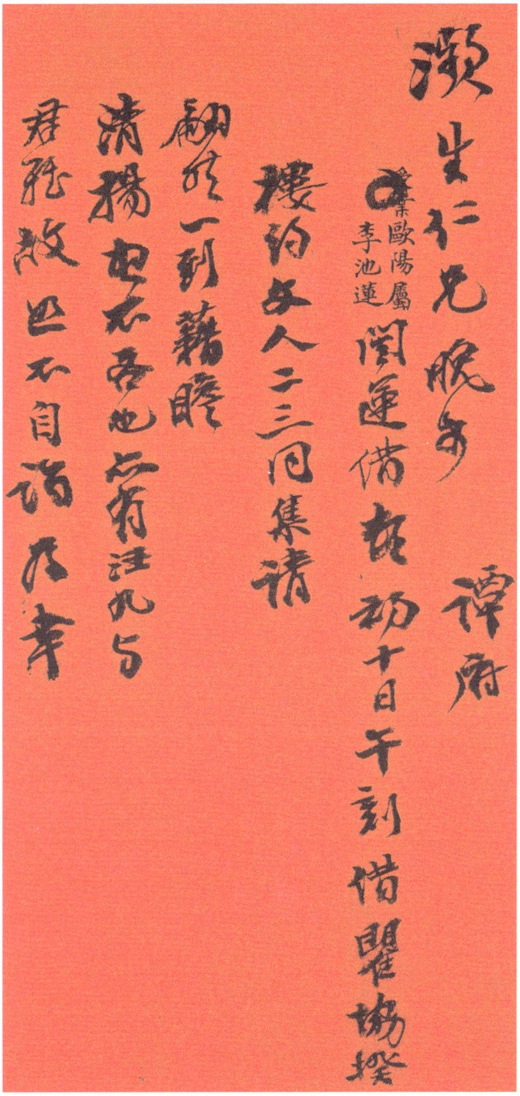

图 6　信札　王闿运　托片　纸本　纵 19cm　横 9cm　无年款　北京画院藏

三月十日，齐白石如约而至瞿鸿禨家的超览楼，《自述》清晰描写了当时场景，主人是瞿鸿禨父子，到场的嘉宾除了齐白石和王闿运，还有嘉兴人金甸臣、茶陵人谭泽闿等。《湘绮楼日记》载：

宣统三年三月十日，晴。

午后过子玖，同请金、谭、齐看樱花、海棠。子玖作《樱花歌》，波澜壮阔，颇有湘绮笔仗。余不敢和，以四律了之。坐客皆和，犹未尽见。谈宴一日始散。又雨。[1]

宴席间王闿运说："濒生这几年，足迹半天下，好久没有给同乡人作画了，今天的集会，可以画一幅《超览楼禊集图》啦！"[2]齐白石虽一口答允，但当时却没能画成。民国二十八年（1939），瞿鸿禨之子瞿兑之与齐白石见面，齐白石画《超览楼禊集图》（图7）交给瞿兑之，遂兑现当年对老师的承诺，并在这幅画左侧题跋详尽描述了1904年雅集情形。

此后在回忆起这件事时，齐白石仍感念至深。1924年，齐白石曾作一首题画诗：

三月春阴尺素忙，

（湘绮师曾招饮之书，经劫犹存，信有鬼神呵护）

师恩一饮老难忘。

协睽（揆）楼外花三丈，

（翟子玖先生自言：长沙城中海棠之大无过吾楼外一株，高约三丈）

1　王闿运：《湘绮楼日记》。

2　齐白石口述，张次溪笔录《白石老人自述》，第99页。

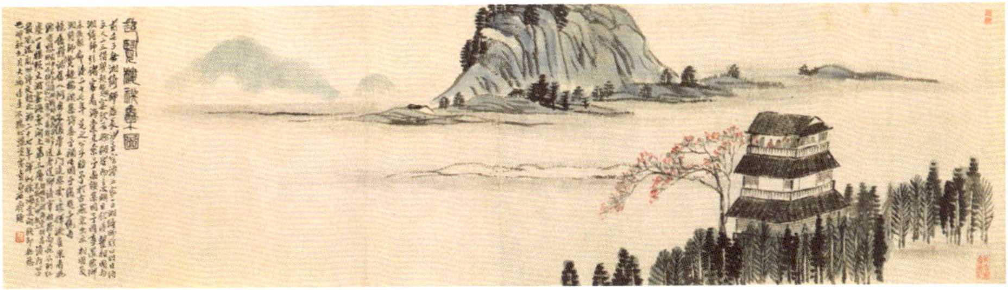

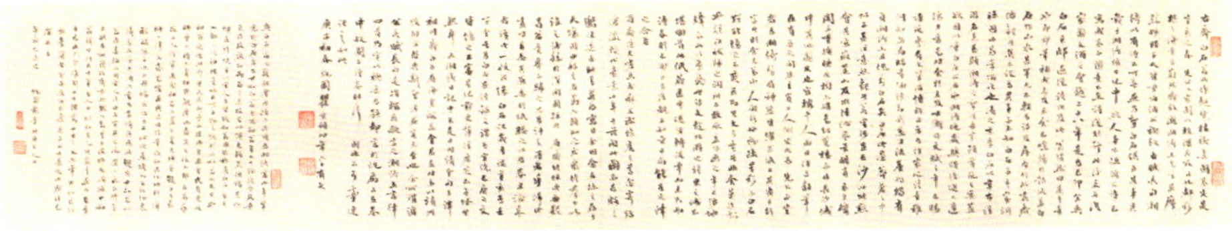

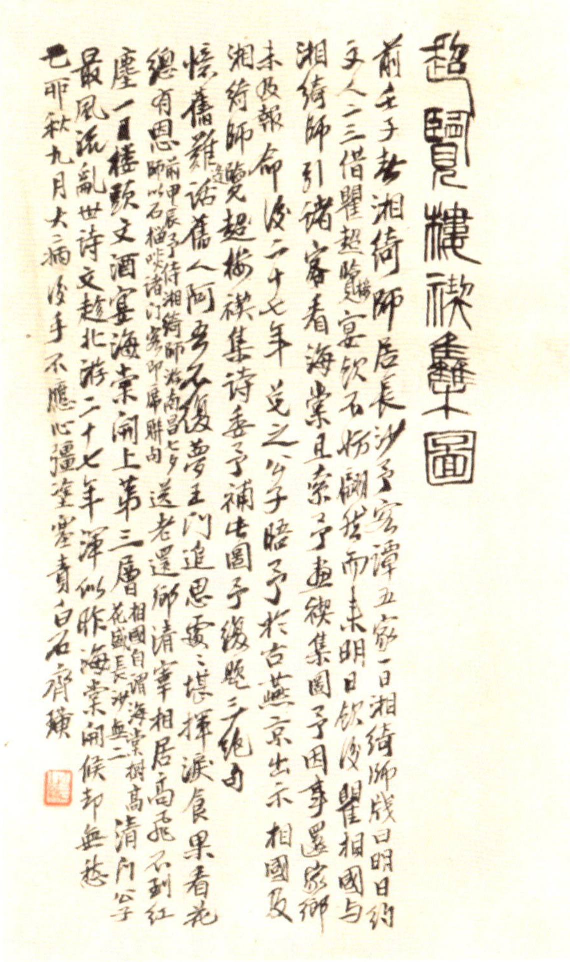

图 7　超览楼禊集图　齐白石　卷　纸本设色　纵 36.1cm　横 132.4cm　1939 年　故宫博物院藏

银烛金尊对海棠。

画海棠题诗，因感湘绮师往事。白石。[1]（图8）

这次雅集之后，在各种文献中再不见齐白石与王闿运见面的记载。但宣统三年（1912）十二月立春日，王闿运又为齐白石书写了《寄萍堂》（图9），并有一段较长的跋文：

昔贤立身持家，皆谋长久之计，私利繁生，达者乃矫之以幻寄，然皆非智力所能为也。大要安之则欲其久，厌厌则觉其寄，寄不可以垂教也。

濒生仁弟特达多能，既立其家，乃以萍寄自寓。盖兢兢欲其久，而复乃托于寄，且以消羡妒者之忌也。夫理不自安，人乃乘之。若自问可立，虽经过俄顷，人咸以得久与瞻依为幸。既土著长子孙，其泽本长邪。善言寄者，莫如沙门，而其精诣归于不坏，亦知寄之为托言也。经劫长存，岂同寄乎。故题匾以广之。

宣统三年十二月立春日，王闿运。

1911年，齐白石得到了老师王闿运手书的《齐璜祖母马孺人墓志铭》，农历年末又得《寄萍堂》，在北京画院收藏的齐白石遗物中，还有王闿运送给齐白石的《自录五言诗》：

独睡掩重幕，心清梦不昏。
忽闻香气入，定是梅花魂。
滨生仁兄诗家正句。闿运书。（图10）

1　王明明主编《北京画院藏齐白石全集　书法篆刻卷》，文化艺术出版社，2010，第50页。

上：图 8　题画诗之四　齐白石　行书册页　纵 31cm　横 33cm　1924 年　北京画院藏

下：图 9　寄萍堂　王闿运　卷　纸本　纵 45.5cm　横 176cm　1911 年　北京画院藏

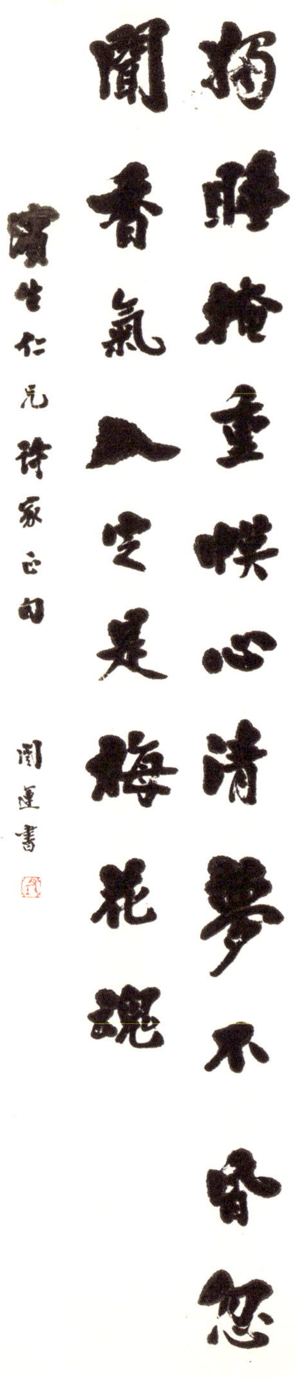

图 10　自录五言诗　王闿运　托片　纸本　纵 151.5cm　横 41cm　无年款　北京画院藏

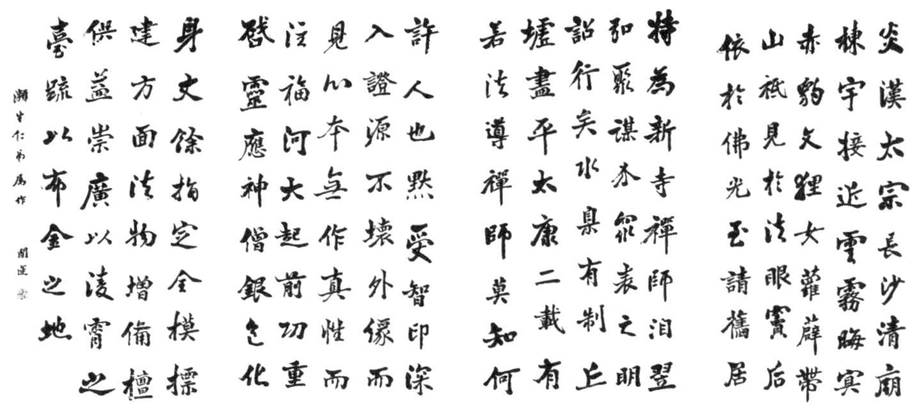

图 11　湘绮先生四条屏　王闿运　轴　纸本　每幅纵 86.5cm、横 47cm　无年款　北京画院藏

另外还有《湘绮先生四条屏》：

> 炎汉太宗，长沙清庙栋宇接近云雾，晦冥赤豹文狸女萝薜带山，只见于法眼，寞后依于佛光。至请旧居特为新寺，禅师洎翌弘聚谋犬众表之明诏行矣。水臬有制，丘墟尽平，太康二载有若法导禅师，莫知何许人也，默受智印，深入证源，不坏外缘，而见心本无作真性，而注福河大起前功，重启灵应神僧，银色化身丈余，指定全模标建方面法物，增备擅供，益崇广以凌霄之薹，疏以布金之地。濒生仁弟属作。闿运。（图 11）

两件作品均无年款，王闿运宣统三年十二月立春日为齐白石撰写的《寄萍堂》上钤印为“八十以后所作”白文印，而自 1914 年开始常用一枚“湘绮老人八十三岁以后作”的朱文印，由此推知两件送给齐白石的作品有可能均是 1911 年之前书写的。

师恩

1914年，齐白石的恩师胡沁园过世。《自述》中描述道：“他老人家不但是我的恩师，也可以说是我的平生第一知己，我今日略有成就，饮水思源，都是出自他老人家的栽培。一别千古，我怎能抑制得住满腔的悲思呢？我参酌旧稿，画了二十多幅画，都是他老人家生前赏识过的，我亲自动手裱好，装在亲自糊扎的纸箱内，在他灵前焚化。”[1] 同时，齐白石还作了七言绝句十四首、一副挽联、一篇祭文。齐白石晚年请胡适为其撰写年谱，手稿中特意收入了以下四首悼念胡沁园的绝句：

廿七读书年已中，顾余流亚蠹鱼虫。
先生去矣休欢喜，懒也无人管阿侬。

学书乖忌能精骂，作画新奇便誉词。
惟有莫年恩并厚，半为知己半为师。

平生我最轻流俗，得谤由来公独知。
成就聪明总孤负，授书不忘藕花池。

穷来犹悔执鞭迟，白发恒饥怨阿谁？

1 齐白石口述，张次溪笔录《白石老人自述》，第104页。

自笑良家佳子弟，被公引诱学吟诗！[1]

齐白石为胡沁园作挽联：

诱我费尽殷勤，衣钵信真传，三绝不愁知己少；
负公尤为期望，功名应无分，一生长笑折腰辈。[2]

1916年，老师王闿运也驾鹤而去，齐白石得知消息后专程去王家哭奠了一场。《自述》记载："回忆往日师门的恩遇，我至今铭感不忘。"[3]师恩不能忘，齐白石也作挽联一副：

才识信河岳钟灵，著述等身，千秋合有鬼神护；
诗文本圣贤余事，芜篇点定，一诺难忘师弟恩。[4]

胡沁园辞世，齐白石充满感念师恩的悲痛之情，作诗作文，一再强调"懒也无人管阿依"，以及对胡沁园"半为知己半为师"的情感。而王闿运去世，齐白石的挽联看不出半点悲伤，只是用相当克制的语言叙述了老师"著作等身"的人生和"不忘师恩"的承诺。

但事实上，齐白石确实难忘王闿运的师恩，而这师恩在王闿运辞世后仍荫泽着齐白石的诗画人生。齐白石循着老师胡沁园为其指出的卖画为生的道路越走越顺畅，但他所标榜的金字招牌却是"湘绮弟子"。1903年，齐白石至西安在夏午诒的引荐下拜会樊樊山，樊樊山为齐白石书有一份《白石润格》：

1 胡适稿，黎锦熙校《齐白石年谱》手稿，载王明明主编《北京画院藏齐白石全集 综合卷》，文化艺术出版社，2010，第243页。
2 敖普安、李季琨主编《齐白石辞典》下册，中华书局，2004，第441页。
3 齐白石口述，张次溪笔录《白石老人自述》，第104页。
4 敖普安、李季琨主编《齐白石辞典》下册，第440页。

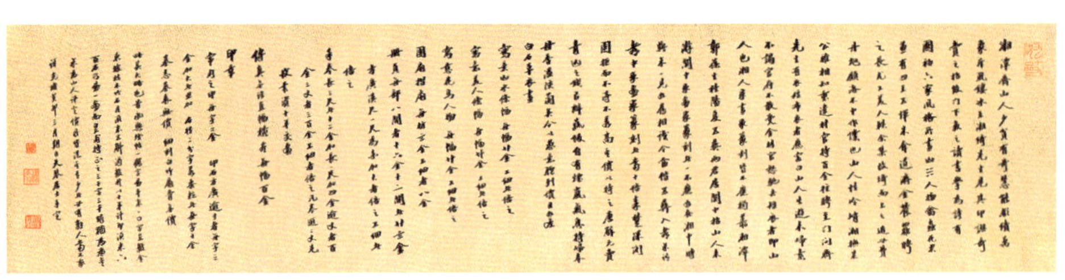

图 12　凌文渊题签樊增祥书齐白石润格　樊增祥　卷　纸本　纵 32cm　横 135.5cm　1903 年　北京画院藏

> 湘潭齐山人，少贫有奇慧，能雕缋万象，斤风镂冰。王湘绮先生见其印谱，奇赏之，招致门下，教之读书。学为诗，有国初六家风格……湘人求画求篆刻者皆不应，独善湘潭郭葆生、桂阳夏五彝。两君居关中，招山人来游关中，求画求篆刻者一不应，如在湘中。时与余一见，如旧相识。今当偕五彝入都，余谓都中求画求篆刻者当十倍于楚，深闭固拒而不得，不若高其价以待之……[1]（图 12）

此次樊樊山的书写篇幅较长，对于齐白石是王湘绮弟子的身份非常看重。此后，在 1919 年樊樊山又为齐白石书写润格，这回就开门见山："齐山人璜，字濒生，湘绮门下士也。"[2]（图 13）

1920 年，吴昌硕为齐白石书写润格：

> 齐山人濒生为湘绮高弟子，吟诗多峭拔（跋）语，其书画墨韵孤秀磊落，兼善篆刻，得秦汉遗意。曩经樊山评定，而求者踵相接，更觉手挥不暇……[3]（图 14）

1　王明明主编《北京画院藏齐白石全集　综合卷》，第 190 页。
2　王明明主编《北京画院藏齐白石全集　综合卷》，第 192 页。
3　王明明主编《北京画院藏齐白石全集　综合卷》，第 193 页。

上：图 13　樊增祥书齐白石润格　樊增祥　卷　纸本　纵 25cm　横 61cm　1919 年　北京画院藏

下：图 14　陈师曾题签吴昌硕手书齐白石润格　吴昌硕　纸本　纵 23cm　横 35.5cm　1920 年　北京画院藏

作为王闿运弟子的身份在国中文人圈再好用不过了，连同吴昌硕对于齐白石的身份介绍也以“湘绮高弟子”论。此时，谁人又知胡沁园何许人也。

1923年中秋节后，齐白石从京城三道栅栏搬迁至太平桥高岔拉一号，迁居之后就把宣统三年年末王湘绮为其题写的“寄萍堂”横额挂在屋内。[1] 这件事在齐白石的《白石诗草》中也有清晰记述。[2] 更有趣的是，1935年《实报半月刊》第5期《人物志》专栏中，名为黑衣的作者较为全面地介绍了齐白石，开篇简明陈述齐白石居所状态时写道：

> ……进了院落，东屋三间是客厅，一条红漆的长约七八尺的画案，四把像中山公园茶座上摆着的藤椅。一张方桌上，放着一张“特赏侍讲衔翰林院检讨礼学馆顾问官王闿运撰并书齐璜祖母马孺人墓志铭”，南墙上悬着王湘绮先生遗像，下面靠着一面大镜子，装着先生放大像相片，周围还有几块镜子……[3]（图15）

1935年，齐白石家中方桌上放着王闿运为齐白石祖母撰写的墓志铭，南墙上更是悬挂着王闿运的遗像，若说师恩深，不若说师恩长，王闿运虽已死，齐白石的“湘绮弟子”招牌仍在。可以说，齐白石在确立身份过程中，“湘绮弟子”是其一生最为重要的名牌，在京城落脚仍需如此，直至1935年七十多岁的齐白石仍将祖母墓志铭和王闿运遗像摆放在客厅，可见王闿运仍能为齐白石抬高身价、增加身份感、

1　齐白石口述，张次溪笔录《白石老人自述》，第132页。

2　过舍饭寺街二首　无能粥饭遍千街。此寺初闻笑口开。一日经过三百转。何曾一饭舍吾侪。六军难厌小儿啼。白日鸣雷肚里饥。妻妾安排锅要煮。老夫扶病画山溪。（寄萍堂 余居宣武门内劈柴胡同西口外南行数武。堂屋挂湘绮师所书寄萍堂三字。）凄风吹袂异人间。久住聊忘心胆寒。马面牛头都见惯。寄萍堂外鬼门关。（鬼门关在寄萍堂之东数武。）载北京画院编《人生若寄　北京画院藏齐白石手稿》（诗文下），广西美术出版社，2013，第292页。

3　黑衣：《齐白石》，《实报半月刊》1935年第5期，第33—35页。

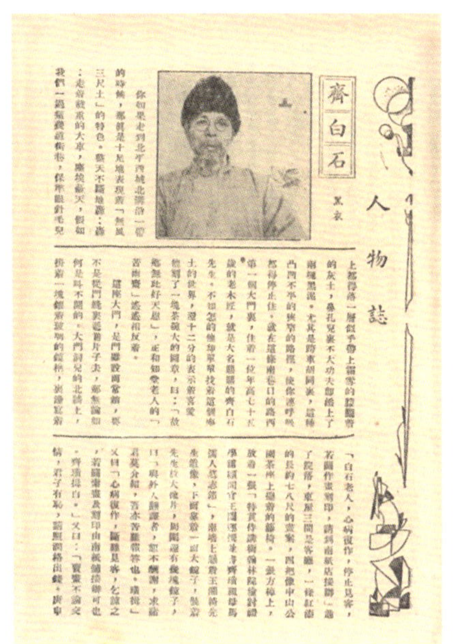
人物誌

齊白石

黑衣

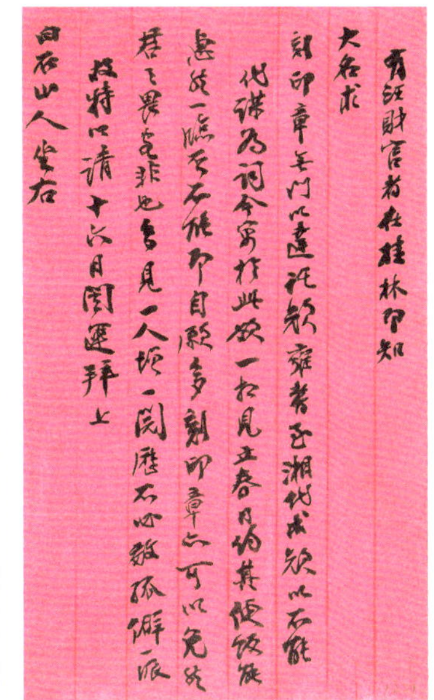
有汪財官者在桂林即知
大名求
刻印章無門以達託顏雍耆至湘代求顏以不能
代謀為詞今寓於此欲一相見立春日約其便飯能
惠然一臨否不能即自願多刻印章亦可以免然
君子畏其非也多見一人增一閱歷不必效孤僻一派
故特以請十六日闓運拜上
白石山人坐右

左：图 15　1935 年《实报半月刊》《人物志》
右：图 16　招引会客便笺　王闿运　托片　纸本　纵 19.5cm　横 25cm　无年款　北京画院藏

扩大朋友圈。再者，齐白石的木匠出身在王闿运这位大儒教化之后，对于融入文人圈更有助益。

在世时的王闿运就曾为齐白石以篆刻谋生的道路做过贡献。《自述》中曾言大约在 1910 年，长沙哄传王闿运请齐白石刻了几方印，于是请齐白石刻印的人就多了起来，接连不断，齐白石想起一句诗“姓名人识鬓成丝”，他深感：“人情世态，就是这样的势利啊！”[1] 在北京画院藏品中有一封王闿运予齐白石书信：

> 有汪财官[2] 者在桂林即知大名，求刻印章，无门以达。托颜雍耆至湘代求，颜以不能代谋为词。今寓于此，欲一相见。立春日约其便饭，能惠然一临否。不能即自愿多刻印章亦可以免。然君

1　齐白石口述，张次溪笔录《白石老人自述》，第 98 页。

2　“汪财官”也曾出现在 1911 年三月王闿运邀请齐白石去瞿鸿禨家超览楼雅集的信中。光绪三十四年（1908）初秋，汪诒书曾邀请齐白石前往桂林。1911 年三月雅集时，王闿运称“汪财官与君雅故”，若汪财官确为汪诒书，那么这封求印章的书信应当是在 1905 年汪诒书邀请齐白石前往桂林之前。

之畏客非也，多见一人增一阅历，不必效孤僻一派。故特以请。十六日闿运拜上。

白石山人坐右。[1]（图 16）

王闿运代为引荐，让齐白石为“汪财官”刻印并要求见面，劝说齐白石“多见一人增一阅历”。大约在 1901 年，齐白石经人介绍去李翰屏家画像，《自述》中回忆李翰屏是个傲慢的人，但因王闿运的内弟蔡枚功与李翰屏是同事，故告知齐白石为湘绮弟子的身份，李翰屏此后便对齐白石另眼相看。[2]

1939 年七月十九日的《东方日报》刊载了一篇名为《王湘绮提拔齐白石》的小文：

中国著名的国画家，已故的有吴昌硕、高奇峰、王一亭等人，现在硕果仅存的，大约只有一个齐白石了，提起齐白石来，大家都知道他是一位现在誉满全国的大画家，但他的出身却是寒微得很，信不信由你，这位齐大画家的幼年，竟是一个木匠。王湘绮名叫壬秋，是个很有学问的文人，王家住在湘潭，和黎翰林是好友。一天走到黎翰林家去闲谈，从大厅上走过，看见大厅前面天井中有一个雕花木匠正在聚精会神地工作，年纪是很轻的，案板上放着一本陆放翁诗集，和一本湘绮楼诗集，心上不禁暗暗纳罕，慢慢踱到那小伙子面前，问道：“你能读诗吗？”那小伙子吞吞吐吐地应答了一个“是”字。王湘绮更是奇了，便追问道：“你也能读我的诗吗？”那小伙子恭敬地答道：“是的。”王老诗人不由地大吃一惊，便道：“你能做（作）诗吗？”那小伙子道：“也会一点儿。”

1　王明明主编《北京画院藏齐白石全集　综合卷》，第 286 页。
2　齐白石口述，张次溪笔录《白石老人自述》，第 74 页。

凑巧案板上也有他一本诗草，便捧出来恭恭敬敬地献上来。湘绮打开一看，不由眉飞色舞地拿去给黎翰林看，说道："好极了，好极了，想不到这小木匠，有诗的天才，我要好好栽培他，收他做一个学生。"这小木匠到（倒）很乖巧，连忙爬（趴）在地上，磕了三个头，从此便平地一声雷，由小木匠变成为大诗人的弟子了，这小木匠不是别人，便是齐白石。

他本来姓齐名璜，字落（濒）生，他取白石之名，是在他成名以后，自从王湘绮收做了学生，他一面学诗，一面学画，王湘绮对于画，家中收藏极多，也好好给他看，指点他，如此学了三四年，画的名声反而超过了诗的名声，于是他专门作画上用工（功）夫，他在北平卖画，一张画居然卖一千多元，该他的名声，不在已死的吴昌硕之下哩！[1]（图 17）

这位名为"百合"的作者，以一种旁观者的口吻描述着齐白石拜王闿运为师的场景。一位雕花木匠在赚钱养家糊口的时候还带着三本诗集，摆在旁边，一篇小报文章为 1939 年的齐白石经营人设确定了很好的定位，而其中的重点仍旧是对于"湘绮弟子"关键词的反复消费。师恩深与师恩长，空口无凭，而那些 1904 年与 1911 年获得的物质证明，则是最好的论据，家中再高挂一幅王闿运遗像，辅以"寄萍堂"和祖母墓志铭，"湘绮弟子"的身份名牌牢牢贴在了齐白石身上。更有趣的是，报纸作者形容齐白石拜师王闿运之后，齐白石随王闿运学诗又学画三四年之久，明显是将胡沁园、陈少蕃与王闿运三合一，但反映出的信息却是齐白石有一位恩重如山的老师，且仅有一位，那就是王闿运，胡沁园就这样消失在王闿运的巨大阴影里。

这还不够，1904 年齐白石曾请王闿运为自己撰写了《白石草衣

1　百合：《王湘绮提拔齐白石》，《东方日报》1939 年七月十九日。

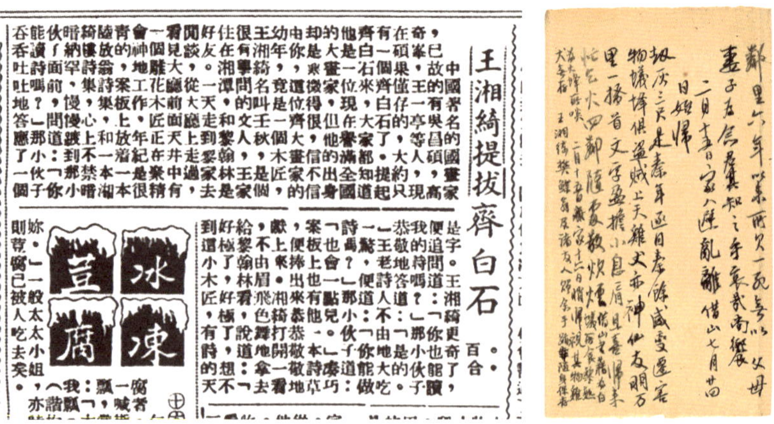
王湘綺提拔齊白石

左：图 17　1939 年《东方日报》《王湘绮提拔齐白石》
右：图 18　《萍翁诗草》第 33 页　齐白石　纵 22cm　横 14.5cm　1917—1918 年　北京画院藏

金石刻画》序言，《自述》中称 1917 年湖南家乡兵乱中齐白石印拓全失，但齐白石却将王闿运撰写的序言原件藏在家中墙壁内，得以幸存，可见齐白石对此珍爱之深。《萍翁诗草》中所记稍有出入：

> 二月十五日。家人避乱离借山。七月廿四日始归。
> 劫灰三尺是秦年，逐目秦余感变迁。
> 害物蚁蜂俱盗贼，上天鸡犬亦神仙。
> 友朋万里一搔首，文字盈担小息肩。
> 且喜归来忙乞火，四邻随处散炊烟。
> 借山书籍为白蚁所食，梨熟为大蜂所啖。二月十五日离家，十六日悄归，视其物，鸡犬无存，王湘绮樊鲽翁及诸友人赠余手迹，幸随身保存。[1]（图 18）

不论藏在墙壁里还是随身携带，齐白石都将王闿运手迹保存完好。1928 年，齐白石将自己定居北京之后的刻印拓存四册，用王闿运所撰写的序言。此后将其中精品加之自用印重新拓存，仍旧用王闿运撰

1　北京画院编《人生若寄　北京画院藏齐白石手稿》（诗稿上），广西美术出版社，2013，第 158 页。

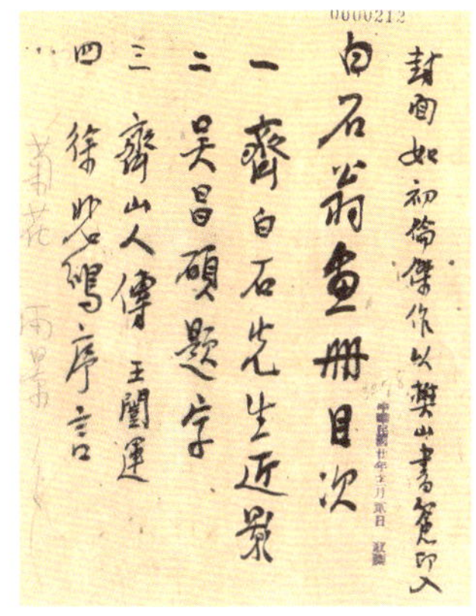
封面如初倫傑作以樊山書簽印入
白石翁畫冊目次
一 齊白石先生近影
二 吳昌碩題字
三 齊山人傳 王闓運
四 徐悲鴻序言

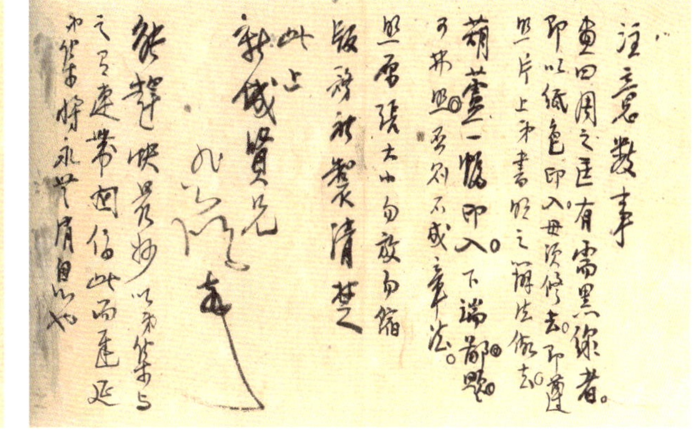

图 19　徐悲鸿致舒新城信札

写的序言。齐白石在北京最早两次制作印谱，全部使用了王闿运为其撰写的序言。

齐白石使用王闿运撰写相关物件，是十分讲究场合的。1932 年徐悲鸿一手策划的《齐白石画册》终于印行出版，但此间的出版过程并非一帆风顺。在徐悲鸿与中华书局编辑舒新城、吴廉铭的书信中，得知出版项目开始于 1930 年，这本画集的出版细节在吕晓博士的《民国时期出版的四本齐白石画册研究》[1] 一文中，有详细论述。1931 年 12 月 2 日，舒新城接到了徐悲鸿来信：

> 封面如《初伦杰作》，以樊山书签印入。白石翁画册目次：
>
> 一、齐白石先生近影；
>
> 二、吴昌硕题字；
>
> 三、齐山人传（王闿运）；
>
> 四、徐悲鸿序言；
>
> ……[2]（图 19）

1　吕晓：《民国时期出版的四本齐白石画册研究》，载北京画院编《齐白石研究》（第四辑），广西美术出版社，2016。

2　吕晓：《民国时期出版的四本齐白石画册研究》，载北京画院编《齐白石研究》（第四辑），广西美术出版社，2016，第 22 页。

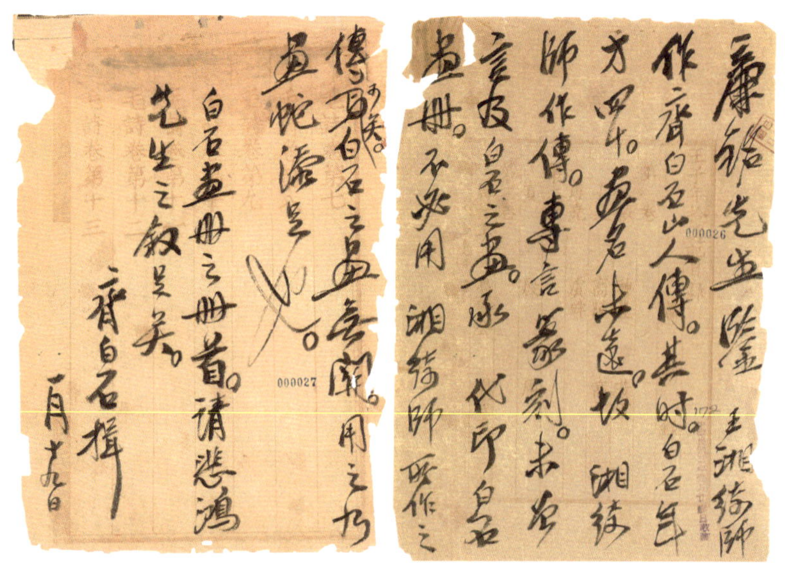

廉銘先生鑒 王湘綺師作齊白石山人傳。其時白石年方四十。畫名未遠。故 湘綺師作傳。專言篆刻。未曾言及白石之畫。承 代印白石畫冊。不必用湘綺師所作之傳可矣。與白石之畫無關。用之乃畫蛇添足也。白石畫冊之冊首。請悲鴻先生之叙足矣。齊白石揖 一月十九日

图 20　齐白石致吴廉铭信札

徐悲鸿在信中清晰罗列了《齐白石画册》中的目次编排，其中提到的《齐山人传》应当是 1904 年在南昌时，于七夕后二日陈毓华以王闿运口吻撰写的传文。至 1932 年 1 月 16 日，徐悲鸿拿到画册样纸寄给齐白石校对，三天后齐白石写信给编辑吴廉铭：

廉铭先生鉴：

王湘绮师作齐百石山人传，其时白石年方四十，画名未远，故　湘绮师作传专言篆刻，未曾言及白石之画。承　代印白石画册，不必用湘绮师所作之传可矣，与白石之画无关，用之乃画蛇添足也。

白石画册之册首，请悲鸿先生之叙足矣。

齐白石揖。一月十九日。[1]（图 20）

1　吕晓：《民国时期出版的四本齐白石画册研究》，载北京画院编《齐白石研究》（第四辑），广西美术出版社，2016，第 24 页。

1932年一月，齐白石在看到画册样纸的时候，上面一定有那篇陈毓华以王闿运口吻撰写的《齐山人传》。按照常理在画册前面放一篇画家传文是再正常不过的事情，但是齐白石言辞决绝地要求编辑将这篇文章去掉，并清晰说明了原因。1904年，齐白石随王闿运游历江西时年方四十，并且当时的齐白石还在研习绘画阶段，而此次徐悲鸿主导的画册出版则以山水画为主，王湘绮曾在《白石草衣金石刻画》序言中和《齐山人传》中，均仅提到齐白石的篆刻，就连当年为齐白石《借山馆图》的题跋，对齐白石的绘画也只字未提。这篇《齐山人传》篇幅不短，但言及齐白石的篆刻艺术却仅寥寥数字：

齐山人传

齐山人名璜，字濒生。少而贫贱，学于木工，性颖善悟，勤敏兼人。因壁习画，渐能刻字。长知六书，兼通篆隶秦汉碑印，精心推究，镌石数百，具有师法。郭道台、夏翰林赏其多艺，争延上客。尝游京都，时贤推美。性狭少可，不乐而归。时来南昌，馆于郭氏，研精印谱，罕与俗亲。门人张登寿以铁工学唐诗，曾昭吉以铜工精化理，翕然齐名，推为三匠。虽其仕隐异趣，显默殊符。岂湖湘之多才，傥灵秀之偶聚。闿运少游南北，多见异人，百家艺术，闻之有素。至于精晰秋毫之妙，巧擅化人之奇，神与之游，口不可得而道也。扬子有言：雕虫篆刻，壮夫不为。夫以千金之宝，尺璧之阴，专精锐意，高言秦汉。所志一字之间，所务片石之上。知者赞为多能，不知者哂为贱伎。虽进乎道，盖亦微矣。然其颉颃贵游，栖迟尘垢。既屏人事之乐，又具方外之观。非有慧心，安无俗累。昔般输擢巧于斧斤，君平寄情于卜筮。知执鞭之难富，信博弈之犹贤。大哉逸民，可以风俗。又岂符命投阁之徒所得藉（借）口乎。言之不足，重之以赞。

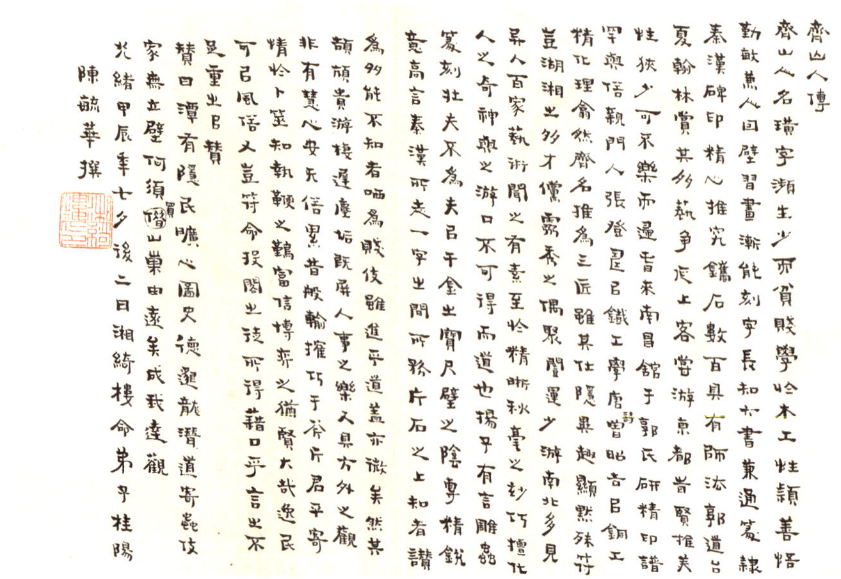

图 21　齐山人传　陈毓华　王闿运　托片　纸本墨笔　纵 29.5cm　横 48cm　1904 年　北京画院藏

赞曰：潭有隐民，旷心图史。德邈龙潜，道寄虫伎。家无立壁，何须买山。巢由远矣，成我达观。

光绪甲辰年七夕后二日，湘绮楼命弟子桂阳陈毓华撰。[1]（图 21）

齐白石出版画册，不需要一篇并非王闿运亲笔，也没有大张旗鼓夸赞他的传文，他需要的是徐悲鸿的序言，但一本画册二十几页，徐悲鸿序言就占了九页，齐白石心中仍旧不满意。[2]1932 年，最终画册出版，封面上是樊樊山的题签，扉页有齐白石的照片，继而是吴昌硕的题字“白石画集”，之后有徐悲鸿的长篇序言，但唯独没有编辑过程中徐悲鸿提到的《齐山人传》。

1　王明明主编《北京画院藏齐白石全集　综合卷》，第 286 页。

2　关于这部分论证，在张涛博士《君子和而不同——徐悲鸿、齐白石交游考略》中有详细陈述。参见张涛：《君子和而不同——徐悲鸿、齐白石交游考略》，《中国美术》2018 年第 4 期。

王门师友

齐白石有一套极为珍贵的《借山馆图》题跋，题跋者中一大部分是齐白石的湖南同乡，四十四开题跋中王门师友众多，例如陈兆奎、杨度、杨钧、杨庄、张仲飏等。其中也不乏王闿运与齐白石的共同友人，例如夏寿田、郭葆生、樊樊山等，这些师友大都在齐白石一生中起到了极为重要的作用。

1904 年陈毓华以王闿运口吻撰写的《齐山人传》中就曾有言："郭道台、夏翰林赏其多艺，争延上客。"此处提到的郭道台就是郭葆生，湖南湘潭人，历任山西道台、江西及两广巡防营统领、新军协统，故而王闿运称郭葆生为郭道台。夏翰林即为夏寿田，历任光绪进士、翰林院编修、袁世凯总统府顾问，王闿运曾为夏寿田之父夏时幕府。郭葆生与夏寿田都是齐白石重要的友人和赞助人。齐白石生命中的五出五归第一次是在 1902 年，齐白石到达西安，见到了夏寿田和郭葆生。此后于 1903 年 3 月随夏寿田全家进京，在京教授其如夫人无双绘画的同时，齐白石卖画刻印章，连同夏寿田赠送，将共计两千多两银子带回家乡，《自述》中齐白石用"不虚此行"这个词总结了一出一归之行。按照《自述》，齐白石此次在京结识了他一生中重要的朋友之一——杨度。

齐白石的三出三归返乡途中取道广东钦州（现为广西钦州），在郭葆生家中住了几个月，其间齐白石曾为郭代笔，但也临摹了郭的古代藏画，此次也得到了一笔润资。1907 年春节后，齐白石再次前往钦州，在郭家教如夫人画画，此行为四出四归，郭葆生是重要赞助人。齐白石第五次离开家乡也曾途经郭葆生所在的钦州，并有小住。

1917 年进京之初，齐白石仍住郭葆生家。

齐白石晚年曾作《白石状略》一篇，文中言及：“平生知白石画者郭葆荪，知刻者夏午贻，知诗者樊樊山。”樊樊山是齐白石一生中非常重要的师友之一，同时樊樊山也是王闿运的文友，王闿运曾多次在公开报章上与樊樊山讨论诗文。樊樊山在两次为齐白石撰写润格中也郑重介绍齐白石是“湘绮弟子”的身份，师出有名甚至影响到了吴昌硕为齐白石撰写润格。吴昌硕曾在润格中说：“齐山人濒生为湘绮高弟子……曩经樊山评定……”可见在吴昌硕眼中齐山人不仅是王闿运弟子，同时也是樊樊山推崇之人，这一番双重力推成为吴昌硕撰文的切入点。樊樊山为齐白石撰写润格之后，齐白石刻印之名大显，《自述》中齐白石说道：“樊樊山在西安给我定的刻印润格，我借助他的大名，把润格挂了出去，生意居然很好。”[1] 除此而外，在《自述》中 1903 年居京的齐白石听说樊樊山五月从西安启程，便决意返乡，因为樊樊山曾经提出要推荐齐白石当内廷供奉，而齐白石坚决不肯（图 22），[2] 入宫当画师这件事绝非齐白石人生规划中的选项。

再论“知诗者樊樊山”一说。齐白石一生交往樊樊山的基础也是在友人推荐和“湘绮弟子”的双重效应中达成的。樊樊山与王闿运在诗学概念上是有分歧的，王闿运作诗属于“诗缘情”的摹古体系，而樊樊山则是中晚唐诗学派，在学古中求变化；王闿运强调诗文用词妍丽，上追汉魏，而樊樊山则诸体兼备，同时樊樊山着意在诗文创作中引经据典，庚子事变后，樊樊山作《闻都门消息五首》，其一为：

1　齐白石口述，张次溪笔录《白石老人自述》，第 83 页。

2　北京画院编《人生若寄　北京画院藏齐白石手稿》（日记下），广西美术出版社，2013，第 234 页。1920 年齐白石在《庚申杂记》中记：余前月画扇报樊山先生题跋虫册。伊又来笺云。余屡经离乱。箧扇百余柄无复存者。惟缪女士画扇一握。年年持之。顷齐山人于扇头画蝶见贻。走笔报谢　一双蛱（蝴）蝶蘧蘧至。犹恐相逢是梦中。晏小山句。知我平生非酷吏。故人相赠只清风。慈禧供奉红颜老。即缪女士为慈禧代笔之人。湘绮门墙白发新。珍重先朝双画手。齐山人与缪夫人。

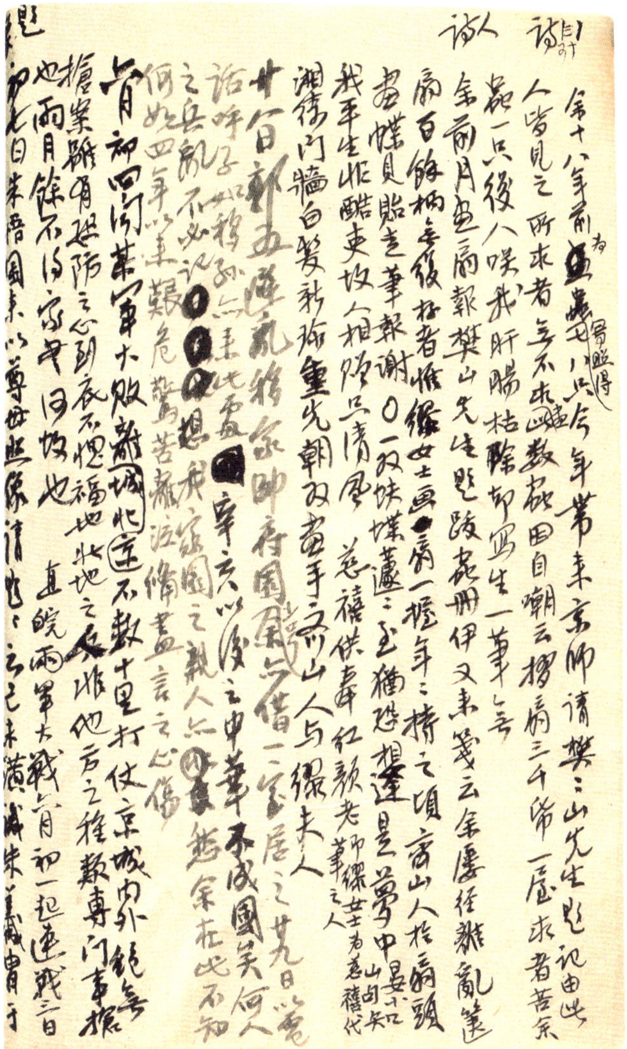

图 22 《庚申杂记并杂作》第 9 页　齐白石　纵 22cm　横 19cm　1920 年　北京画院藏

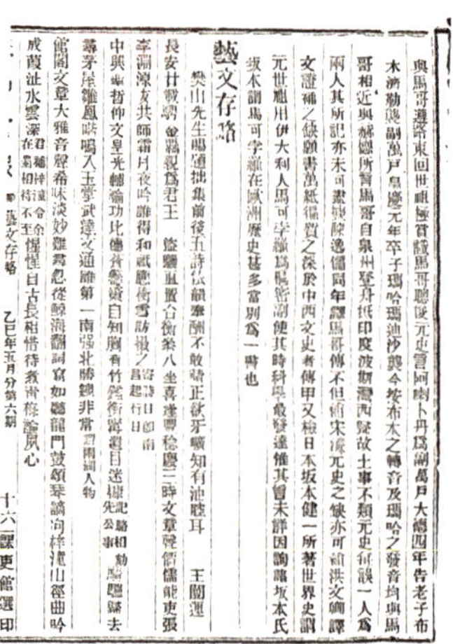

藝文存畧

樊山先生賜題拙集前後五詩依韻奉酬不敢請正欲牙曠知有油腔耳　王闓運

乙巳年五月分第六期　十六　課吏館選印

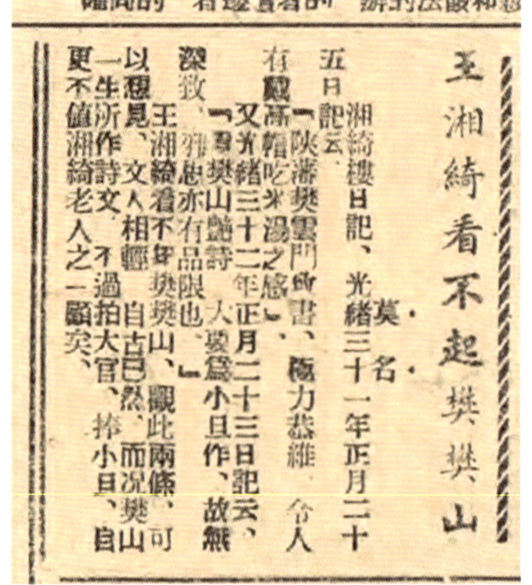

王湘綺看不起樊樊山

莫名．

湘綺樓日記，光緒三十一年正月二十五日記云：「陝藩樊雲門所書，極力恭維，令人有戴高帽吃米湯之感」。又光緒三十二年正月二十三日記云，「看樊山艷詩，大要爲小旦作，故無深致，雅思亦有限也。」王湘綺看不起樊樊山，觀此兩條，可以想見，文人相輕，自古已然，而況樊山一生所作詩文，不過拍大官、捧小旦，自更不值湘綺老人之一顧矣。

左：图 23　1905 年《秦中官报》《樊山先生赐题拙集前后五诗依韵奉酬不敢请正欲牙旷知有油腔耳》
右：图 24　1943 年《新天津画报》《王湘绮看不起樊樊山》

上林秋燕忽西翔，凝碧池头孰举觞？
市有醉人称异端，巢无完卵亦奇殃。
犬衔朱邸焚余骨，乌啄黄骢战后疮。
满目蓬蒿人迹少，向来多是管弦场。

全诗引用了王维凝碧池的典故，表达庚子事变之后京都满目疮痍的悲凉情景。作诗中的分歧，导致王闿运曾经撰文批驳樊樊山赋诗油腻[1]，还曾在日记中记录对樊樊山作艳诗的厌恶之情[2]。（图 23、图 24）王闿运几乎从未在正式场合或文献中称赞过齐白石的诗词，但是樊樊山却对齐白石的诗有激赏之情。齐白石集 1916—1917 年之间诗稿成《借山吟馆诗草》，诗稿最前就是樊樊山作序：

濒生书画皆力追冬心，今读其诗，远在花之寺僧之上，真寿门嫡派也。冬心自叙其诗云："所好常在玉溪天随之间，不玉溪不

1　王闿运：《樊山先生赐题拙集前后五诗依韵奉酬不敢请正欲牙旷知有油腔耳》，《秦中官报》1905 年五月分 6，第 31—32 页。
2　莫名：《王湘绮看不起樊樊山》，《新天津画报》1943 年第 4 卷第 4 期，第 1 页。

天随即玉溪即天随。”又曰：“携僧隐流钵单（箪）瓢笠之往还，复饶苦硬清峭之思。”今欲序濒生之诗，亦卒无以易此言也。冬心自道云：“只字也从辛苦得，恒河沙里觅钩金。”凡此等诗，看似寻常，皆从刿心銶肝而出，意中有意，味外有味，断非冠进贤冠，骑金络马。食中书省新煮餘头者所能知，惟当与苦行头陀在长明灯下读，与空谷佳人在梅花下读，与南宋前明诸遗老，在西湖灵隐、昭庆诸寺中相与寻摘而品定之，斯为雅称耳。今吾幸于昆明劫灰之余，闭门听雨，三复是编，其视冬心先生集自叙于雍正十一年者，其感慨又何如耶？濒生行矣，赠人以车，不若赠人以言。若锓木于般若阁者，即以此为前引可也。

丁巳六月初三日。樊山增祥拜题。[1]

此事，便是《自述》中提到的：“樊樊山是看得起我的诗的，我把诗稿请他评阅，他作了一篇序文给我，并劝我把诗稿付印。隔了十年，我才印出了《借山吟馆诗草》。”[2] 即便是序言写成的十年后，齐白石还没有正式出版过画集，而是诗集先行印制，可见其中樊樊山对于齐白石诗词创作的鼓励。此后齐白石再行集诗，樊樊山又作诗序[3]，但

1 北京画院编《人生若寄 北京画院藏齐白石手稿》（诗稿上），第 61—64 页。

2 齐白石口述，张次溪笔录：《白石老人自述》，第 83 页。

3 齐白石诗序

昔严沧浪之论诗曰：诗有别裁，非关书也；诗有别趣，非关理也。夫以无书无理为诗，而唯以别裁别趣相尚。此必胎性中具有前生所读之书，今生妙悟之理。较之绩学之士，日以读书穷理为事，而于风雅一道渺不相关者，盖亦有根性利钝之别，气化灵蠢之殊，非个中人不知也。

湘潭齐山人名璜，字白石。以农为世业，耕稼以外，好刻竹木，并及石印。王湘绮先生见之，置之门墙，使习书画，每画皆有题咏。如明宏治四家，乾隆间之扬州八怪，大抵诗画双佳，语语皆清疏松脆，君诗实近于此，而于国朝（白石注：国朝二字当是一清字）之童二树、罗两峰尤相伯仲。君自为湘绮所赏，王门高足弟子皆与订交，以（已）是声名蔚起。南游两粤，西入陕，北至燕。既而天下大乱，君因郭宝生军门、夏午诒大史之荐徧历诸幕府。而其画尤为日本所崇敬，瓜瓠果窳之属，奇趣天成；草虫阜螽之类，生机飞动，东人不惜重金购之。而书生身计，转因乱离小阜矣。君游陕时，独与余善，见余一诗一文，辄相倾倒。顷居京二十年，余年且九十矣，常见其诗。其治家也，皆布帛菽粟之言；其训世也，皆孝悌力田之语。至若朝阳始旦，清露未晞，五色相宣，群花各态，此南田草衣之赋色也。即其所以为诗，又若鸡犬云中，飞鸿琴外，青天倚剑，江树归舟，此华亭宗伯之为诗也。亦即所以为画，画中诗，诗中画。君其诗画兼工之摩诘欤，至于常语能奇，俗中见雅，境由心造，妙自天传，则沧浪先我言之矣。

引自王明明主编《北京画院藏齐白石全集 综合卷》，第 174 页。

是这次的序言上樊樊山自作的注释和齐白石注各有韵味（图 25）：

近来老眼眵昏，不能作细书，甚愧，特命曾孙辈钞（抄）呈。间有讹字，随手涂改，勿怪。祥识。（樊增祥自注）

樊山翁序白石之诗，文章之妙，此序不如前作，余固不用。他日儿孙弃之可矣，余不忍弃者。与樊君之交情，见前叙可知，可感耳。（白石注）

樊樊山在第一次的诗集序言中引经据典、文辞优美地对齐白石的诗作进行了一番赞美，而第二次的诗文序言则直接被齐白石弃用，齐白石还附上注释嘱咐儿孙自己因情谊犹在，但儿孙可以将其扔掉。另在齐白石 1930—1932 年集诗中有记：

壬申冬，白石诗集第二集成，代序五首（第二集乃六十岁以前至七十二岁之作，居旧京十又六年。题画之句最多。）那（哪）有工夫暇作诗，车中枕上即闲时。廿年绝句三千首，却被樊王选在兹。（此集呈樊山老人选定，其句有牢骚者或未平正者痛删之。复倩仲言社弟重选。其句虽澹雅而诗境未高者或字样奇险者又删之。再后倩劭西君校对钞（抄）诗者之错误，竟于樊王删弃者选回一百余首。题画寄樊樊山先生京师及洞庭看日之短古，即黎选也。）[1]

《白石诗草（庚午至壬申）》先后经樊樊山、王仲言、黎锦熙三人筛选、校对，最终应当是按照黎锦熙的选择定稿，齐白石认为樊樊山选出的诗太少。一生有帝师理想的王闿运对齐白石的诗文评价几乎只字未提，暮年以鬻文为生的樊樊山虽然也曾揶揄齐白石诗文，1903

1　北京画院编《人生若寄　北京画院藏齐白石手稿》（诗稿下），广西美术出版社，2013，第 489 页。

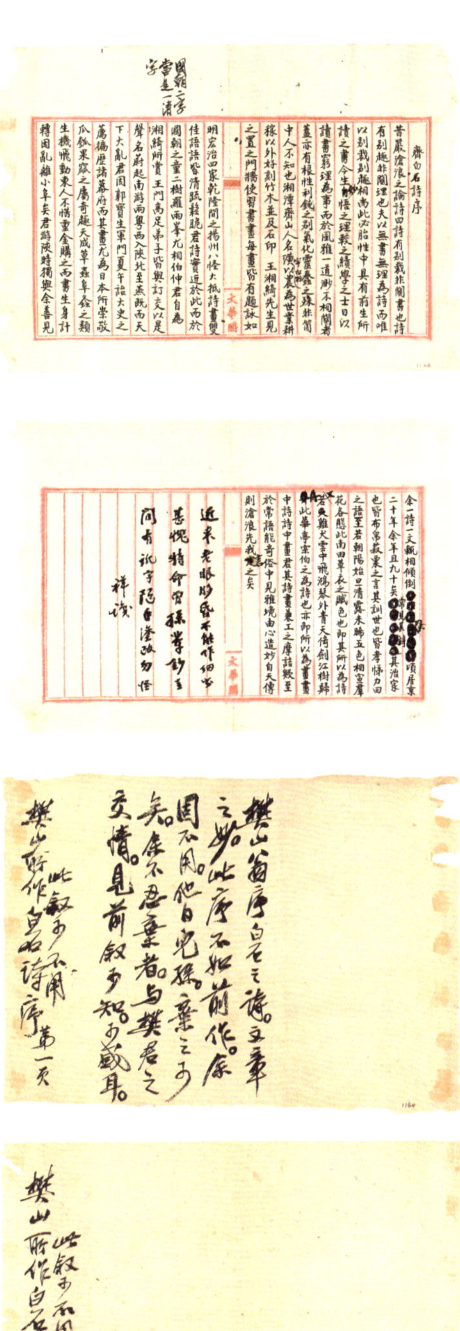

图 25　齐白石诗序　樊增祥　纸本　各纵 29.5cm、横 38cm　无年款　北京画院藏

年题《借山吟馆图》时就曾言："平生三绝诗书画，乐石吉金能刻划(画)"[1]，但至20世纪30年代齐白石对樊樊山互通诗文中的态度产生了变化。齐白石在《自述》中称："我做的诗，完全写我心里头要说的话，没有在字面上修饰过。"事实上真心欣赏齐白石文字的应当是为他编撰《年谱》的胡适，新时代里白话文的推进者胡适在《齐白石年谱》序言中写道：

> ……我读了这些材料，白石老人自己的文章。我觉得他记述他的祖母，他的母亲，他的妻子的文字(那时我还没有看见他的《祭次男子仁文》)都是很朴素真实的传记文字，朴实的真美最有力量，最能感动人。他叙述他童年生活的文字也有同样的感人力量。他没有受过中国文人学做文章的训练，他没有做过八股文，也没有做过古骈文，所以他的散文记事，用的字，造的句，往往是旧式古文骈文的作者不敢做或不能做的……[2]

这样看来齐白石所谓的"平生知白石画者郭葆荪，知刻者夏午贻，知诗者樊樊山"，也要在相对固定的语境中看待，而非恒定，其中友情与交道远远超越了诗文、书画与篆刻艺术是否精湛本身，而齐白石对这一点再明白不过了。1931年，樊樊山辞世，齐白石在《自述》中有言："正月二十六，樊樊山逝世于北平，我又少了一个谈诗的知己，悲悼之怀也是难以形容。"[3]齐白石还曾刻印一方"老年流涕哭樊山"(图26)，时年齐白石也已经六十九岁。

在王门师友中，杨度是极被齐白石信赖的同门。杨度、杨庄、杨钧兄妹三人都是"湘绮弟子"，其中杨庄还是王闿运的儿媳。杨氏兄

---

1 樊樊山：《借山吟馆图》题跋，1903。王明明主编《北京画院藏齐白石全集 综合卷》，第148页。
2 胡适：《齐白石年谱》。
3 齐白石口述，张次溪笔录《白石老人自述》，第139页。

图 26　老年流涕哭樊山　齐白石　寿山石　纵 3.1cm　横 3.1cm　高 6cm　无年款　北京画院藏

妹三人都曾给齐白石的《借山吟馆图》题跋，杨钧和杨庄题跋的时间分别是在 1911 年三月和四月，杨庄所采用的则是具有王闿运风韵的“汉魏诗派”五言诗为齐白石题跋，杨度题跋于 1917 年仲夏在天津完成。齐白石居京城以来，凭借鬻画与篆刻逐渐有了一些积蓄，1919 年《己未日记》中记：

> 杨虎公处之去款。其折云：齐白石山人濒生寄存款项于虎头陀室，约以周年八厘生息，随时可以取还，非濒生及其世兄子贞亲自取款，不得发与他人，他人得此折者，不足为据。
>
> 虎头陀杨皙子批。
>
> 民国八年七月五日收濒生交来洋伍佰元；
>
> 七月五日收濒生交来洋叁佰元；
>
> 七月九日收濒生交来洋弍佰元；
>
> 七月十四日收濒生交来洋壹佰元。[1]（图 27）

日记中，当年七月又存一百元。1922 年的《壬戌纪事》中，闰五月一条：

1　北京画院编《人生若寄　北京画院藏齐白石手稿》（日记上），广西美术出版社，2013，第 187 页。

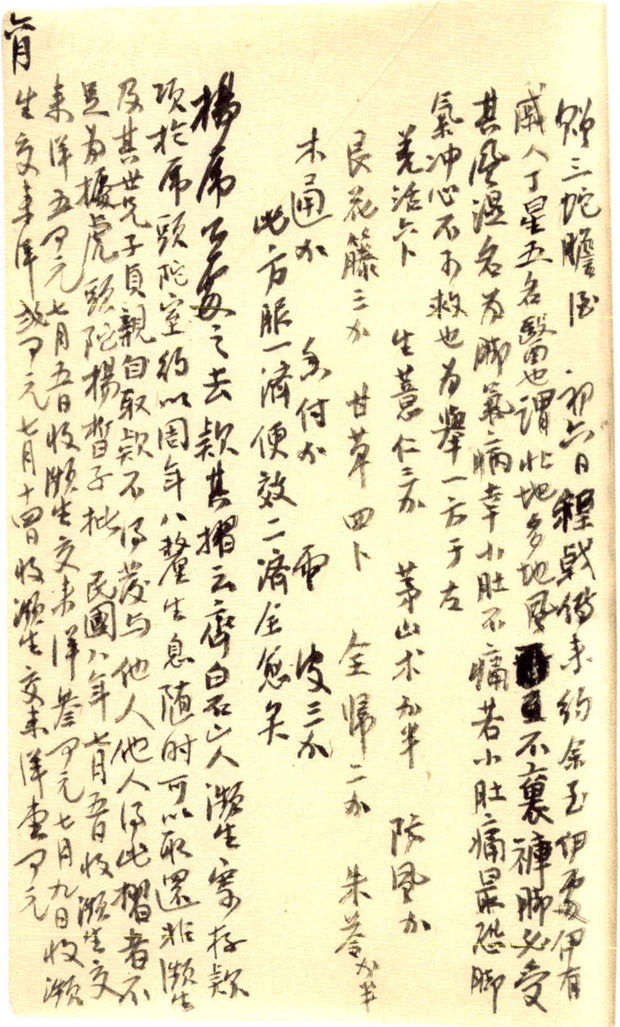

图 27 《己未日记》第 13 页　齐白石　纵 22cm　横 19cm　1919 年　北京画院藏

初五日。得如儿书。甚慰之至。并知家山春君宝珠虽小病。将愈。即复如儿书。并中国银行存款五百元收据。亲交杨皙子亲手收好。自言明日送交子如。[1]

在齐白石与杨度的往来书信中，仍可见到关于齐白石存款，以及杨度拨款的相关事项。齐白石出身农家，半生贫苦，来京度日时已经年过半百，加之齐白石向来节俭，将收入积蓄存在他人手中，必然是非常信任的人，杨度就是齐白石信得过的重要友人。1931 年，齐白石收到徐悲鸿的来信，信中除说到即将在 1932 年出版的《齐白石画册》事宜外，徐悲鸿还备注了一条："杨皙子患痢疾逝去已五日矣。"[2] 齐白石又痛失好友。

1917 年齐白石第二次来到北京，先在郭葆生家居住，后搬入法源寺与杨潜庵同住。杨潜庵与齐白石亦同出王门，1919 年齐白石定居京城之初仍住在法源寺，三月初四一早到达北京便见到了杨潜庵，杨已经替齐白石办理好居住法源寺事宜。[3] 此后在京的诸多活动均有二人一同参加。另外，杨潜庵在京久于齐白石，于篆刻方面亦有建树，此间也为齐白石扩展居京朋友圈起到重要作用。齐白石收入《萍翁诗草》中有一首《次韵杨潜庵喜白石过寺居》（时潜庵居北京法源寺）：

尘心消得几声钟，寂静浑同世外悰。

六十老翁身万里，秋风来听六朝松。寺外有古松。为唐时物也。[4]

1 北京画院编《人生若寄　北京画院藏齐白石手稿》（日记下），第 327 页。

2 王明明主编《北京画院藏齐白石全集　综合卷》，第 317 页。

3 《己未日记》："三月初四日，早到京，见杨潜庵，伊代佃法源寺羯磨寮寮房三间居焉，当付佃金八元，立有折据。" 北京画院编《人生若寄　北京画院藏齐白石手稿》（日记上），第 181 页。

4 北京画院编《人生若寄　北京画院藏齐白石手稿》（诗稿上），第 126 页。

身在千里之外的异乡，齐白石“六十老翁身万里”的思乡情，只有同乡同门又同住的杨潜庵和当时的“秋风”听得懂。

陈师曾一直被认为是齐白石衰年变法的推动者，但齐白石与陈师曾的交往源头却尚未厘清。1904年初，齐白石随老师王闿运游历南昌，四月七日船到札屋洲，李金戣来迎先生，十日到南昌，陈三立、陈兆奎闻先生至，来省谒见先生。[1] 此时，陈三立致力于修建南浔铁路，恰好在南昌，王闿运的弟子陈兆奎也在南昌协助夏时创办机械造纸公司，[2] 于是可以在南昌进行王门师友小聚。早先，陈三立于同治十一年（1872）迁居长沙，与湖湘名流交游深厚，深受湖湘诗坛王闿运所引领的“汉魏六朝诗派”的影响，光绪十一年（1885）至光绪十四年（1888）间，陈三立与郭嵩焘、王闿运、释敬安等人共同结成诗社，常在碧湖雅集，雅集成员均为陈三立师友，陈三立对王闿运更是尊敬有加，以湘绮为师。汪辟疆曾言：“至陈散原先生，则万口推为今之苏黄也。其诗流布最广，功力最深，有井水处多能诵之。盖散原早年习闻湘绮诗说，心窃慕之。颇欲力争汉魏，归于鲍谢，惟自揣所至，不及湘绮，乃改辙以事苏黄。”[3] 至1904年，陈三立在南昌拜会王闿运，恰好齐白石也随老师游历，此间齐白石与陈三立相遇的可能性极大。

王湘绮弟子数量巨大，与齐白石有交集者也众多。为齐白石整理《自述》文字的张次溪其父张篁溪同为王门弟子；引荐齐白石进入王门的张仲飏后来成为齐白石的儿女亲家，此后齐白石受聘成为北京艺术专门学校的教授，齐白石还在《自述》中感慨：“木匠当上了大学

1　王代功：《清王湘绮先生闿运年谱》，台湾商务印书馆，1978。

2　江西于光绪二十八年（1902）秋响应号召，开办农工商矿局，次年闰五月，陈三立被护理巡抚柯逢时延为江西农工商矿会办，先是委以矿务，后受命疏浚东湖。光绪三十年（1904）三、四月间，与农工商矿局同事黄大埙、刘景熙、胡发珠等人组织人员，在南昌进贤门外清泰寺附近开筑农学试验场；又禀请赣抚夏时创办机器造纸公司，由陈兆葵总司其事。然而在农工商矿局的工作大概只持续了一年左右，陈三立便开始投身于南浔铁路，开始了长达七八年之久的颠簸起伏的铁路修筑生涯。引自李开军：《最后的事功：陈三立与南浔铁路之修建》，《中华文化》第四十一期。

3　汪辟疆：《光宣诗坛点将录》，载《汪辟疆文集》，上海古籍出版社，1988，第300—301页。

教授，跟十九年以前，铁匠张仲飏当上了湖南高等学堂教务长，总算是我们手艺人出身的一种佳话了”[1]；为齐白石题跋《借山吟馆图》之一的陈兆奎，同为王闿运弟子，《老萍诗草》中有一首诗记述了齐白石 1903 年在京于陶然亭饯春：

十五年前喜远游，关中款段过芦沟。
京华文酒相征逐，布衣尊贵参诸侯。
陶然亭上饯春早，晚钟初动夕阳收。
挥毫无计留春住，落霞横抹胭脂愁。

癸卯三月三十日，夏午贻、杨哲子、陈完夫子于陶然亭饯春。求余为画饯春图小册。[2]

其中的陈完夫便是陈兆奎，这次齐白石还绘就一幅《陶然亭饯春图》。

1　齐白石口述，张次溪笔录《白石老人自述》，第 139 页。
2　北京画院编《人生若寄　北京画院藏齐白石手稿》（诗稿上），第 164 页。

结语

辉煌的人生需要苦心的经营，一个出身苦寒的雕花木匠，经过数十年的打拼，留下身后“人民艺术家”的盛名，绝非偶然、运气、勤奋这些词语能够覆盖的。

幸运的齐白石一生有一个响当当的名牌——“湘绮弟子”，王闿运成为齐白石辉煌人生的重要助推器。但是，在讳莫如深的历史文献中探寻，究竟是齐白石想拜师王闿运而拜托张仲飏，还是王闿运欣赏齐白石而让张仲飏反复劝说，抑或齐白石经由郭葆生拜师，都显得无足轻重，然而《自述》中，胡沁园与王闿运先后看上齐白石才华而欲收入门下的相同情节，实在令人不得不产生探究的欲望。

考察史料记载，齐白石拜入王门之后，真正与老师相处的机会并不多，并非如住在胡沁园家学画学诗那样能够体会到老师点点滴滴的恩情。但是，齐白石深知王闿运在清末以及北洋时期的社会影响力，在1904年与1911年的集中相处阶段，齐白石获得了老师手书的《白石草衣金石刻画》序言、《借山馆图》题跋、《齐璜祖母马孺人墓志铭》、《寄萍堂》，以及陈毓华以王闿运口吻书写的《齐山人传》，另外还有王闿运直接写给齐白石的《湘绮先生屏》(四联)、尺幅颇大的王闿运《自录五言诗》。这些王闿运墨宝都成为齐白石日后标榜“湘绮弟子”身份的最有力证明。齐白石定居京城后将王闿运手书《寄萍堂》、王闿运遗像、祖母墓志铭置于家中明显处，可以日日感念湘绮师恩情的同时，旧友一见便知齐白石是个念旧情的好弟子，新朋登门一眼明白齐木匠师出有名，这些都是胡沁园不能为齐白石达成的。其次，北京画院现藏齐白石遗物中还有王闿运写给他人的作品，如《耻庵》（1863）（图28）、《湘绮老人论诗词》（1914）、《湘绮老人墨迹四条屏》（1914）（图29），可见齐白石在着意收藏王闿运手迹。

王闿运在清末民初政坛、文坛声名显赫，弟子众多，齐白石成为王门弟子之后，便被巨大的王门师友关系网所笼罩。在湖南时，齐白石慢慢融入了地方师友圈，五出五归的路途中也可见师友们的身影，部分湖湘师友定居京都为齐白石打开京城市场安居于此做着方方面面的贡献，齐白石太幸运了。反观于此，也是齐白石多年苦心经营的成果。

齐白石辞世已经63年，2014年北京画院出版了齐白石口述、张次溪笔录的《白石老人自述》，白石老人生前的步步经营在这本书里闪闪烁烁，齐白石试图通过这本自述在后人脑海中呈现一个更加完美的“人民艺术家”。首先自述或口述史常常与历史原境有很大差别，口述者试图通过口述文字再次美化人物或引导读者认知事件，但通过追探一手文献与图像中的蛛丝马迹，便会发现其中与口述史

图28　耻庵　王闿运　轴　纸本　纵66.5cm　横134.5cm　1863年　北京画院藏

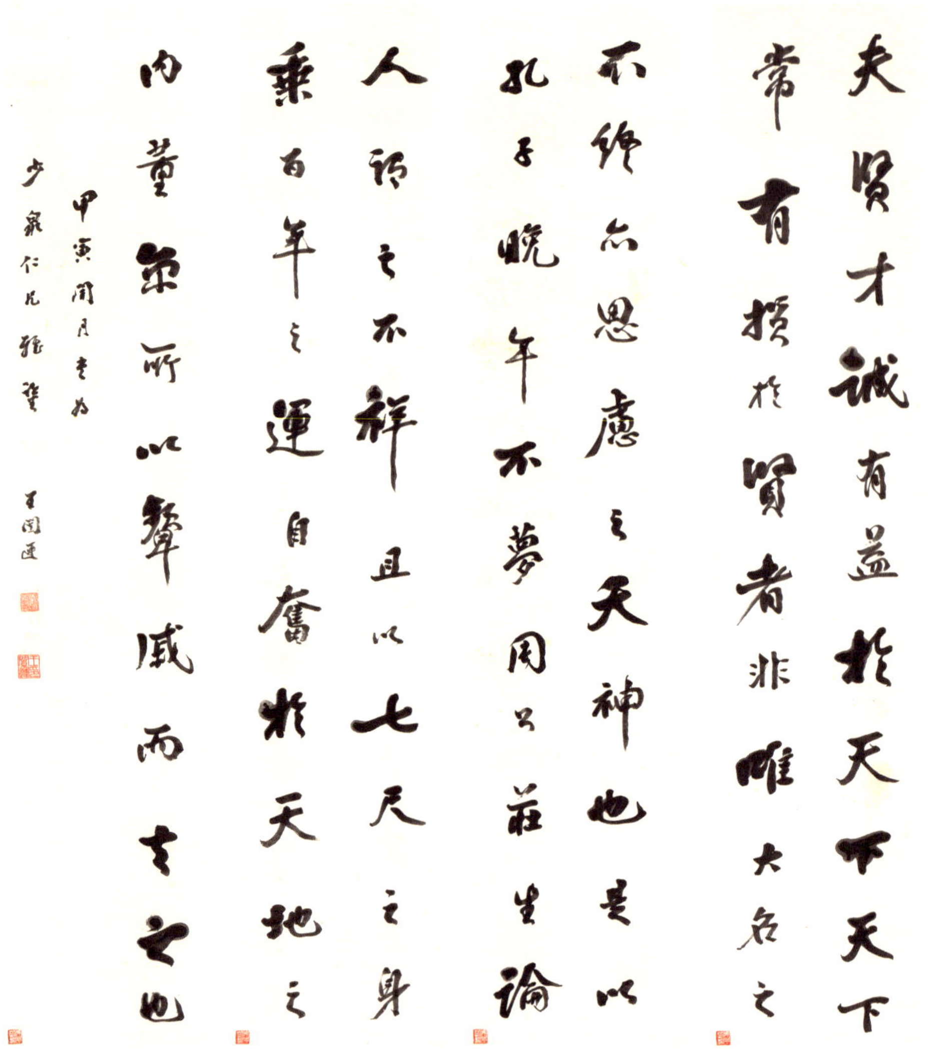

图 29　湘绮老人墨迹四条屏　王闿运　轴　纸本　每幅纵 165.5cm、横 35cm　1914 年　北京画院藏

产生的认知缝隙，这种缝隙带来的书写张力，呈现了历史研究中纷繁复杂的状态。以齐白石为探究目标的研究者如果沿着齐白石的《自述》去探寻真实的齐白石，或者王闿运与齐白石的师生关系，事实上看到的是齐白石在他的时代里描绘的那个全新人物，这样研究者便从容掉进齐白石设置的文字陷阱中。其次，关于齐白石与王闿运的师生交谊，在惯常的认识中仅仅是平面的师生关系，但是实际上齐白石在王闿运所处的精英文化圈中，显得并不重要，也难以完全融入，好似一个边缘的旁观者。然而正因如此，齐白石一面在与王闿运短短的几次交往中获得更多加固"湘绮弟子"身份的物件，另一面则头脑十分清醒地找到了自己在湖湘文化圈中的位置，从容不迫地使王闿运和湖湘文化圈成为自己一生的身份标签和助推利器。

坐久生微凉，竹箪清露滋。[1]

《自述》中的齐白石并不承认七夕联句的存在。

奇洁系北京画院理论研究部研究员

1 王明明主编《北京画院藏齐白石全集 综合卷》，第217页。

泊庐照画题三绝句

工夫何必苦相求，但有诗书便出头。欲得眼前声誉足，留将心力广交游。

两十分福命十分名，更有聪人世不轻。倘假

槐堂□□如写上无穷题鉴赏要相争

不读书人要买画，画入门形势作□□偏扇风也

一著三间屋，何愧胸中点墨无

重题留影并叙　前十有书目乃

余与诸生来余后照小影，托咸余题

一律□□照真似陆士，见之不另作祥语之

草衣濁世幾人知

齐白石、陈师曾交谊新考

◎张涛

陈师曾像

我辈莫愁须饮酒，死生常事且开颜。

读齐白石的一生，最大的感触是：通透，明白。

在一个跌宕起伏身若飘萍的混沌乱世，一个农民，最后变成了一个走上神坛的人民艺术家，这其中不仅仅是后来人眼中想当然的德艺双馨，想当然的画得好就能走进艺术史。人生，哪里有那么多理所当然？尤其对于一个无依无靠的草根来说。

齐白石的智慧，不止于丹青挥毫，人生经营其实也是一把好手。老人家已经驾鹤数十年，可是我们对他的解释和阐释，有时候还是笼罩在他老人家当年所预设所期望的逻辑框架内。以齐白石和陈师曾的交谊为例，通过串联他们之间交往所遗留下的文献与图像碎片，咀嚼这些遗存背后的历史韵味与人性张力，也许会发现，陈师曾，不仅仅是齐白石口口声声所称赞的“恩人”与“贵人”，在由齐白石自己所建构的这段交往神话中，还有许多值得回味的空间。

朋友？哪儿有那么容易！

一幅合作画

1920年10月22日（农历九月二十四日），梅兰芳生日。现藏梅兰芳纪念馆的一幅《花卉虫鸟》，注明了当时到梅府致贺的座上宾。此作纵135厘米，横46.5厘米，纸本设色，罗瘿公于画面题记："植支枇杷，茫父蔷薇樱桃，梦白画眉，师曾竹石，白石补蜂，瘿公题识。时庚申九月廿四日畹华生日也。"（图1）此作为凌植之、姚茫父、王梦白、陈师曾、齐白石为梅兰芳祝寿的合作画。表面看此作平淡无奇，然而细究颇有值得玩味处。除去齐白石，其他几位于画面上的笔墨，均占相当大篇幅。与众人相比，齐白石所补之蜂十分渺小，而且如若删去此笔，于画面的完整程度与可观瞻性似也无伤大碍。（图2）因此可以倒推此合作画在最初酝酿之时，或者说在受邀合作丹青的人选中，起初也许并无齐白石一席。这幅合作画理应是在其他人已经整体完成的情况下，有人再出面相邀，齐白石才讪讪提笔。此时画面之上所剩空间已经极为窘促，还要留下题款与钤印的位置。齐白石巧思妙手化尴尬为神奇，绘一墨蜂悠然作即将飞出尺幅之外状，既充分利用了狭小空间，又不显补笔唐突，且与王梦白所绘画眉眼神相连，画面逻辑由此建立。

民初北京画界，经常有这种雅集聚会。凌淑华在《回忆一个老画家及几个老画家》一文中曾有生动回忆：

民国十六年以前，北平是中国文物艺术的宝库，那时书家、画家、收藏家，全聚在那里……那时的画会，大都由当地几个收藏家、书家、画家折柬相邀，地点多是临时选择优雅的园林与寺

左：图 1　花卉虫鸟　陈师曾　凌植之　姚茫父　王云　齐白石　轴　纸本设色　纵 135cm　横 46.5cm　1920 年　梅兰芳纪念馆藏
右：图 2　花卉虫鸟　删除齐白石补绘部分效果图

院举行。大多数是十余人，茶余饭后往往濡毫染纸，意兴好的，画多少幅，人亦不以为狂，没有兴趣作画，只管在林下泉边，品茗清谈，也没有人议论……

这一天来的画家有陈师曾、陈半丁、姚茫父、王梦白、萧厔泉、齐白石、金拱北、周养庵，另外有一个美国女画家穆玛丽，她是卫色拉的弟子，油画、粉画、炭画都作，功夫很深，鉴赏东方艺术也有点眼光，对东方画家很谦虚，她是我相识的画友。当我同南苹夫人忙着收拾画具的时候，齐白石忽然匆匆走了进来，操着湖南口音笑问："是今天请我吗？我怕又弄错了日子。上次到她家去，以为是请我吃饭，谁知一个人都没有在家。问当差的，他也搞不清。"他老人家稀疏的胡须已经花白，一双小眼睛闪闪的发亮对着我们。看到房里的玉兰，他老人家便滔滔不绝的（地）讲他湖南的花木，他是像所有湖南人一样的特别爱他的故乡。那一天不知为什么玉兰撩动他的诗意，他谈要写一首玉兰诗送我。

随后陈师曾及陈半丁两人来了，他两位是近五十岁的清癯有学者风度的人。师曾虽在日本留学甚久，却未染日本学生寒酸气。虽是士（仕）宦人家生长，父亲又是有名诗人陈散原，但是他的举止言谈都很谦和洒脱，毫无公子哥儿习气。[1]

除去风雅聚会、品茗聊天，与会者也会挥毫泼墨，或各自成幅，或合作一张。而合作画的"合作"方式，凌淑华文中也有详细描述：

"来一张总合作的画不好吗？"不知谁在提议。

陈半丁把手中纸铺在桌上，簌簌的几笔，画他得意的秋海棠，笔致苍润，稳贴（帖）的（地）摆在纸中心。他递笔与王梦白，

1 《回忆一个画会和几个老画家》，载凌叔华《凌叔华经典作品》，当代世界出版社，2004，第48—50页。

他便用他的飞白法勾出一朵白菊花。

“嚯，花瓣儿飘飘的像鹅毛。”有人叹息说。

“北京便宜坊没有烧鹅卖，哈，哈……”王梦白把嘴里烟卷拿下来笑答，他把笔递给齐白石，又说：“让这个金冬心大笔来镇压一下，不然我的菊花要飞了。”

齐白石画了一张雁来红，浓浓的黑叶，叶筋是用铁线描钩的，陈师曾接着画了一枝秋葵，他那逸笔草草正是表示秋葵的清标绝俗。

笔传到姚茫父，他歪着头含笑看了画一会儿，一口气撇了几片兰叶，嘴里说：“够了吧？”便停了手。

周养庵接了笔画了一枝桂花，花叶匀匀的也还配得上其余的画。他把笔递与金拱北。[1]

很明显，这种合作画虽然名为“合作”，也暗暗含有画格意趣与临场智慧的角力与比拼。而且凌淑华家中聚会从所述细节看，是要远远晚于在梅兰芳家中的这次。齐白石此时初立京华，画名未显。换句话说，他还是游离于围绕陈师曾所聚集的艺界精英圈。回到这幅合作画，什么人会邀请齐白石参与“合作”？现场最有可能的只有两位：陈师曾与梅兰芳。陈师曾与齐白石关系众所周知，但是作为梅兰芳的主场，陈师曾似乎并不便直接出面张罗，即便他有抬举齐白石之意。况且以陈师曾在此合作画中与齐白石完全不对等的笔墨尺幅考量，似乎他也并未考虑齐白石的处境。陈师曾与王梦白、姚华是为至交，且另有多幅合作笔墨（图3—图6），甚至还有为梅兰芳祝寿所制此幅合作画的原班人马，于1922年又共同绘制《花卉图轴》（图7）一幅。但是在这些合作画中，齐白石均是缺席的。因此更可排除陈师曾此时此地为他挺身而出的可能。那么，答案就只有一个——梅兰芳。

1 《回忆一个画会和几个老画家》，载凌叔华《凌叔华经典作品》，当代世界出版社，2004，第52页。

左：图 3　花卉图　陈师曾　王云　姚华　轴　纸本设色　纵 139cm　横 43.5cm　1921 年　广东省博物馆藏
右：图 4　鹦鹉图　陈师曾　王云　轴　纸本设色　纵 92.7cm　横 33.5cm　1922 年　北京故宫博物院藏

图 5　梅竹双鹊图　陈师曾　王云　轴　纸本设色　纵 131.4cm　横 49cm　1922 年　北京故宫博物院藏

图 6　蔷薇群鸡图　陈师曾　王云　轴　纸本设色　纵 134.6cm　横 32.4cm　无年款　中国美术馆藏

图 7　花卉图　陈师曾　凌植之　王云　姚华　轴　纸本设色　纵 103cm　横 35cm　1922 年　北京画院藏

齐白石与梅兰芳相识于1920年9月3日（农历七月二十一日）。此行为齐白石应邀赴伶人姚玉芙喜宴，梅兰芳也是到场嘉宾之一。虽然之前有过一面之缘，但是彼此并未有任何交流。席间梅兰芳主动趋前以“齐先生”称之，齐白石受宠若惊，在归途中即兴口占一首：“记得先朝享太平，草衣尊贵动公卿。如今燕市无人问，且喜梅瀰呼姓名。”[1]齐白石虽然出身卑微，但自尊心极强。早在1903年齐白石随夏午诒一上北京，虽然当时他的角色也只是为夏午诒的小妾课画的家庭画师，但齐白石却并没有这种身份认同。夏午诒曾赠送齐白石印一枚，印文书“白石先生”四字，齐白石言自愧不能受，夏午诒恭维道：“以先生才艺骨节，倘束发读书，与渊明何异？后千万年不愧自称五柳先生。公五百年后方不愧自称白石先生也。”[2]夏午诒将齐白石喻为远离俗尘、气质高洁的隐士陶渊明。齐白石受宠若惊之余，也被深深触动了某些心弦，于当晚在其日记中悠悠记到“老当自加琢磨，方不负良友之誉有益我也”。[3]由此也可理解齐白石对梅兰芳此时以“先生”相称时，情绪如此波动的由来。“梅老板”当时虽然名闻天下，但是伶人出身终究在旧式文人眼中看来多少还是欠缺值得尊重的分量。同是凌叔华的回忆中，提及梅兰芳，画家们即是一种戏谑调侃语气：

> “梦白，你这几天怎样又不到咸肉庄坐着哪！我打发人找了你几回都找不到，有几个德国人一定要我请你给他们画几只猪。”陈师曾问道。
>
> “是哈大门的德国火腿铺子吧，叫他先送一打火腿来吃完再画。”王梦白说着，慢吞吞把烟卷抖抖灰，很随便的（地）坐下来。

1　齐白石：《庚申日记并杂作》，第14页，载北京画院编《人生若寄　北京画院藏齐白石手稿》（日记下），广西美术出版社，2013，第239页。
2　《癸卯日记》，第29页。
3　《癸卯日记》，第29页。

“他老人家改地方了，他常到便宜坊坐着去了，你看他新近画了多少翎毛啊。”陈半丁说。

“他们都没有我清楚，哈哈。”姚茫父响着他特有的快活调子笑道，“这阵子他天天到梅老板店里坐着呢。”

梅老板三字在那时是很红的，他与猪肉鸡鸭连着说，是不伦不类的荒唐笑话，于是大家笑了一阵。

“新近看梅兰芳跟他学画。”不知谁解释说。

“我看梅兰芳光学画画梅花、兰草也就够了，何必巴巴的要学画什么牛羊，别把他自己沾染上猪肉味儿倒是不雅致。”

这话引得大家又笑起来，王梦白慢慢的（地）把嘴里烟卷丢了笑道：“这样说来，老子只教他画花卉吧，他画画倒是很有一点天分。”[1]

同样的底层出身，让齐白石与梅兰芳有着一种自然的身份亲近感。1920年10月9日（农历八月二十八日），齐白石在齐如山所藏梅兰芳书法之上题跋：“余尝读渔洋先生句云：文人从古善相轻。余以为工于技艺者更有甚焉。独梅郎兰芳不然。闻未学书画时即有此嗜好，且能交游工书善画之流，近来致力此道，日有进境。此幅摹罗瘿公书，几欲乱真矣。同宗如山兄得之，如此珍藏且索诸名流题跋，非好事者。余将亦欲倩梅郎并临赠我也。”[2]行笔至此，齐白石又再次提及两人上次相识情景：“梅郎因如山兄识余，后未尝再见，一日姚玉芙娶妇，以书约余喜酌，梅郎先至，余入门。梅郎呼曰齐先生至矣。余于归途戏作句云：‘记得先朝享太平，布衣尊贵动公卿。如今沦落长安市，幸有梅郎呼姓名。’梅郎知余沦落而不相轻，尚能记得有齐先生，

1 《回忆一个画会和几个老画家》，载凌叔华《凌叔华经典作品》，当代世界出版社，2004，第50页。
2 《癸卯日记》，第245页。

可感也。如山兄索跋，因及之。”[1] 齐白石在这段跋语中将之前的诗作于字面上略加改动，虽然题跋本来属文人彰显赏鉴抒怀雅意又蕴含酬酢的社交途径，难免要冠冕堂皇文过饰非，但齐白石一再提及两人相识情形与自己口占之诗，他实际上期望的是这段题跋能够得梅兰芳的注视。由“梅瀾”到“梅郎”，这种暗通心曲的方式也确实见到效果。正是此年 9 月，梅兰芳主动邀请齐白石赴家中一谈。“余知兰芳近事于画，往焉。笑求余画草虫与观。余诺。兰芳欣然磨墨理纸，观余画毕，歌一曲报之。余虽不知音律，闻其声悲壮凄清，乐极生感，请止之。即别去，明日赠以此诗：‘京华无怪众相亲，口不能夸儿可憎。不忘梅瀾欣理纸，再为磨就墨三升。’”[2] 白石作画梅郎唱曲，颇有伯牙子期高山流水遇知音的古风气质。且以此细节可窥，齐白石的心理，认可的是能够发自心底真正尊重他的人，而未必仅是能识其画者。这风雅一幕发生于梅兰芳寿宴之前不久，梅兰芳知齐白石草虫之妙也正在此时。则前述寿宴当日的合作画，理应为陈师曾、姚华、王梦白等一众京华名流兴致高昂时所倡绘，出身卑微的齐白石虽然也是缀玉轩的座上宾，却被冷落一旁。抑或生性不喜凑热闹的齐白石主动避后，亟待画成之时，梅兰芳见机出面邀请齐白石补草虫于上。所谓知心莫过于此，齐白石欣然领命，一幅看似皆大欢喜的《花卉草虫》于是乃成。

与梅兰芳形成鲜明对比的是，陈师曾于这幅合作画中潇洒绘石，却并未敬“石”。

1 《癸卯日记》，第 246 页。
2 《癸卯日记》，第 254—255 页。

师曾回信了

陈师曾与姚华、王梦白多有合作笔墨，与齐白石却殊为罕见。颇具关联的唯有一幅陈师曾为齐白石所绘山水扇面，画面题记为："屋角红梅树，花前白石生。姜白石句为齐白石写照。衡恪。"（图 8）画中以陈师曾惯有的简笔速写式画法，绘老梅数株，怪石嶙峋，一老者合手立于茅屋之前。陈师曾以姜白石句写照齐白石，隐喻有二：一是以姜白石一生飘零颠沛流离暗合齐白石之生平；二则他颇知齐白石早年生活意愿也正是隐居家乡过桃源生活，因此将齐白石描绘为陶渊明般的隐士形象。多年后齐白石写就《题陈师曾为余画扇》："槐堂风雨一相违，君在欢娱变是非。（师曾在日文酒诗画之交游，此时已分为东西两党）此后更谁强夺扇，不劳求画画将归。"[1] 此诗也在无形中解释了陈师曾的合作画朋友圈中，齐白石为何总是缺席的存在。[2]

陈、齐二人的京华过往，时常被后世学界所津津乐道，留给观者的大致印象为陈师曾极为赏识齐白石才华，倾尽全力提拔扶持齐白石，齐白石也将其引为知心之交感恩至极。而这一切的印象源头，即来自齐白石的自述，抑或相关诗文画跋。但是以前述梅兰芳寿宴上的合作画可窥，陈师曾未必挺身而出力推齐白石，这一进一退之间的人际张力，也随后来者的过度诠释抑或平面化解读而消弭殆尽。当然，这其中也有齐白石自己的刻意"引导"之功。

1　齐白石：《白石诗草》，第 52 页，载北京画院编《人生若寄　北京画院藏齐白石手稿》（诗稿下），广西美术出版社，2013，第 371 页。

2　齐白石与姚华、王梦白等陈师曾至交的关系颇为微妙，陈师曾在世时尚且可做彼此共聚一堂之纽带，陈逝世后则正如齐白石所言："师曾在日文酒诗画之交游，此时已分为东西两党。" 参见顾雪涛：《齐白石与姚华关系考》，《贵州民族大学学报》（哲学社会科学版）2013 年第 4 期。

图 8 为齐白石写照 陈师曾 扇面 纸本设色 纵 17.8cm 横 51cm 无年款 广东省博物馆藏

首先，关于两人相识，齐白石在多年后的“自述”中如此描写：“我在琉璃厂南纸铺，挂了卖画刻印的润格，陈师曾见着我的印章，特到法源寺来访我，晤谈之下，即成莫逆。”[1] 按其所记，两人应于 1917 年初次谋面。而且暗示陈师曾之前并未听闻齐白石声名，仅仅是在琉璃厂南纸店见其篆刻慕名而至。而实际上，陈师曾十岁时在长沙拜尹和伯学画。[2] 尹和伯与齐白石均为王湘绮弟子，齐白石也曾从尹和伯学画，过往颇多。[3] 而与齐白石既是同门又有翰墨缘的杨钧，即杨度之弟，在日本留学之时，与陈师曾为挚友兼室友。齐白石 1919 年第三次到北京正式开启京华职业生涯，其辛苦鬻画所得均存于杨度处[4]，足见齐白石对杨家的信任程度。尹和伯、齐白石、杨钧均为湘潭同乡，陈师曾虽为江西人，却生于“祖父陈宝箴湖南辰永沅靖道事署中（今湘西

1 齐璜口述，张次溪笔录《白石老人自传》，人民美术出版社，1962，第 66 页。

2 朱万章：《陈师曾》，河北教育出版社，2003，第 203 页。

3 卢莉：《湖南书画家对齐白石的影响——以夏寿田、尹金阳为例》，载北京画院编《齐白石研究》（第二辑），广西美术出版社，2014，第 161—164 页。

4 齐白石：《己未日记》，第 13 页，载北京画院编《人生若寄 北京画院藏齐白石手稿》（日记上），广西美术出版社，2013，第 187 页。

凤凰县)”[1]。陈师曾15岁时在湖南长沙即与齐白石恩师胡沁园、王湘绮相识，常以书画请教。[2]由四者错综复杂关系可见，“即便一九一七之前，陈、齐二人从未相见过，但陈至少闻知齐氏之名及其与尹、杨在京湘籍人士之关系”。[3]另外翻阅齐白石《萍翁诗草》，有写于1917年左右的《九日游公园遇陈衡恪》一诗：

草木无声太寂寥，偶逢陈杤坐相招。
野花绕径铺秋景，柏树拿天立万蛟。
弹雨惊魂无往日，茶烟闲话失今朝。
家园我亦栽松菊，始信平安要福消。
衡湘无地著黄花，老妇娇儿何处家。
强向人前夸静乐，故山兵斗在京华。[4]

诗中也是偶然相逢闲话乡事的平常客套态。由此推之，齐白石晚年回忆与陈师曾初次相识之状，应与实情多有出入。

其次，若真如齐白石所言，陈师曾慕其名而寻其人，且齐白石在回忆录里也刻意强调，“他祖父宝箴，号右铭，做过我们湖南抚台，官声很好。他父亲三立，号伯严，又号散原，是当代的大诗人。师曾能画大写意花卉，笔致矫健，气魄雄伟，在京里很负盛名”。[5]1917年齐白石为避家乡匪乱二次到京鬻画谋生，生涯正是寥落无助时，能得京华如此名流赏识，却为何没有只言片语受宠若惊的感激文字留存？虽无1917年的日记流传管窥，但遍览此年的《萍翁诗草》，除

1　朱万章：《陈师曾》，河北教育出版社，2003，第202页。
2　朱万章：《陈师曾》，第203页。
3　万君超：《近世艺林掌故》，浙江人民美术出版社，2017，第232页。
4　齐白石：《萍翁诗草》，第2页，载北京画院编《人生若寄　北京画院藏齐白石手稿》(诗稿上)，广西美术出版社，2013，第127页。
5　齐璜口述，张次溪笔录《白石老人自传》，第66页。

去前述《九日游公园遇陈衡恪》一诗，并无其他所述。与之形成鲜明对比的是，1921年齐白石得友人引介拜访林琴南，“今日见之且大悦，（林琴南）自许为余定润格，欲余书画价初稿付去云云”。[1]齐白石对于能得林琴南许诺显得极为兴奋，迫不及待地在初次晤面后的第二天，就立即致信林琴南：“今天下如公者无多人，昨得相见，以为平生快事。承自许赐跋润格，今将樊、吴二老为定者呈公观览。惟老樊所定，只言每幅价若干，未分别条幅整纸。老吴所重订册页、纨折扇价过高，璜拟稍为变动，另纸书呈。技艺固低，知者不易，居于京华者维公能决非是，故敢遵命请教之。”[2]“老樊”即樊增祥，“老吴”为吴昌硕，“老樊”与“老吴”为齐白石所开列的润格，均不能令齐白石满意，此时唯独推崇林琴南的评定，真是因为“居于京华者维公能决非是”吗？早在三年前（1918），陈独秀谈及林琴南：“谭叫天的京调，王石谷的山水，是北京城里人的两大迷信……至于上海新流行的仕女画，他那幼稚和荒谬的地方，和男女拆白党演的新剧，和不懂西文的桐城派古文家译的新小说，好像是一母所生的三个怪物。要把这三个怪物当作新文艺，不禁为新文艺放声一哭。”[3]陈以激进的革命眼光审视中国传统艺术，毫不客气地给林琴南贴上“怪物”的标签，这与齐白石对林的评价大相径庭。余绍宋于1919年在宣南画社雅集时见到林琴南，在当晚的日记中以颇为不屑的口气写道：“十一日到余戟门处开会，座中有林琴南，余生平见此所谓老名士实第一次也。”[4]黄宾虹对时人书画，最不喜欢的两位中即有林琴南一席。[5]徐悲鸿也曾说道：“民初在北京负相当画名者，为以译西洋小说著名的林琴南；

1 《白石杂作》，第24页。
2 《白石杂作》，第24—25页。
3 陈独秀：《美术革命》，《新青年》第6卷第1号。
4 余绍宋：《余绍宋日记》壹册，北京图书馆出版社，2003，第628页。
5 郑逸梅：《艺林散叶》，中华书局，1982，第160页。另外一人为吴石仙。

林写王石谷式之山水,能投一般资产阶级所好,笔墨生涯,颇不寂寞。”[1]当时的文化精英们对于林琴南并没有给予太高评价。但是,对于一个在北京为养家糊口而终日奔波的职业画家来说,齐白石还无法上升到类似如“中国画改良”的视野与格局来看人看事。以文言翻译西文小说见长、能“写王石谷式之山水”的林琴南,与擅长“八大冷逸一路”的齐白石在绘画风格层面,其实也并无多少可资共鸣的交集之处。因此,更有说服力的解释是,齐白石所看重的,是林琴南的画作在民初“能投一般资产阶级所好,笔墨生涯,颇不寂寞”的缘故,所以才会急不可待地请求林琴南来代订润格。

但是令人疑惑的是,能得陈师曾“主动”赏识,齐白石却并没有这份欣喜表述。何况1917年的齐白石,其鬻画生涯远远逊色于四年后的齐白石。若以齐白石此时、彼时境遇比较,陈师曾属雪中送炭,林琴南为锦上添花。但是翻阅1919年《己未日记》、1920年《庚申日记并杂作》、1922年《壬戌纪事》,齐白石记载与陈师曾过往仅寥寥数笔,而且皆无有如与林琴南相识时的感恩戴德之语。齐白石在回忆中强调陈师曾慕名而至,且为主动相助,恐非实情。北京画院藏陈师曾写予齐白石信札八通(均无年款),其中一通依所述语气内容,以及信札钤朱文“戊午”印可以断定,此信为陈师曾于公历1918年4月间写给齐白石的回信。(图9)此信所透露出的诸多信息,对于窥探二人交往实际助益匪浅:

萍翁足下,前读手书,久未作答,甚以为歉。今日至潜庵处,知足下时时念及鄙人,殷殷厚意,可感可感。朽旧业如恒,别无善状,所刻之印,一一留影,以待师晦,旋里带呈(今年三月)评教。闻台从仍须来京,甚善。时事洶洶(汹汹),朋簪聚合固难定。若

1 王震编《徐悲鸿文集》,上海画报出版社,2005,第150页。

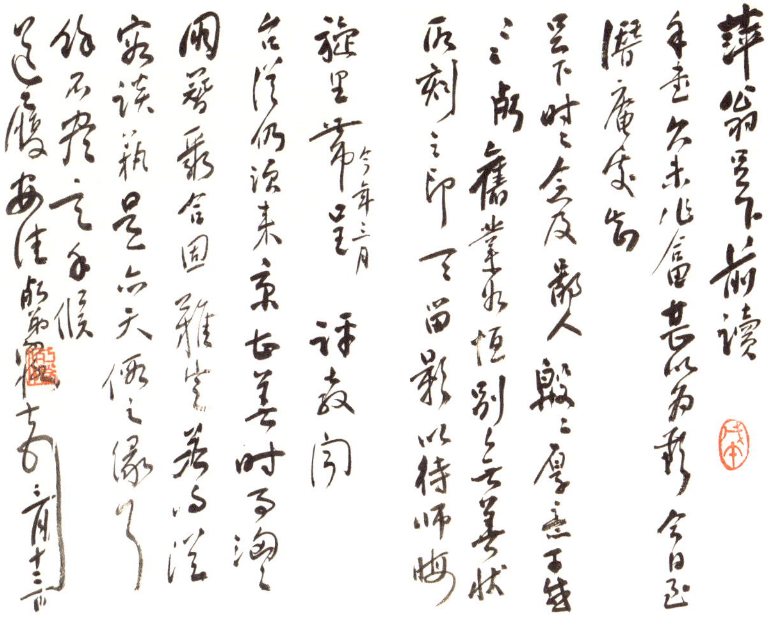

图 9 信札 陈师曾 托片 纸本 纵 26cm 横 15.5cm 无年款 北京画院藏

得从容谈艺，是亦天假之缘耳。余不尽言，手候道履安佳。[1]

以陈师曾回信口气可知，至少在 1919 年齐白石三上北京正式定居之前，陈、齐二人关系尚浅，或者说仅属相识而已，彼此并未有任何深交。虽然齐白石多年之后一再强调是陈师曾主动向他靠拢，而以陈在回信中的语气可知，实际情况绝非如此，甚至有可能与齐白石所言完全相反。而陈、齐二人相识之机缘，隐约间杨潜庵比琉璃厂南纸铺所呈齐白石之刻印更似纽带。

1 王明明主编《北京画院藏齐白石全集 综合卷》，文化艺术出版社，2010，第 302 页。

变法的故事

齐白石衰年变法，于近代中国画史独树一帜的风格正式确立，意义甚大。按齐白石自述所言，则完全归功于陈师曾："我的画，虽是追步八大山人，自谓颇得神似，但在北京，确是不很值钱的哩。师曾劝我自出新意，变通画法，我听了他话，自创红花墨叶的一派。"[1] 陈师曾在 1917 年得观齐白石《借山图》，曾有题诗云："曩于刻印知齐君，今复见画如篆文。束纸丛蚕写行脚，脚底山川生乱云。齐君刻工而画拙，皆有妙处难区分。但恐世人不识画，能似不能非所闻。正如论书喜恣媚，无怪退之讥右军。画吾自画自合古，何必低首求同群。"[2] 同年陈师曾为齐白石《墨梅》题诗道："齐翁嗜画与诗同，信笔谁知造化功。别有酸寒殊可味，不因蟠屈始为工。心逃尘境如方外，里裹清香在客中。酒后尝为尽情语，何须趋步尹和翁。"（图 10）均为陈师曾规劝齐白石变法之语，似乎与齐白石回忆录可为互证。

然而值得玩味的是，以现存陈、齐二人交往材料所见，二者直接过往的一手证据多为题画诗，在齐白石日记中则基本付之阙如。历史人物往往有公领域与私领域之个体形象和心理实际区分，一般个人表述也有公共空间与私人空间的畛域之别。题画诗多属执笔者期望于公共领域凸显其公众形象的交际文辞，意在彼此唱酬，也涉及有意将彼此心曲公之于众的宣传倾向与名片效应，因而此类材料的直接使用，难免会被当事人的主观意图所误导。与之相比，如日记、信札等私人

1 齐璜口述，张次溪笔录《白石老人自传》，第 72 页。
2 李运亨、张圣洁、闫立君编注《陈师曾画论》，中国书店，2008，第 226 页。

图 10　墨梅　齐白石　轴　纸本墨笔　纵 116cm　横 42.5cm　1917 年　北京画院藏

文字，实际更能贴近历史人物的心理实际与本能欲望。观齐白石前后十余年日记所述，其衰年变法，实则是一个长时期将画学认知付诸创作实践的潜移默化蜕变过程。如早在1903年齐白石初到北京，“得观大涤子中幅一（大涤子画机曳尽，有天然趣，后之来者，吾未知也）。又金冬心先生画佛一（冬心先生笔情得古法，神品，吾亦许之）”。[1]能够细致观摩前人真迹，逐渐坚定了齐白石自出机杼的创作态度。至1919年三上北京，齐白石仍旧延续着自己的变法探索：“同乡人黄镜人招饮，获观黄慎真迹《桃园图》，又花卉册子八开。此人真迹余初见也。此老笔墨放纵，近于荒唐。”[2]他认为与黄慎作品比起来，“较之余画太工整板刻耳”。[3]虽然是初次得观黄慎画作，但黄的画风对齐白石触动颇大，“始知余画犹过于形似，无超凡之趣”。[4]齐白石因观黄慎作品，反思到己作虽工整有余但神气不足，原是过于逼肖的缘故，“余尝见之工作，目前观之大似。置之壁间，相离数武观之，即不似矣。故东坡论画，不以形似也。即前朝之画家不下数百人之多，瘿瓢、青藤、大涤子外，皆形似也。惜余天资不若三公，不能师之”。[5]痛定思痛，“决定从今大变。人欲骂之，余勿听也；人欲誉之，余勿喜也”。[6]从如此决绝口气可知，齐白石变法决心甚大，“余作画数十年，未称已意，从此决定大变，不欲人知。即饿死京华，公等勿怜，乃余或可自问快心时也”。[7]他的创作实践，也更加侧重对物象概括简化取其神态，强化画面形式感，以及似与非似间的写生领悟与分寸把握：“世间万事皆非，独老萍作画何须拘拘依样也。”[8]“画中静气最难在骨法，

1 《癸卯日记》，第17页。
2 《己未日记》，第22页。
3 《己未日记》，第22页。
4 《己未日记》，第24页。
5 《己未日记》，第24页。
6 《己未日记》，第24页。
7 《己未日记》，第23页。
8 《庚申日记并杂作》，第6页。

骨法显露则不静，笔意躁动则不静。全要脱尽纵横习气，无半点喧热态，自有一种融合闲逸之趣浮动丘壑间，非可以躁心从事也。”[1]类似如此领悟点滴积累，促使齐白石在不断地摸索试验中苦苦寻觅着专属于自己的绘画语言。齐白石的绘画语言，最终能够走向独立成熟且自成一家，与他三上北京的过往经历，实际有着不可分离之势。而在齐白石自己有关变法的日记描述中，陈师曾的形象始终是缺位的。郎绍君先生对于齐白石衰年变法的判断最中肯：

> 总之，齐白石的衰年变法，以创造新风格的大写意花卉为中心，带动山水、人物的变革，最后形成整个艺术风格意趣的升华。由冷逸、疏简、奇峭和单薄变为热烈、厚重、凝练而平朴。变法过程中有对明清及近代画家的借鉴，这些借鉴以综合改造为特点。
>
> 变法的成功，是以前40年的不懈奋求为根基的。没有前面的艺术生涯，不可能产生衰年变法，没有衰年变法，不会有齐白石的大器晚成。变法动机与目标的确立，与陈师曾的点拨分不开，但过分夸大陈师曾的作用不符合事实。整个北京的文化环境对齐白石的变革有更根本的意义。[2]

问题是，不仅后来的研究者在夸大陈师曾对于齐白石变法的作用，即便齐白石自己，也在公共领域夸大着陈师曾对于自己变法的作用，他又是出于何种目的？

---

1 《己未日记》，第33页。
2 郎绍君：《齐白石的世界》，北京时代华文书局，2016，第185页。

拯救乡下老农

陈师曾的艺术史形象，往往因他发表于1921年的《文人画的价值》一文而被无限放大，成为为传统文人画坚定辩护的国粹者角色，青史留名。但是这里又有悖论，如若以他在《文人画的价值》，包括随后于1922年修改此文后重新以文言文发表的《文人画之价值》，将文人画的精髓定义为“人品、学问、才情、思想”，强调文人画对于精神层面的极致追求，则无论如何也找不到与齐白石画作可资共鸣之处，包括陈师曾对于齐白石自创一格的鼓励与点拨，似乎也与他后来所倡导的文人画内涵格格不入。因此这就要进一步考察1921年之前陈师曾所秉持的画学思想。

陈师曾幼承家学，后留日学习博物，归国后先后任职于南通师范学校、教育部等。陈师曾早在1911年，即将日本久米氏所著的《欧洲画界最新之状况》翻译成中文后发表于《南通师范校友会杂志》第二期，在文后陈师曾加按语道:“按西洋画界，以法兰西为中心；东洋画界，以吾国为巨擘。欧亚识者，类有是言。东西画界，遥遥对峙，未可轩轾。系统殊异，取法不同，要其唤起美感、涵养高尚之精神则一也。西洋画输入吾国者甚少，坊间所售，多属俗笔，美术真相，鲜得而睹焉。日人久米氏有《欧洲画界最新之状况》一篇，今译之以绍介于吾学界，籍（借）以知其风尚之变迁；且彼土艺术日新月异，而吾国则沉滞不前，于此亦可以借鉴矣。衡恪附识。”[1] 陈师曾态度非常明确，尽管中西艺术“未可轩轾”，但相较于西方艺术的

---

1 《欧洲画界最近之状况》，载李运亨、张圣洁、闫立君编注《陈师曾画论》，中国书店，2008，第187—188页。

急遽变化，“吾国则沉滞不前”，虽然未必持有类似陈独秀或康有为在民初面对中国画界那样慷慨激烈的全盘否定态度，但陈师曾引西润中的含蓄言辞，还是透露出他部分认同于西方是不断进步的而中国虽然不是退步，但至少也是“停滞不前”的时代主流话语。随后出版的《中国绘画史》，陈师曾也继续持这种观点：“将来中国画如何变迁，不可预知。总之，有人研究，斯有进步。况中国之画往往受外国之影响，于前例已见之。现在与外国美术接触之机会更多，当有采取融会之处；固在善于会通，以发挥固有之特长。”[1]1918年，陈师曾在北京国立美术学校讲座时提及：“现在与外国美术接触之机会更多，当有采取融会之处；固在善于会通，以发挥固有之特长耳。”[2]在《对于普通教授图画科意见》中认为“若采用西法。应用个人之技能，以发展国粹。得中西画法双方讲求之益。亦甚要紧也”。[3]直至1920年，在欢送同为北大画法研究会导师的徐悲鸿赴法时，陈师亦曾寄言道：“希望悲鸿先生此去，沟通中外，成一世界著名画者。”[4]由此观之，陈师曾此时尚处于对于中西融合画风具有积极开放兼收并蓄的乐观态度，而在他的画学实践之中也确实言行如一。如他绘制于1913年《山水册页》中之《浅间余焰》（图11）、1915年左右的《北京风俗图》（图12—图14）、1917年的《读画图》（图15）、1918年《姚华小像》等。以此观之，陈师曾鼓励齐白石自创一格的创作逻辑也才成立。陈师曾的这些融合中西画风的创新之作，甚至在整体画学氛围相对海上较为谨慎稳健的北京画坛看来，已属离经叛道之举，但是他的同侪师友，却往往报之以宽容接纳的心态。如叶恭绰等人对于陈师曾颇显新意的《北京风俗图》的评价，将其画风与中国古代文人画家谱

1 陈师曾：《中国绘画史》，载李运亨、张圣洁、闫立君编注《陈师曾画论》，中国书店，2008，第124页。

2 陈师曾：《中国绘画史》，载朱良志、邓峰主编《陈师曾全集 诗文卷》，江西美术出版社，2016，第59页。

3 陈师曾：《对于普通教授图画科意见》，《绘学杂志》1920年第1期。

4 《徐悲鸿赴法记》，《绘学杂志》1920年第1期。

图 11　山水册页之五　浅间余焰　陈师曾　册页　纸本设色　纵 20cm　横 30cm　1913 年　北京市文物公司藏

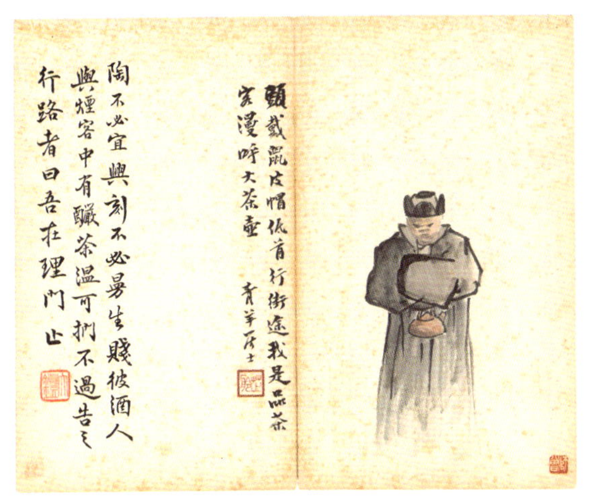

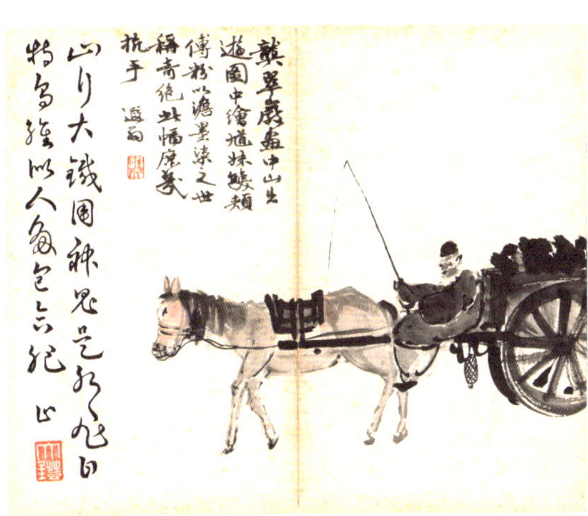

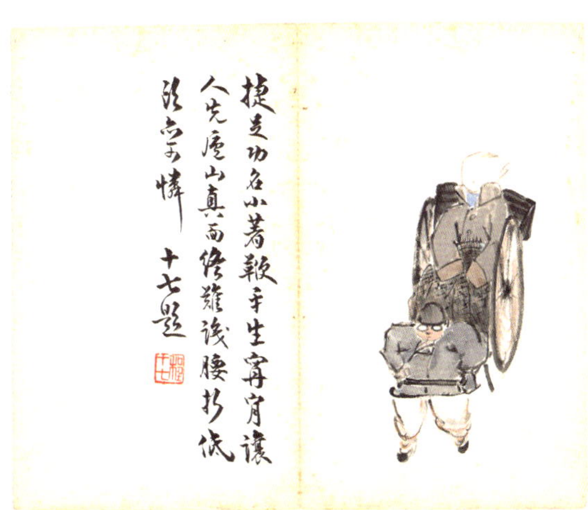

上：图 12　北京风俗图 · 品茶客　陈师曾　册页　纸本设色　纵 28.5cm　横 34.7cm　中国美术馆藏
中：图 13　北京风俗图 · 赶大车　陈师曾　册页　纸本设色　纵 28.5cm　横 34.7cm　中国美术馆藏
下：图 14　北京风俗图 · 人力车　陈师曾　册页　纸本设色　纵 28.5cm　横 34.7cm　中国美术馆藏

图 15　读画图　陈师曾　轴　纸本设色　纵 87.7cm　横 46.6cm　1917 年　故宫博物院藏

系风格链接讨论，并极为强调“陈师曾对‘六法’的擅长与这套作品的‘雅有士气’”。[1]包括源自西方漫画体系而成的《姚华小像》，于画面题记者亦多是颂扬之词，如“陈朽下笔如有神”“师曾此纸得其神”“偶然弄笔亦无伦”等溢美评论（图16）。姚华在陈师曾逝世四年后的某日，偶睹旧物追思古人，挥笔写下一首半带戏谑半含伤感的《江城梅花引》：“一天杂耍落梅花。是谁家？闹分家。听取声声打灶语，波查。不古不今村样俏，都做尽讽兼嘲雨不差。不差不差闲磕牙。貌如花。涂似鸦。画了画了画不了，脸上霜华。壶矢烘堂，墨戏胜情哇。一纸闲抛陈朽去，重拾起，忆前尘，成叹嗟。”[2]在感念丹青依旧人事皆非的同时，他将陈师曾颇显时代新意的画作，仍然归入文人画“墨戏”一路加以品评。而细致考察陈师曾所谓“墨戏”一路画作的内涵外延，实际远非“文人画”一词所能涵盖定义。当然不可否认的是，由他的显赫家世所带来的名士风流的隐形光环，促使陈师曾的社交圈对于他的种种推陈出新之举，均表现出相当程度的宽容与接纳，这种温和的舆论氛围又反向潜在地给予陈师曾更为宽松自由的创新空间。

齐白石将变法之功，全然推至陈师曾，不得不说隐含有试图获得与陈师曾一样的社会舆论接纳与画界认同目的。陈师曾的绘画革新，实际上比齐白石走得更远、更为极端，但是居然依旧能够获得画界同人的“基于同情之理解”，并且诉诸传统绘画体系中加以品评，为其创作“合法性”提供了舆论支持，这应该是令齐白石极为羡慕而渴望的。齐白石有意无意间于公共领域放大陈师曾对自己变法的推动作用，也是试图借陈师曾的“名士光环”来为自己的变法获取同情与支持所采取的策略之一。门第势利，古今一律，齐白石实际心知肚明。他曾有

1　卢宣妃：《陈师曾的绘画新貌与民初新式知识分子的文化实践：以〈北京风俗图册〉为中心》，台湾师范大学2003年硕士学位论文，第86页。

2　姚华：《题陈朽墨戏》，载邓见宽编《姚茫父画论》，贵州人民出版社，1996，第251—252页。

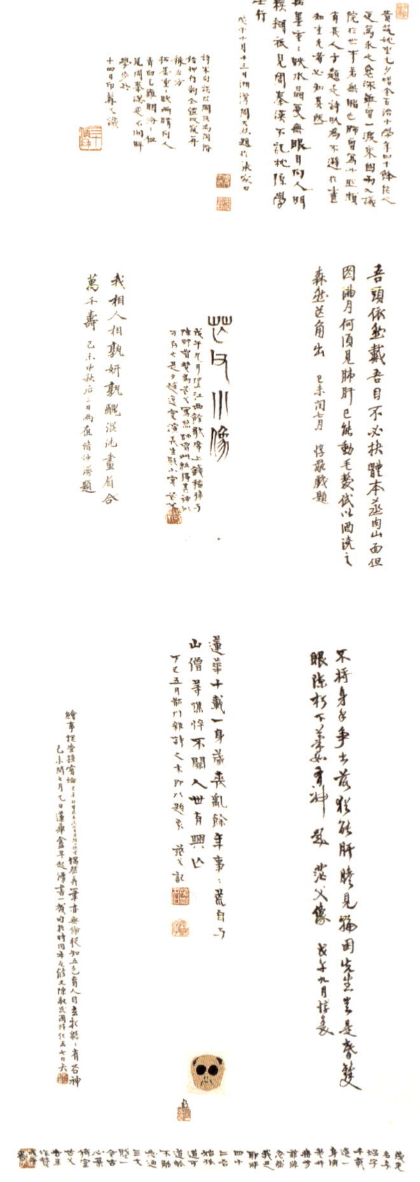

图 16　姚华小像　陈师曾　轴　纸本设色　纵 130cm　横 39cm　1918 年　北京市文物公司藏

《泊庐赠画题三绝句》，在此诗中齐白石可谓非常直白地做了“自证”：

工夫何必苦相求，但有人夸便出头。
欲得眼前声誉足，留将心力广交游。
十分福命十分名，更有先人世不轻。
两字槐堂如写上，无群鉴赏买相争。
不读书人要买画，入门形势作名儒。
赢他一著三间屋，何愧胸中点墨无。[1]

这首诗也在某种程度上佐证了齐白石主动靠拢陈师曾的真正意图所在。但是令齐白石失望的是，他的策略完全失败了。1922 年 6 月间，齐白石遇陈师曾，陈师曾告之：“俄国人在琉璃厂开新画展览会，吾侪皆言白石翁荒唐，俄人尤荒唐，绝天下之伦也。”[2] 齐白石只能愤愤然于日记中写道：“然五百年后盖棺，自有公论在人间。”[3] 同是变法与革新，于陈师曾为“雅有士气”，于齐白石为“荒唐绝伦”，齐白石诗中所言“工夫何必苦相求，但有人夸便出头”，当为如人饮水冷暖自知的无奈嘲讽。陈师曾对于齐白石确有成就之功，但其口无遮拦无所顾忌的世家风范，无形间对出身卑微生性敏感的齐白石也会造成伤害，除去直面相告齐白石遭同侪取笑之言，齐白石日记中最为详细记载与陈师曾过往的一则，却是这样一个难言欢愉的小故事：

初七日，自画荷花四幅，题记云：辛酉（1921）六月六日，

---

1 齐白石：《白石诗草》，第 16 页，载北京画院编《人生若寄 北京画院藏齐白石手稿》（诗稿下），广西美术出版社，2013，第 409 页。
2 齐白石：《壬戌纪事》，第 30 页，载北京画院编《人生若寄 北京画院藏齐白石手稿》（日记下），广西美术出版社，2013，第 333 页。
3 齐白石：《壬戌纪事》，第 30 页，载北京画院编《人生若寄 北京画院藏齐白石手稿》（日记下），广西美术出版社，2013，第 333 页。

> 江西陈师曾为荷花生日约诸友人，并张各家画荷以庆。师曾知余有所不乐从，竟能舍余。然余不能于荷花无情，亦能招师曾诸子以廿四日再庆。余画荷花四幅，此第一也……今日为荷花生日，余画荷花大小三十余纸，画皆未丑。有最佳者惟枯荷。又有四幅，一当面笑人，一背面笑人，一倒也笑人，一暗里笑人。师曾携去四幅，枯荷暗里笑人在内。有小横册页最佳，人不能知，师曾求去矣。[1]

齐白石曾于《题陈师曾画》中论及彼此相熟到“君无我不进，我无君则退”的境地，却在日记中仅仅因陈师曾“诸子”未曾邀请出席雅集而愤愤不平，于是不仅自组雅集，更是一而再再而三地画荷示人，名为荷花笑人，实际分明满含怒气。彼此交往间的微妙情绪与关系张力，于此可见一斑。陈师曾出身名门，终究世家习气，胡佩衡曾经回忆，陈师曾在自己的画室指着墙上所挂齐白石作品对他说道：“齐白石的《借山图》，思想新奇，不是一般画家能画得出来的。可惜一般人不了解，我们应该特别帮助这位乡下老农，为他的绘画宣传。”[2] 胡佩衡知道齐白石在公开场合对于陈师曾的尊崇，这段回忆文字理应有文过饰非之处，陈师曾原话恐非如此客气。“乡下老农”四字，亦可管窥陈师曾对齐白石态度，也在敬与不敬的暧昧区间，实则终究是世家子嗣门第成见的自然流露。齐白石如若听到陈师曾如此称他，恐怕也难生欢喜。毕竟，能令齐白石发自肺腑感动感恩的，是别人称他为“白石先生”！

1　齐白石：《白石杂作》，载北京画院编《人生若寄　北京画院藏齐白石手稿》（日记下），广西美术出版社，2013，第 281—282 页。

2　胡佩衡、胡橐：《齐白石画法与欣赏》，文化艺术出版社，2011，第 45 页。

《借山图》疑云

齐白石在1902—1909年间六出六归，开阔视野，陶冶画技。其山水画作已摆脱原先的临摹阶段，而进入观察写生同时加以简练概括，凸显意趣的创新阶段。在远游归来的第二年，即1910年，齐白石依据写生画稿精心绘成一套数十开的大册页，此即《借山图》由来：

> 这套《借山图》，画的皆为具名景色，如灞桥、雁塔坡、华岳三峰、独秀山、滕王阁、柳园口、小姑山等，但均非对景写生，而是根据印象和画稿创作的。它们的基本特点是：构图平远而多变，每页突出一个主要景象，创意新颖，简略朴素，平中见奇。画法有水墨着色、纯水墨两大类，水墨着色分为淡着色与浓重着色，纯水墨分为泼墨为主者和勾勒为主的。[1]

齐白石极为自珍这套册页，当他在1917年与陈师曾相识时，按他自己的回忆："我在行箧中，取出借山图卷，请他鉴定。他说我的画格是高的，但还有不到精湛的地方。题了一首诗给我，说：'曩于刻印知齐君，今复见画如篆文。束纸丛蚕写行脚，脚底山川生乱云。齐君刻工而画拙，皆有妙处难区分。但恐世人不识画，能似不能非所闻。正如论书喜恣媚，无怪退之讥右军。画吾自画自合古，何必低首求同群？'他是劝我自创风格，不必求媚世俗，这话正合我意。"[2]

---

1 郎绍君：《齐白石的世界》，第185页。
2 齐璜口述，张次溪笔录《白石老人自传》，第72页。

（图17—图19）齐白石言及《借山图》至此戛然而止。陈、齐二人于齐白石的表述中惺惺相惜之态溢于言表，似乎的确是“一套《借山图册》，开始了两个杰出画家的友谊”[1]。齐白石没有言明的是，陈师曾随后以赏鉴之名借去《借山图》，但归还时遗失部分，现仅存二十二开藏于北京画院。此作原本开数，按齐白石所言：“将所游好山水初稿重画，编入《借山图》，共得五十余图册。”[2]则应有五十余开；但在同一本《白石自状略》随后的记述中，则又称：“平生著作无多，自书《借山吟馆诗》一册，《白石诗草》八卷，《借山吟馆图》四十二开。”[3]暂且不论开数多少，齐白石记述至此，于旁边幽幽加按语道：“陈师曾借观，失少十图。”[4]（图20）含蓄地表示陈师曾在借去观瞻归还之时，不知何故少还了十册。

陈师曾应非常喜欢这套册页，前述胡佩衡回忆陈师曾在自己的画室里挂着白石老人的作品，正是这套《借山图》。但对于《借山图》的“借”—“还”—“丢”，齐白石回忆录里则三缄其口，而多年之后胡佩衡在言及此事时，仍小心翼翼地维护着陈、齐二人的友谊光环：“《借山图》是老人一生最宝贵的作品，从不轻易给人看，总怕遗失损坏。可惜后来被陈师曾借去一部分欣赏，不幸陈师曾病故，《借山图》也遗失十幅，老人提起非常痛心。”[5]胡佩衡的这段话说得很是巧妙，但也矛盾丛生。首先很明确此册的确是被陈师曾所借去，至于是全套借去还是如胡佩衡所言借去“一部分”，尚有待考证。胡佩衡在言语间委婉地为陈师曾打了圆场，他将陈逝世之句放于《借山图》遗失之

---

1 郎绍君：《齐白石的世界》，第212页。

2 《白石自状略》，第12页，载北京画院编《人生若寄　北京画院藏齐白石手稿》（书信及其他），广西美术出版社，2013，第128页。

3 《白石自状略》，第17页，载北京画院编《人生若寄　北京画院藏齐白石手稿》（书信及其他），广西美术出版社，2013，第133页。

4 《白石自状略》，第17页，载北京画院编《人生若寄　北京画院藏齐白石手稿》（书信及其他），广西美术出版社，2013，第133页。

5 胡佩衡、胡橐：《齐白石画法与欣赏》，第45页。

上：图 17　借山图之一　齐白石　镜心　纸本墨笔　纵 30cm　横 48cm　1910 年　北京画院藏
中：图 18　借山图之七　齐白石　镜心　纸本设色　纵 30cm　横 48cm　1910 年　北京画院藏
下：图 19　借山图之九　齐白石　镜心　纸本设色　纵 30cm　横 48cm　1910 年　北京画院藏

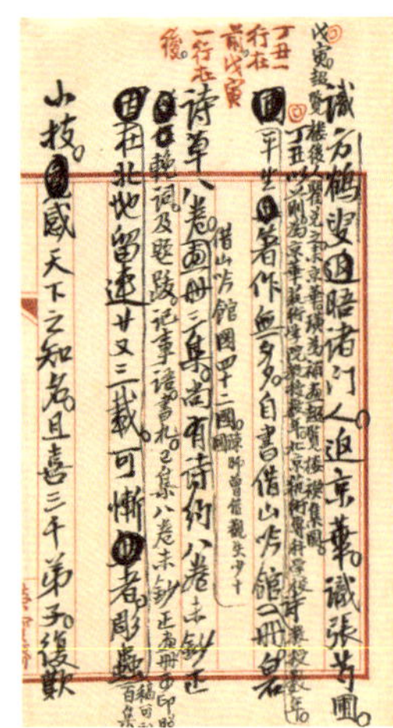

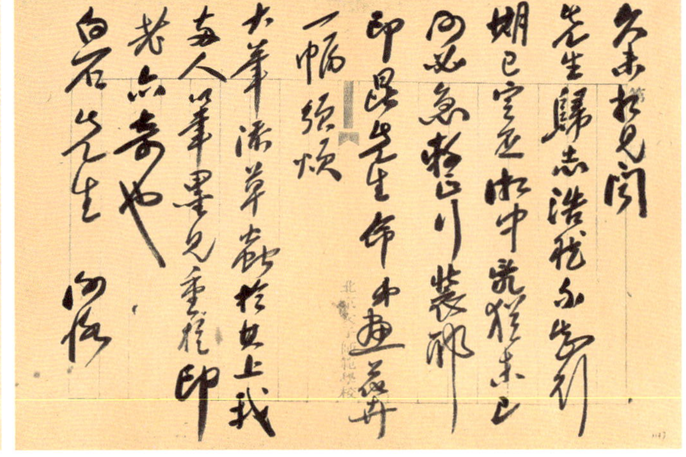

左：图 20　白石自状略第 17 页　齐白石　纵 24cm　横 15cm　1940 年　北京画院藏
右：图 21　信札　陈师曾　托片　纸本　纵 27cm　横 40.5cm　无年款　北京画院藏

句的前面，言外之意如若不是陈师曾突然逝世，似乎此册还有完璧归赵的可能。而令齐白石痛心不已的，也不知是陈之仙逝还是《借山》不在，抑或均感痛心——胡佩衡妙语双关，雨不沾身。实际按齐白石所述，这十册，正是陈师曾在世时所“丢”。即便按胡佩衡话外之音，也许陈师曾若不突然去世尚且还有归还可能，但将这十册自 1917 年一借，不是六日而是六年！陈师曾于 1923 年逝世，在此之前完全看不出他有任何归还的意愿。胡佩衡说“《借山图》也遗失十幅”应为续接齐白石所言，即便《借山图》原本有四十余册，陈师曾遗失十册，以现存数目推测，则还尚有十余册也不知下落。

齐白石将《借山图》视若拱璧，轻易不出箧笥，初次相识即如此大方借予陈师曾观瞻，与其说是看重陈师曾的知遇之情，毋宁说更在意“两字槐堂如写上，无群鉴赏买相争”[1] 的宣传功效，以陈师曾的表现来看齐白石的目的的确是达到了。但是出乎齐白石意料的是，索取总要付出代价，这套珍藏多年的册页，从此支离四散。而于陈

1　齐白石：《白石诗草》，第 16 页，载北京画院编《人生若寄　北京画院藏齐白石手稿》（诗稿下），广西美术出版社，2013，第 409 页。

师曾的角度，的确是出于画家激赏珍视的本能，诚如胡佩衡回忆陈师曾对此作的评价：“齐白石的《借山图》，思想新奇，不是一般画家能画得出来的。”[1] 把玩日久自然渐生夺爱之心，此种行径实际并非陈师曾所独有。同样属齐白石至交的樊增祥，便有此难以启齿之掠美事迹流传士林：

> 樊山于光宣间负才名，诗笔侧艳，而尤工判牍。顾其为人颇有可议者。樊山夙为李莼客所奖拔，且奉李为师。两人沆瀣，可于已印行之《越缦堂日记》知之。顾莼客晚年，亦颇致憾于樊。莼客捐馆时，樊山于其邸舍取去日记数册，皆莼客最后数年之笔，其后人故旧屡索不还。樊氏卒后，知交为理后事时，遍觅卒不可得。或云病笃之时，已取而纳诸火矣。此一事也。又，易实甫为樊山文字骨肉之交，晚年喜为调侃，曾举其流传故事及诗文中俊语为谐文，固世人所同知也。实甫晚年曾取平生所为诗，精选数百篇将镂板行世，缮写既定，送樊山复阅。樊山亦久庋不还，屡索屡拒。其后此本是否归诸实甫，后人不可知矣。此又一事也。李审言详研文，为江左作手。樊山为江宁藩司时，李以缪艺风介，谒见。先期，由缪呈李所为文一卷，樊亦留之不肯交出，及索回，则云：“已杂置官文书中。不得。”此又一事也。此皆为樊山居心叵测，为士林不理于口者。亦不知是何居心也。[2]

可以想见，随着齐白石与陈师曾交往日深，彼此唱酬过往愈多，齐白石愈是碍于情面难以启齿。齐白石后来于公共领域由自己所营造的陈齐交往之“佳话”，也迫使他对于陈师曾“借山不还山”之举不

1　胡佩衡、胡橐：《齐白石画法与欣赏》，第 45 页。
2　汪辟疆：《光宣以来诗坛旁记》，辽宁教育出版社，1998，第 35 页。

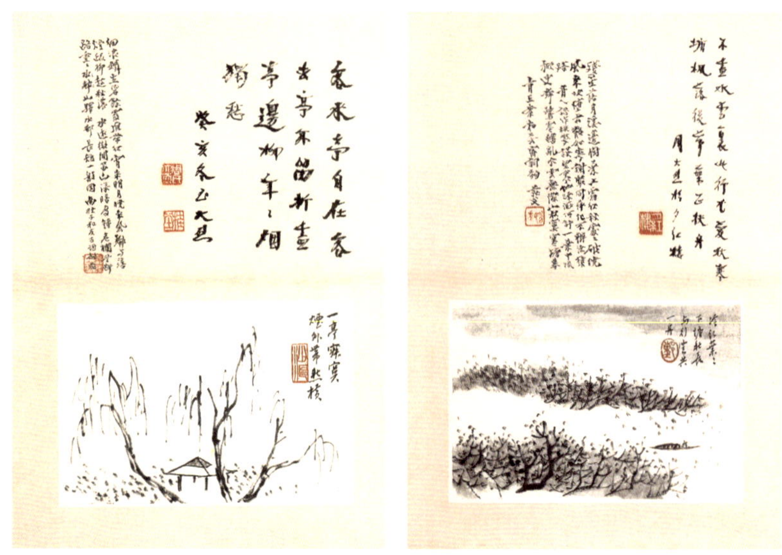

左：图22　姜白石词意图册之十　陈师曾　册页　纸本墨笔　纵11.5cm　横17cm　1917年　中央美术学院藏
右：图23　姜白石词意图册之十二　陈师曾　册页　纸本墨笔　纵11.5cm　横17cm　1917年　中央美术学院藏

得不三缄其口或虚与委蛇，胡佩衡忆及此事时在言语间的迂回遮掩、小心翼翼也就顺理成章。在陈师曾写予齐白石的一封信中（图21），也颇含有强求代笔之意：

久未相见，闻先生归志浩然。不知行期已定否？湘中乱犹未已，何必急整行装耶？印昆先生命弟画花卉一幅，须烦大笔添草虫于其上。我两人笔墨见重于印老，亦奇也。白石先生。衡恪。[1]

可想而知，齐白石只能遵命为是。同样是在1917年，陈师曾绘《姜白石词意图册》十二开（图22、图23），首先其创作思路与《借山图》极为相似，均取平远视角，每开也是摄取景观局部加以精炼概括，具体技法上大体也可分纯水墨与水墨着色两种，间以细笔勾勒。

1　王明明主编《北京画院藏齐白石全集　综合卷》，文化艺术出版社，2010，第301页。

在一些局部的章法布局构思上，两套册页也颇有形虽不似而神似的嫌疑。（图 24—图 30）《借山图》在画法上多勾少皴、布局用笔极显匠心、风格奇拙古朴；而《姜白石词意图》皴擦点染技法均有使用，且用笔迅疾，颇具速写式的即兴描绘势态。新意十足，古意略逊。陈师曾在一些画法上几乎与齐白石有重合之处——比如陈师曾所绘《姜白石词意图》第十三开（图 31）的取景构思、孤帆远影与江面表现方法，与齐白石的《帆影》（图 32）极为相似。《姜白石词意图》第四开与齐白石之《山水》，也多有雷同。（图 33、图 34）这绝非巧合，陈师曾为民初绘画新貌的积极探索实验者[1]，他能盛赞《借山图》“思想新奇”，实则与他此时段的画学思想恰好暗合。因此才会有强势相借、借而不还、还而不全的颟顸举动。陈师曾是否也在对《借山图》的品读把玩中多有吸收学习？《姜白石词意图》是否正是在借鉴《借山图》风格的基础之上所作？那未曾归还的十册《借山图》所绘与陈师曾的《姜白石词意图》是否多有关联？齐白石一再强调自己的创新之风来自陈师曾的鼓励引导，而实际上陈师曾自己也暗暗吸收了齐白石的一些风格技法？或者说他实际上也受到了齐白石的影响？

无论如何，看到《姜白石词意图》，齐白石的内心应该是错杂的。虽无直接的文献证据证明陈师曾有学习模仿齐白石的意图，但是齐白石终究是齐白石，在他 1920 年的日记里记有这样一则题画文字：

> 十九日，刘霖生出陈师曾所画《家在衡山湘水间图》属题：
>
> 霖生先生以家衡山湘水间，倩其戚人陈师曾画图。观者以为不似湖南山水，未知师曾之画阅前人真迹甚多，冶成别派，乃画家手段，非图绘笔墨也。亦未知霖生既已遂初得尽天职，自当归

1　卢宣妃：《陈师曾的绘画新貌与民初新式知识分子的文化实践：以〈北京风俗图册〉为中心》，台湾师范大学 2003 年硕士学位论文。

上：图 24　姜白石词意图册之九　陈师曾　册页　纸本设色　纵 11.5cm　横 17cm　1917 年　中央美术学院藏
下：图 25　借山图之十一　齐白石　镜心　纸本设色　纵 30cm　横 48cm　1910 年　北京画院藏

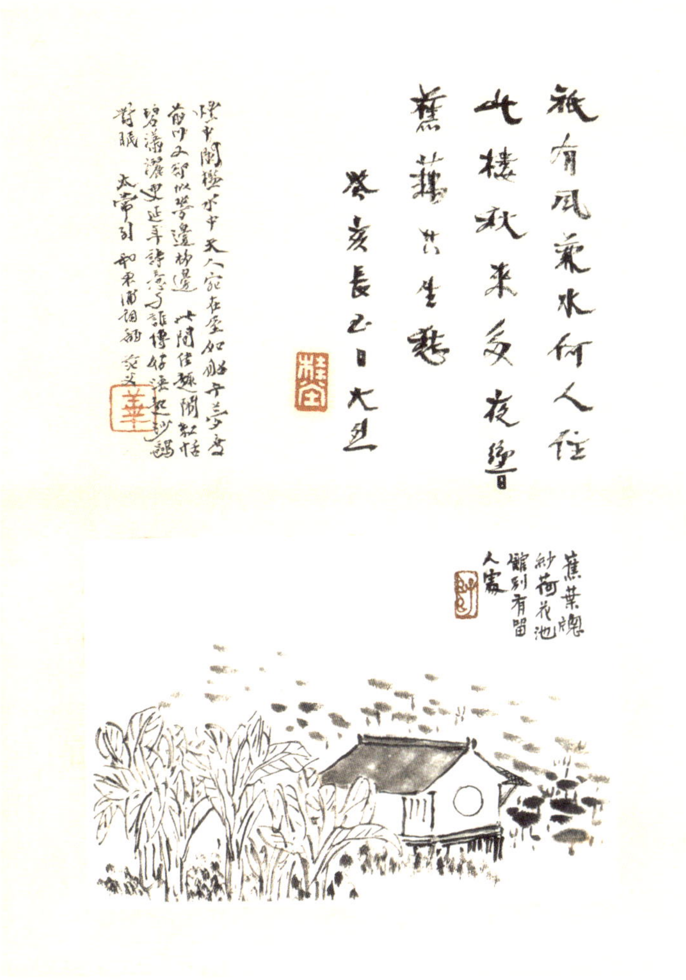

上：图 26　姜白石词意图册之六　陈师曾　册页　纸本墨笔　纵 11.5cm　横 17cm　1917 年　中央美术学院藏
下：图 27　借山图之二　齐白石　镜心　纸本设色　纵 30cm　横 48cm　1910 年　北京画院藏

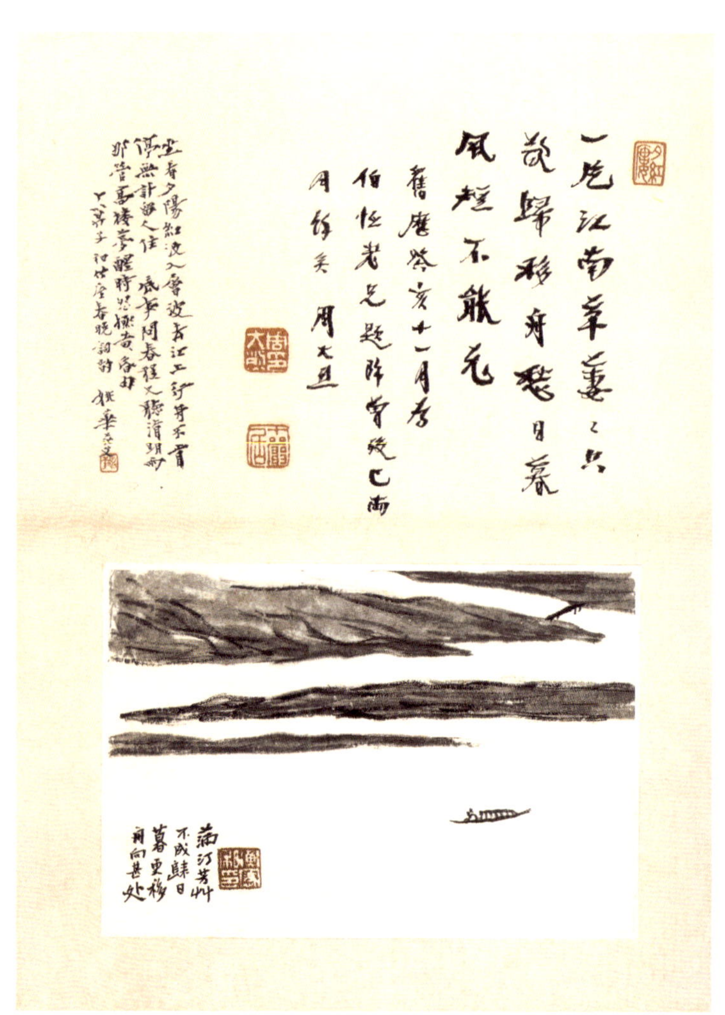

图 28　姜白石词意图册之二　陈师曾　册页　纸本设色　纵 11.5cm　横 17cm　1917 年　中央美术学院藏

上：图 29　借山图之四　齐白石　镜心　纸本设色　纵 30cm　横 48cm　1910 年　北京画院藏
下：图 30　借山图之十四　齐白石　镜心　纸本设色　纵 30cm　横 48cm　1910 年　北京画院藏

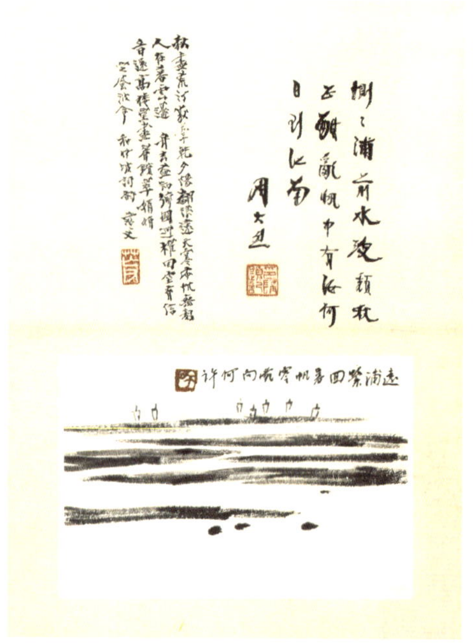

上：图 31　姜白石词意图册之十三　陈师曾　册页　纸本墨笔　纵 11.5cm　横 17cm　1917 年　中央美术学院藏
下：图 32　帆影　齐白石　托片　纸本墨笔　纵 26.5cm　横 15cm　北京画院藏

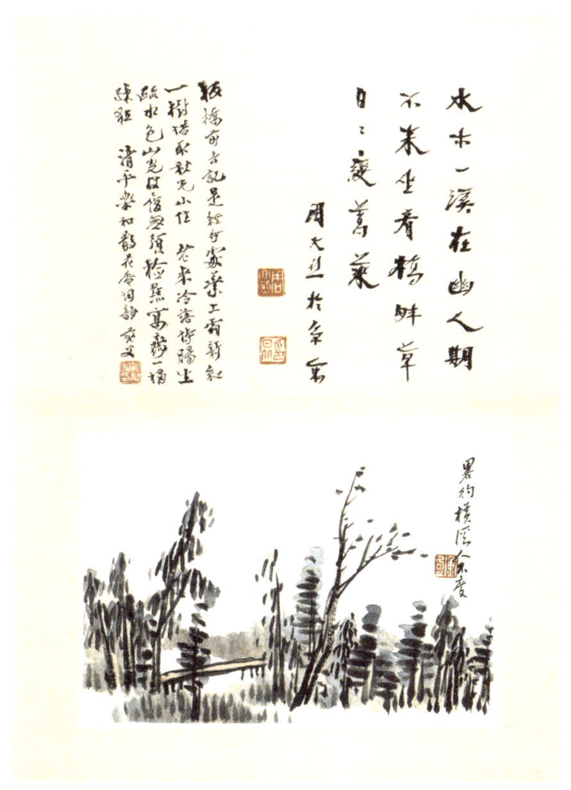

上：图 33　姜白石词意图册之四　陈师曾　册页　纸本设色　纵 11.5cm　横 17cm　1917 年　中央美术学院藏
下：图 34　山水　齐白石　托片　纸本墨笔　纵 32.5cm　横 28cm　无年款　北京画院藏

> 隐以乐余年，画此足见其志也，无他意焉。余亦有《借山图》，皆天下名山好景，俱大似。霖翁归时，邻余咫尺，若好之，借君卧游可矣。[1]

这段题于陈师曾画作之上的跋语，值得玩味再三。陈师曾此作应与他的《姜白石词意图》甚至齐白石的《借山图》多有类似，齐白石的幽幽评语“师曾之画阅前人真迹甚多，冶成别派，乃画家手段，非图绘笔墨也”理应话里有话，齐白石更在陈师曾画作之上提及自己的《借山图》，并刻意强调“俱大似”。敝帚自珍之物被陈师曾借去久不归还，齐白石却仍在画题之上貌似大方说到我的《借山图》你“若好之，借君卧游可矣”，绝非真心实意之语。这幅经过齐白石题跋的画作，陈师曾也会看到。齐白石的这段跋语，实际上更期望的心领神会者，与其说是刘霖生，毋宁说为陈师曾。可惜的是，看到又如何？不还，就是不还！

1　齐白石:《庚申日记并杂作》，第 8 页，载北京画院编《人生若寄　北京画院藏齐白石手稿》(日记下)，广西美术出版社，2013，第 233 页。

社会流动的案例选：案例 27

何炳棣先生为华人学者中之翘楚，于西方史学界影响甚巨。其皇皇巨著《明清社会史论》，堪称明清历史与社会史研究的扛鼎力作。何炳棣先生在此书中借鉴利用社会学的量化统计分析方法：

> （何炳棣）是第一位大量运用附有三代履历的明清进士登科录及会试、乡试同年齿录等鲜为人注意的科学史料的学者。根据这些史料，何先生作量化统计，分析向上与伺下社会流动；在资料的数量与涵盖面，均远远超越前人，统计分析的样本，进士达一万四五千名，举人贡生达两万多名。分析结果，以平均数而言，明代平民出身进士约占总数 50%，清代则减至 37.2%；而父祖三代有生员以上功名者，则由明代的 50%，升至清代的 62.8%；可见平民向上流动机会渐减。清代，尤其清代后期，大行捐纳制度，富与贵紧密结合，影响力趋强；遂使平民向上流动机会大减。[1]

为了进一步说明社会流动的各种类型及过程，何炳棣先生在此书最后附录“社会流动的案例选”27 则，选择记述了 27 位人物的生平沉浮，“总而言之，这里选出作为社会流动研究的 27 个案例，就品质而论，差不多就等于是原始史料。其中最好的一些案例，明确描述社会流动过程主要阶段中，个人或家庭的社会与经济地位的变迁……其

1　徐泓：《何炳棣教授及其〈明清社会史论〉》，载何炳棣：《明清社会史论》，徐泓译注，（台）联经出版事业股份有限公司，2013，第 xix 页。

中有许多案例透露社会与心理因素复杂的互动。”[1]何炳棣先生所选这些案例中的最后一位，即案例 27，正是齐白石。在根据胡适、黎锦熙、邓广铭编撰的《齐白石年谱》对齐白石 1917 年之前的生活经历做了简要概述之后，何炳棣在“备考”中这样总结道：

> 宣统三年（1911），齐白石被湖南首要学者及前军机大臣邀请参加宴饮赋诗的事实，并不令人惊奇，因为他当时已是一位蒸蒸日上的画家。奇怪的是当他还是个木匠时，就为地方精英集团接纳的这一事实。齐白石早期的生活与王闿运几个弟子的社会出身，提供我们一个关于弹性的身份概念及流动性的身份制度很好的例子。[2]

如同实验室中的小白鼠，齐白石在被整齐裁剪之后，打包放到了观察平民身份流动变迁的实验案例中作为标本陈列起来。何先生在这里的引用，意在使观者看到齐白石身份转换在一定限度内可调试的弹性化一面，或者说是一介草根底层向上流动的可能向度。但是仅以《齐白石年谱》所见材料量化归纳定性，又可能会消解掉很多人文学科研究截然不同于自然学科，抑或准自然学科研究方法的学术特性。回溯齐白石于清末民初的精神世界与生活世界，其身份地位及所思所行也是随着时空变迁而不断变化，这种身份与角色的递变实则并没有绝对的界限。齐白石的回忆中有一则与梅兰芳的过往，似乎恰可作为“案例 27”的补充材料：“有一次，我到一个大官家去应酬，满座都是阔人，他们看我衣服穿的平常，又无熟友周旋，谁都不来理睬。我窘了半天，自悔不该贸然而来，讨此没趣。想不

1　何炳棣：《明清社会史论》，第 330 页。
2　何炳棣：《明清社会史论》，第 385 页。

到梅兰芳来了，对我很恭敬的（地）寒暄了一阵，座客大为惊讶，才有人来和我敷衍，我的面子，总算圆了回来。”[1] 所谓“蒸蒸日上的画家”，貌似已被“精英”接纳，事实上还是徘徊在身份门第之外。梅兰芳如此抬爱，实际有着同样底层出身的惺惺相惜之情谊所在。[2] 而陈师曾，却并非梅兰芳。何炳棣先生实则也警醒到以今人之眼观古人之事的局限所在，他非常睿智宏观地在文中指出：

> 我们这种处理方式不是不能完全辩明，因为现代的历史家不论他如何具有历史观，都不能期望他对过去时代人们的经验与感情有全盘的理解。只有在保存原文风味的情况下，从我们对明清时代社会状况的理解出发，才能一定程度地洞察当时人们的希望、恐惧、鸿（宏）图远志与挫折等心态，这虽然对现代研究者来说太遥远，却是形塑过去人们生涯与命运的要素。[3]

重新审视齐白石与陈师曾过往的图像与文献遗存，咀嚼其中的深意与欲望，体味他们的身份与理念，会发现二者间的互动关系，远非我们所习以为常津津乐道的清晰印象。齐白石与陈师曾所呈现出的复杂关系张力，彼此交往之中的晦涩地带，以及齐白石后来主观建立起来的和睦表象，仍然存在很大的诠释空间与探究可能。

---

1 齐璜口述，张次溪笔录《白石老人自传》，第 72—73 页。
2 有关民国伶人地位沉浮与生活日常，参见章诒和：《伶人往事》，湖南文艺出版社，2006。
3 何炳棣：《明清社会史论》，第 329 页。

最恶劣者

1922年，陈师曾携齐白石等人画作，赴日本参加中日联合绘画展览会，齐白石作品得以大卖，借此“海国都知老画家”。余绍宋在陈师曾动身前，曾到陈的寓所浏览画展所征集的作品，在观看后做出如此评价：“看各家送往日本求售之画，最佳者为师曾、萧谦中；最恶劣者为林纾、齐璜。”[1]我好奇的是，如果生性耿直的余绍宋是当面相告，则此时已从曾经极力倡导融合中西创新画风的革命者，摇身一变为中国传统文人画坚定维护者的陈师曾，是怎样替齐白石辩白的？

但是无论怎样，齐白石正是依靠1922年在日本举行的这场展览，得以“海国都知老画家”。而作为“策展人”之一的陈师曾，却造化弄人，于1923年在南京病逝。（图35）在陈师曾去世十余天之后，报纸上刊登了这样一则新闻：

> ……哀哉，师曾既逝，海王村得此噩耗，凡师曾所作书画，所篆图章，乃至墨盒等物，价值皆飞涨至数倍。呜呼，豹死留皮，人死留名，师曾先生之文艺，超妙渊雅，为中国巨擘，虽其人倏焉已陈，而其名则已千古矣。梅畹华搜罗当代名人书画最富，近于其缀玉轩内外室，悬名画家十四幅（内八轴外六轴），若姚茫父、王梦白、齐白石、陈半丁、凌植之、罗敷庵诸公，琳琅满目，而陈师曾独不与焉，当时张列之际，决（绝）非故存取舍，今师曾独先殂谢，疑若冥冥之中，固有预兆也。[2]

1 余子安编著《余绍宋书画论丛》，北京图书馆出版社，2003，第227页。

2 《晶报》1923年9月30日。

图 35　陈师曾像　《晨报星期画报》1925 年第 1 卷第 10 期

齐白石在第一时间得知陈师曾逝世时是何种心态不得而知。多年之后，在为一幅陈师曾画作的题诗中，齐白石却表达出一种随遇而安的豁达情绪：

人人夸誉妙徐黄，画出花枝满纸香。
造物有才添欲忌，翻教老泪哭槐堂。
安阳石室人何在？题句姚华去不还。
我辈莫愁须饮酒，死生常事且开颜。[1]

毕竟，或富贵，或落魄，或天才，或庸人，都是向死而生，何必轻蔑人间烟火？只要将平常日子，过得有情有味就好——还是齐白石活得通透！

张涛系中央美术学院副教授、硕士研究生导师

1　齐白石：《白石诗草》，第 27 页，载北京画院编《人生若寄　北京画院藏齐白石手稿》（诗稿下），广西美术出版社，2013，第 453 页。

黄与雪公共话

此身只合共伶俜，万事从头早已休。老境容稀弘野寤，喜故国来久，渐忘长安。懒看苟叶三春已，负芙蓉有余。梦幻由人心。云作昙云花常现坐前头（梦雪公自称老昙，梦后又）

日雪公见此诗，自言前数时原名镜昙，幻境不可得，无意也。

将就

事从将就易相安，衣紫惟忧至治难。

三寿下来高士在，百年伴鬼寸心寒。（话。余五十岁以即满头霜鬓）

低头锡刻经前[illegible]，[illegible]到今日中[illegible]似[illegible]山（与杜友见青蛮调其知地狱者捕舍身以与好可合缘）

炬火不灭堪照治，不防经怀布衣草。

内著丝绵短襖，外着粗布长衣，便过冬日。

四年以来

翁似高僧僧似翁

齐白石与佛门弟子瑞光的交游初探

◎吕晓

> 民国二十一年（壬申·一九三二），我七十岁。正月初五日，惊悉我的得意门人瑞光和尚死了，他是光绪四年戊寅正月初八日生的，享年五十五岁。他的画，一生专摹大涤子，拜我为师后，常来和我谈画，自称学我的笔法，才能画出大涤子的精意。我题他的画，有句说："画水勾山用意同，老僧自道学萍翁。"我对于大涤子，本也生平最所钦服的，曾有诗说："下笔谁教泣鬼神，二千余载只斯僧。焚香愿下师生拜，昨夜挥毫梦见君。"我们两人的见解，原是并不相悖的。他死了，我觉得可惜得很，到莲花寺里去哭了他一场，回来仍是郁郁不乐。我想，人是早晚要死的，我已是七十岁的人了，还有多少日子可活！这几年，卖画教书，刻印写字，进款却也不少，风烛残年，很可以不必再为衣食劳累了，就自己画了一幅《息肩图》，题诗说："眼看朋侪归去拳，哪曾把去一文钱。先生自笑年七十，挑尽铜山应息肩。"可是画了此图，始终没曾息肩，我劳累了一生，靠着双手，糊上了嘴，看来，我是要劳累到死的啦！

这是齐白石在《白石老人自述》1932 年开篇的回忆。一位弟子的离世，竟然让老人痛哭不已，心生息肩之想。齐白石的《息肩图》不存，幸运的是他的女弟子王妙如曾临摹过一幅（图 1）。画中一饱经风霜的白发老者，放下扁担和竹筐，脱掉一只草鞋，双手环抱于胸前，跷腿坐于石上歇息，头转向右侧，面露愁容。白石老人在画上题："息肩图。眼看友朋归去拳，那曾带去一文钱。先生头白劳何苦，挑尽铜山应息肩。妙如弟画，白石题字。"诗文与《白石老人自述》中略有不同。

齐白石的门人瑞光和尚究竟是谁？

图 1　息肩图　王妙如　尺寸不详　见《王妙如女士书画册》，1937 年印行

追寻瑞光

虽然北京画院收藏有好几件瑞光的作品，翻阅齐白石的诗稿，也能觅出十余首为瑞光而作的诗歌。可是，瑞光是谁？翻遍画史，却鲜有记载。带着这个问题，笔者开始于故纸短笺中寻觅，瑞光与齐白石交往的始末开始越来越清晰。虽然瑞光的画作在民国年间的报刊上找到近十幅，但“瑞光”仍是诗歌书札中一个抽象的形象。一个偶然的机会，笔者在《艺林旬刊》1929 年第 55 期第 4 版发现一篇《衍法寺及辽经幢》，文旁配有一张衍法寺辽代经幢的照片（图 2），下方一面容清癯的僧人手持念珠席地而坐，瑞光曾为衍法寺的住持，一个念头闪过脑际，那僧人会是瑞光吗？再读旁边的文字，介绍经幢后，云：“席地而坐，衍法寺住持瑞光，能作石涛山水者。连年苦兵，寺为占住，瑞光之护持不坏，为足多也。”果然是瑞光。也许是冥冥中的天意，终于可以拨开历史的层层迷雾，去追寻白石老人与他最得意的佛门弟子瑞光的故事。可惜这张图片实在太小，瑞光的形象极不清晰，幸运的是，在瑞光亲属提供的瑞光遗物中，有一张瑞光的肖像照（图 3），原来他并非清瘦之人，一袭袈裟难掩魁梧身材，面相圆润丰满，广额宽颊，双目炯炯，宽鼻厚唇，浓髭虬髯，从花白的双鬓和额上数道皱纹可知已年逾半百，应该是他晚年的照片。

作为画僧，瑞光去世又早，画史留下的记录极少。从齐白石的记录来看，瑞光生于光绪四年戊寅（1878）正月初八日，比齐白石小 14 岁，逝于民国二十一年（1932）正月初五，还有三天 55 岁。除了自己的父母、亲人，瑞光是《白石老人自述》中唯一完整记录生卒年月日之人。齐白石论及两人同好石涛山水（瑞光还因此别号“问石

衍法寺及遼經幢

寺在北平阜成門外大街路北・按明楊一清撰碑・本元觀音寺・其建始末無可攷・明天順間重修・成化甲午・太監阮安再新之・請於朝・得賜今額・後殿有遼保和十八年・大同軍節度管內觀察處置等使・持節雲州諸軍事・雲州刺史李翊・借紫守秘書省校書郎懿・爲追薦考妣・建立尊勝陀羅尼幢・記文凡七百餘言・字大寸許・筆致端嚴・容將拓本另刊・幢後一碑・乃明萬曆壬寅王愛撰・幢旁施食殘幢・下截刻神王象・與經幢・皆乾隆三十六年・寺僧於殿左掘得・意其地舊爲李氏墳所・席地而坐・衍法住持瑞光・能作石濤山水者・渾然若夫・寺爲佔住・瑞光之護持不壞・爲足多也・

图 2　瑞光与衍法寺辽代经幢 《艺林旬刊》1929 年第 55 期第 4 版

山僧”）以及对他艺术的评价，但未述及更多信息。幸运的是，瑞光去世 5 天后，非厂（齐白石的弟子于非闇）在《北平晨报》上发表了一篇追忆瑞光的短文《雪厂上人》。

雪厂上人

非厂

在二十年前闻人称有瑞光和尚者，其画笔，今世之苦瓜和尚也，见其画益奇之。以为称者不虚。其时得其残册，豪放肆恣，俨然大涤子，自后数遇其画，其所入无一笔非大涤子，而其人幼失学，所蕴藏不必有国破家亡牢愁抑郁，若不可一世者托于画一一写之；而其人为北京人，非阀阅，更非生长于三吴两浙间，而其人不幸而遁身空门，于寂静清空讽诵礼忏之余，独不走门第，传布施；而其人役役于苦瓜，垂三十余年，南北知名，而独以穷死，则其人诚有大过人者。吾不通佛学，于佛之理茫昧无以视其归，而上人于佛之外，独以画为时所知，亦良足慰矣。往者白石山翁拓印

图3　瑞光像

草，命吾与上人董理其事。上人事白石山翁独诚，翁遇上人亦独厚。山翁平生罕写山水，独为吾友黄蛰庐写大屏十二帧，绝奇。上人见此屏，尽一日夜临摹维肖，鬻日人，得二百金。得者持与山翁请署款，山翁莫能辨，误为吾友市画于日人也。挽近写山水者，群以大涤子为师，喜收藏者，亦以得大涤子相耀炫。上人摹大涤子，所入者是，而犹有北方厚重之气，未能有所出。故所作不能得高值，非若某君之动辄千万也。然而其真实本领，窃谓不在某君下，遇不遇，适以成其为上人而已。吾识上人久，迄今初未一晤谈，山人每与友谈，谓观吾所好嗜，乃大类世家纨绔子。颇有疑，去岁拟往谒，未果。上人许为吾画，卒亦莫可得，而上人竟以穷死矣。[1]

这短短不足六百言之文，让我们初步了解了瑞光。民国年间画坛有一学习石涛的风尚，于非闇认为瑞光摹大涤子，取向是对的，但作品中还保留着北方特有的厚重之气，也没有从石涛作品中走出新路来，

1　非厂：《雪厂上人》，《北平晨报·北晨艺圃》1932年2月15日。

所以作品卖不上好价格。这大概是瑞光“终穷死”的原因。“遇不遇”，或许是瑞光的不幸，但这种不好的运气也恰好使得瑞光成为瑞光（保存厚重之气这一优点）。于非闇还记一逸事：瑞光曾用一天时间临完齐白石 1925 年为天津富商黄子林所作的山水十二条屏，并以 200 元卖给日本人，买画者拿去请齐白石题跋，齐白石还以为是黄子林将自己的画卖了。足见瑞光之画得白石老人精髓。奇怪的是，虽然于非闇与瑞光一起“董理”白石印草之事，两人却未谋面，以致误以为“其人为北京人”。其实瑞光是河北衡水人。1918 年，沈阳慈恩寺落成，因河北衡水工匠承建了部分工程，特请瑞光前往主持开光仪式。瑞光初为北京阜成门外大街路北的衍法寺住持，约 1924 年调入广安门内烂漫胡同的莲花寺任住持。

作为两座古寺的住持，瑞光在社会上也享有较高声誉。1917 年（民国六年）重阳佳节，德胜门内净业寺方丈慧安和尚设素馔于该寺涵碧楼（笔者按:《白石老人自述》中误记为“寒碧楼”），登高雅集，赋诗联咏。当时在京知名人士：陈明远（哲甫）、朱文炳（谦甫）、易顺鼎（实甫）、李钟豫（毓如）、张琴（治如）、汪延年（绶丞）、项乃登（琴庄）、程家桐（凤笙）、田程（君伟）、魏在田（春影）、王家彦（士文）、傅谦豫（绍益）、翟化鹏（溟南）、徐思谦（六皆）、嵩麟（伯衡）、颜札定信（可安）、林世焘（次煌）、王景岐（石孙）、吴成章（厉秋）、戴松年（苍岩）、沈汝骥（德良）、王本晋（建侯）、张承荣（峙门）、林松龄（维焘）、饶嘉谷（第岑）、沈竹孙、朱国桢（吴山）、张新瀚（云劭）等人均被邀请，瑞光也应邀参加。众人联句，瑞光独联两句，其后，又赓述七古，诗曰：

重阳佳节雨送凉，湖边野菊盈袖香。
两岸林木皆凋黄，飘飘霜叶逐风忙。
雅集涵碧罗酒浆，诗仙首数一厂狂。

座中老健推孔璋，词场劲敌朱与张。
如潮如海泻文章，高人韵士聚一堂。
李项魏程更田汪，对酒当歌乐未央。
如斯盛会乌可忘，归路鸟声话夕阳。
恨我懒残无书囊，只能煨芋待君尝。

陈哲甫即席而成《赠瑞光慧安两禅师》，曰：

莲花妙相，净业清流。斯二尊者，恒共吾游。
一耽风雅，一虔真修。
亦仙亦佛，无喜无忧。苦瓠弄笔，石涛之俦。
燕尘扰扰，古刹犹幽。
年年重九，涵碧登楼。希夷香火，鸿雪常留。
篱花淡淡，帘风飕飕。
蒲团一个，各有千秋。

在这次涵碧楼登高雅集中，瑞光还当场画了一幅《涵碧登高图》[1]，名士们纷纷题咏。自此，瑞光的画名便远近皆知了。[2]

民国报刊不难见到瑞光的记载。最早见于报刊的是《无锡新报》1923 年 7 月 13 日第 4 版南湖（廉泉）[3] 的《为雪庵上人题衍法访古图二首》。

1　民国二十四年（1935）重修净业寺时，瑞光的《涵碧登高图》尚在。
2　傅耕野：《能诗善画的瑞光和尚》，载《随心集》，中国文史出版社，2000。
3　廉泉（1868—1931），字惠卿，号南湖，无锡人。光绪二十年（1894）中举人。翌年在京会试时参与康有为的“公车上书”。精诗文，善书法，嗜书画、金石，并以其诗文书画交游于王公贵人之间。辛亥革命后，廉泉隐居北平潭柘寺。民国三年（1914）赴日本，介绍中国书画。民国六年（1917）回国，曾任故宫保管委员等职。北伐胜利后，曾被任命为江苏省屠宰税局局长，他坚决不就。民国二十年（1931），他独赴北平潭柘寺养病，并因信佛而入寺为僧。同年 10 月 6 日，病逝于北平协和医院，安葬于潭柘寺旁，终年 63 岁。遗著有《南湖集》《潭柘集》《梦还集》《梦还遗集》等。

图4 1926年6月6日,《晨报星期画报》第1卷第38期第1页刊载的瑞光《山水》

大法今安在，津梁愿亦奢。但能看图画，终是不还家。
树缺云藏寺，客来僧点茶。羊群无是幻，何处问三车。
佛宫心上有，弹指即华严。显密通三教，丹青数二阎。
思亲留胜迹，觅句断新尖。欲忏浮名累，无声月上帘。

此外，还有近十件山水画。如1926年6月6日《晨报星期画报》第1卷第38期第1页载有瑞光的《山水》图（图4），旁有“燕孙”的注识:“释瑞光，字雪厂，工山水，不落先辈窠臼，其画得于性灵者多，故能以画胜人，有自制印草，文曰：今人摹古，古人摹谁。其抱负可以想见矣。燕孙识。”1928年9月16日，《北平画报》第7期第4版刊载释瑞光《问石山僧画幅》，旁注：“释瑞光，别号问石山僧，山水宗大涤子，花卉法吴昌硕、李复堂，不尝为人作画，今特介绍与读者一阅，则知该画之妙矣。”可知，瑞光字雪厂，别号问石山僧，山水学石涛，花卉法吴昌硕。从他的印谱看，瑞光还有一些别号，如“西河老民”“看山僧”“老雪”等。

幸有瑞光尊敬意

1917年6月30日，为避家乡的兵匪之祸，齐白石来到北京，寄居在离莲花寺南不远的法源寺。因画风近于八大山人冷逸一路，懂得的人不多，作品就不易卖得出去，卖画生涯很是萧索。他很可能是通过法源寺的住持道阶法师认识了瑞光。1917年11月底，齐白石返乡，1919年正式定居北京，状况仍未获改观，且居无定所，先后寄寓观音寺、石镫庵等寺庙。齐白石虽笑称“与佛有缘”，但观音寺内“佛号钟声，睡不成寐”，石镫庵“老僧又好蓄鸡犬，昼夜不断啼吠声”。张次溪回忆齐白石住在石镫庵时，“悬画四壁，待价而沽，住室外面的房檐下，放着一个小白泥炉子，平日烧茶煮饭，冬天搬到屋内，兼作取暖之用”，“终日枯坐，很少有人来问津。他为了生计，常给墨盒铺在铜墨盒或铜镇尺上画些花卉山水，刻成花样。所得润金，起初每件只有几角钱，增了几次价，才增到每件两元左右。他还为琉璃厂一带的南纸铺画诗笺，刻版印刷出售。”[1] 在这种困境之下，一位在北京画坛已享有盛誉的画僧拜入门下，成为第一位向齐白石学习绘画的入室弟子（此时，虽有姚石倩、张伯任、贺孔才拜齐白石为师，但都是随其习篆刻），齐白石内心在欣喜和感动之余，更多的是其内心深处所得到的慰藉。一次瑞光赠画予他，齐白石至衍法寺答谢，特赋诗两首相赠。

1 张次溪：《回忆白石老人》，载中国人民政治协商会议北京市委员会文史资料研究委员会编《文史资料选编》第28辑，北京出版社，1986，第120页。

阜城（成）门外衍法寺寻瑞光上人（即题上人所赠之画）

故我京华作上宾（前朝癸卯年，夏午诒请为上宾），农髯三过不开门。（曾农髯过访再三，余以病却。曾入门曰：吾已来矣，公何却耶！）

今朝古寺寻僧去。相见无言将虱扪。

帝京方丈识千官，一画删除冷眼难。

幸有瑞光尊敬意，似人当作贵人看。[1]

在诗中，齐白石回忆了自己1903年随好友夏午诒初次至京师，被奉为上宾，当时正赴京赶考的曾熙（农髯）三次来访，齐白石误以为他也是势利之人，不愿结交的往事。如今齐白石的画风在北京遭遇冷眼，到衍法寺去访"识千官"的瑞光，瑞光却把他"当作贵人看"，这份"敬意"，对于齐白石是何等珍贵！此后齐白石为瑞光题画赋诗不下十次，瑞光也常去请益，畅谈画理，互相启发，两人是师生，更是知己。北京画院收藏的《白石诗草》（甲子至丙寅）中有一诗记载齐白石画一灯送给瑞光。

画灯一檠赠雪广[2]上人

经年懒不出门行，布袜无尘足垢轻。

犹有前因未消灭，莲花寺里佛前灯。

画理诗思亦上乘，寂廖（寥）何幸对枯僧。

孤灯若肯常回照，与汝余年共死生。

1 此诗原名《阜城（成）门外衍法寺寻瑞光上人即题所赠之画》，收入《白石诗草补编》第二集，此编是1967年白石殁后，从他的日记手稿和自定义一、二两辑的原稿中搜集得来的遗诗。

2 白石手书中常有"广"代"厂"字，"广"同"庵"同"厂"，下同。

"经年懒不出行"的齐白石，却拿着画去莲花寺拜访"画理诗思亦上乘"的瑞光，甚至发出"与汝余年共死生"的感叹，足见师徒二人惺惺相惜之情。

1926年春二月，齐白石曾为瑞光作《西城三怪图》(中国美术馆藏)(图5)，中间侧身而立的僧人为瑞光，正面捻须的白发老者为齐白石，侧面而立者为冯臼。画上有长题记其事：

> 余客京师，门人雪广和尚常言：前朝同光间赵㧑叔、德砚香诸君为西城三怪。吾曰：然则吾与汝亦西城今日之两怪也，惜无多人。雪广寻思曰：臼广亦居西城，可成三怪矣。一日臼广来借山馆，余白其事。明日又来，出纸索画是图，雪广见之亦索再画，余并题二绝句。闭户孤藏老病身，那堪身外更逢君。扪心何有稀奇笔，恐见西山冷笑人。幻缘尘梦总云昙，梦里阿长醒雪广。不以拈花作模样，果然能与佛同龛。雪广和尚笑存。丙寅春二月齐璜。

冯臼(1870—1929)，字臼庵、臼厂、臼广、剩瑕，斋号半瓦斋，湖南衡阳县九市乡人。光绪诸生，曾任教国立北平艺术专科学校讲席而名噪京华。诗书画印皆工。篆学猎碣，隶法张迁，行楷师山谷、冬心。画工花鸟、兰竹、翎毛，效法天池、白阳，粗枝大叶，随意挥洒，饶有生趣。晚写佛像，人争宝之。冯臼为人狷介，负才不羁，书画篆刻不轻易送人，其画名与白石比肩。当时声震京城的湖南画家主要有冯臼、萧俊贤、齐白石三人，时称"冯萧齐"。齐白石在西城居住，与同居西城的冯臼常相往来，而瑞光曾任西城衍法寺住持，三人合称"西城三怪"，白石作画留影，成为画坛又一佳话。

诗中"幻缘尘梦总云昙"一句来自齐白石的一个梦。他梦见瑞光自称"老昙"，醒来作一诗记之：

图 5　西城三怪　齐白石　轴　纸本设色　纵 60.9cm　横 45.1cm　1926 年　中国美术馆藏

梦与雪广共话

此身只合共僧流，万事从头早已休。
老境客稀私窃喜，故园兵久渐忘忧。
懒看芍药三春暮，已负芙蓉九月秋。
梦幻由人心意作，昙花常现坐前头。

梦雪广自称老昙。梦后五日，雪广见此诗，自言削发时原名续昙，幻境不可谓无凭也。

没想到五天后瑞光见诗称自己出家前原名“续昙”。足见二人心意相通，梦寐在焉。

1926年1月6日（乙丑十一月廿二日），齐白石生日，弟子门人贺孔才、杨泊庐、王雪涛、陈小溪、赵大廷、释瑞光进以酒，饮后照影纪事，齐白石作了一首七律诗：

斯世何容身外身，道从寂寞惜诸君。
衰年顾影羸愁色，小技论工负替人。
鬼道柴门天又雪，星塘茅屋日边云。
（余居鬼门关侧。余阿爷阿娘居星塘老屋）
明年此日吾还在。对镜能知老几分。

乙丑冬一日乃余生期，雪广上人集同人饮后为余留影纪事，命题一律。白石山翁。[1]

照片右侧，齐白石还题：“雪广上人与余同寂寞，余以此赠之。心出家僧璜记。”照片中的齐白石身着浅色长袍，这张照片后来又用

1　此诗亦见《白石诗草》（乙丑十一月起），略有区别，北京画院编《人生若寄　北京画院藏齐石手稿》（诗稿下），广西美术出版社，2013，第398页。

于1928年胡佩衡为其出版的《齐白石画集》，为其较早的影像。参与生日聚会的弟子甚多，不知齐白石是否都赠以照片。这张有齐白石题诗的肖像照能留存下来，的确是一幸事，也足见瑞光对白石所赠之物的珍惜爱重。（图6）

齐白石弟子虽多，但一些弟子后因各种原因反目，而瑞光始终事师甚诚。齐白石有一首诗《小窗看雪》（图7），原稿为：

小窗看雪

喜雪最嫌污踏过，不妨三尺拥青门。

舍南鸡远无泥爪，天上鸿飞但月痕。

非侣交游终易别，成群私淑总无恩。

贫居不合停车马，野寺荒城有替人。

（僧瑞光居阜成门外衍法寺。

贺孔才为文人贺先生之孙。居于□□城边。）

图6　齐白石赠瑞光照片　1926年

1933年出版《白石诗集》时，改为：

喜雪难堪是污践，不妨三尺拥青门。
墙头雀过嫌泥爪，天上鸿飞忌月痕。
非侣交游终易别，成群私淑总无恩。
贫居岂合停车马，野寺荒城隔替人。
［僧瑞光居阜城（成）门外衍法寺。］

齐白石虽对诗文进行了修改，但意思未变：自己不需要不相关的人来打扰，嫌弃墙头观望者的到来，那些另有高就的人也不想承认曾是我的门生。三观不同的人无法长期相处，那些私淑弟子我也不能教给他们什么。我这个穷人也没有什么价值，我的真正传人在远寺呢！正式出版被删去的贺孔才（1903—1952）是随齐白石学习篆刻的早期弟子，名培新，字孔才，号天游，河北武强人，出生世家，祖父贺松坡为光绪十二年（1886）进士，曾任刑部主事，家富图书收藏。贺孔才幼时从祖父学古文，后拜吴北江为师，学文学，从秦树声习书法，1920年6月经齐白石好友朱德裳介绍拜门学习篆刻，但后与齐白石疏远。齐白石在手批弟子罗祥止《祥止印草》中“天花乱坠”印旁批注云：“妙极，若学贺生之为人，足以倒戈矣。”[1] 在诗稿中，齐白石明确标出贺孔才和瑞光的名字，便是将二人进行对比，正式出版时隐去了“倒戈”的贺孔才，留下事已始终如一的瑞光，而诗意更为明显，足见瑞光在他心目中的地位。

除此之外，齐白石还多次在诗中将瑞光誉为自己的传人。如：

1　关于贺孔才与齐白石的交往，参见邹典飞：《齐白石与门人贺孔才的艺文交往初探》，载北京画院编《齐白石研究》（第四辑），广西美术出版社，2016。

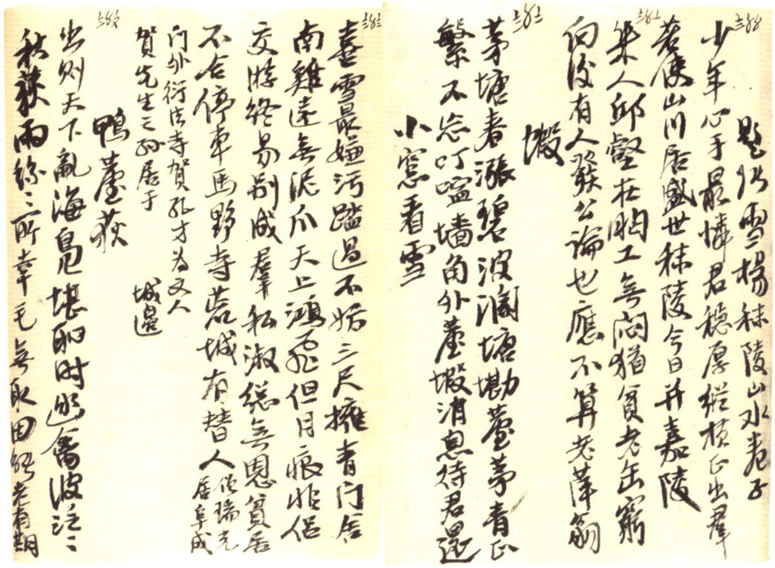

图 7 《白石诗草》（甲子至丙寅）之《小窗看雪》 北京画院藏

题雪庵背临白石画嵩高本

看山时节未萧条，山脚横霞开绛桃。

二十年前游兴好，宏农涧外画嵩高。

（癸卯春。余由西安转京华。道出宏农涧。携几于涧外画嵩山图。）

中岳随身袖底深，秦灰百劫幸无侵。

何人见后存心腼，岂料高僧作替人。

瑞光临齐白石画作乱真，正如于非闇所言，瑞光临白石山水十二条屏连齐白石本人都认不出来。学齐白石花鸟、篆刻弟子众多，而瑞光独学山水，且两人交往十余年，对于齐白石来说，就弥足珍贵了。

白石厚遇瑞光

对于事已诚笃的瑞光，白石亦厚遇之。1922年4月，齐白石的9件画作被陈师曾带到日本参加“第二回中日联合绘画展览会”，卖得善价，从此成为“海国都知”的老画家，卖画局面渐渐打开，1926年，基本完成“衰年变法”，经济好转，买下跨车胡同15号（后为13号）的房产（当年购房款为2000银圆，据说齐白石曾请瑞光出面，向弟子周铁衡家借500元才买下此宅[1]）。齐白石还先后受林风眠、邱石冥、徐悲鸿等人的邀请至美术院校任教，生活日渐富足。而瑞光所住持的莲花寺规模甚小，经济难免拮据，齐白石开始提携瑞光，为其定润格，介绍卖画，引荐到京华美术专门学校任教。

1926年9月10日，齐白石为瑞光作润格（荣宝斋藏）。

雪庵润格

雪庵画山水似宋刻丝及大涤子，画品高，故知者难早得，年来外人欲求者无由入。余怜其一辈苦心，何不供诸天下，为定润格，求者自得门径。昔拙公和尚未以板桥道人为多事也。

条幅山水 四尺十二圆 五尺十六圆 六尺二十圆

条幅花卉 四尺六圆 五尺八圆 六尺十圆

条幅人物 四尺八圆 五尺十圆 六尺十二圆 整张加倍

扇面 山水四圆 花卉二圆 人物三圆 团扇册页同

如荷雅意，润金先惠，每圆加外费一角，点题另议。

---

1 据周铁衡之子周维新的回忆。

丙寅中秋前十日，借山老人齐璜书。

齐白石怜瑞光“一辈苦心”“知者难早得”，特为其定润格，特别推荐了瑞光的仿宋刻丝山水。所定亦高于1928年瑞光在《艺林月刊》上刊载的“画例”[1]，极尽提携之诚。

齐白石不仅为瑞光书写润格加以誉扬，还亲自牵线搭桥，将自己的好友胡南湖介绍给瑞光，约1923年他在致瑞光的信中云：

雪广老禅师鉴：顷有友人胡南湖先生在璜处见公为作山水，最称叹不已。此君真能赏鉴美恶，平生所藏绝无古人伪本，所好吴缶老以外，惟璜而已。意欲偕璜谒公。璜想公素知不妄举步，非好友雅趣事亦不得介绍，敢代约夏历十一月十二日下午二时偕胡君同来尊衍法寺相见也，不一一。齐璜揖。十一月十日。

后来，瑞光便以仿宋刻丝山水为胡南湖作《野径行吟图》（图8），齐白石亲自在画上篆写画名。1929年此画与吴昌硕、齐白石的画作一起由胡南湖发表在《华北画刊》第2期，与“南吴北齐”并列，以此提高瑞光画名，很可能出自齐白石的建议。后来瑞光还多次为胡作画，如1926年秋七月作仿石涛《山水》[2]（图9），齐白石亦亲为题跋：“丙寅（1926）秋七月中僧瑞光为南湖仁弟画。兄齐璜书款识。”

1 《艺林月刊》1928年“释瑞光画例”，见《民国书画金石报刊集成·北平卷（五）》，第414页。
条幅山水 六尺十八元 五尺十四元 四尺八元 三尺六元 人物同
条幅花卉 六尺十元 五尺八元 四尺六元 三尺四元 整纸加倍横画同
扇面册页 山水三元 花卉二元 过尺加倍
润金先惠 随封加一
戊辰（1928年）正月订 收件处各南纸店 又莲花寺湾莲花寺。
2 此画载于《华北画刊》1929年2月17日第6期第2版。

左：图 8　1929 年 1 月 20 日，《华北画刊》第 2 期第 13 版刊载的瑞光《野径行吟图》
右：图 9　1929 年 2 月 17 日，《华北画刊》第 6 期第 2 版刊载的瑞光《山水》

齐白石对瑞光的仿宋刻丝山水赞叹不已，常向朋友介绍引荐。如他多次写信向瑞光提道：

雪广上人鉴：公之扇已应雅命，求来取去，恕不送上也。又有求者，璜有友人前在画会看见公作之画，欲转璜转求四尺条幅一幅，仿宋刻丝法，公不以璜所求无厌，望即画一幅。五月初一日，璜自来尊寺（衍法寺也）领取兼谢也。至好不客气耳。璜揖。求画者请赐款（华民）四月廿七。

又如：

今有日本诗人在我处见老和尚之画意，欲相访，特为介绍而来，想和尚雅趣必欢迎也。此上雪广老和尚。齐白石顿首。住阜成门外衍法寺。

他还请日本友人伊藤为雄为瑞光卖画：

伊藤仁弟鉴。承所定之画已画成，决星期日七点钟以后，送来弟处。请弟在家候我为幸。再者，并有瑞光和尚之画数幅，请弟介绍出卖也。小兄白石字。

齐白石还引荐瑞光到京华美术专门学校去任教，他在《白石老人自传》中回忆道：

（1926年）我自担任艺术学院教授，除了艺院学生之外，以个人名义拜我为师的也很不少。门人瑞光和尚，从阜城（成）门外衍法寺住持，调进城内，在广安门内烂漫胡同莲花寺当住持，

> 已有数年，常到我处闲谈。他画的山水，学大涤子很得神髓，在我门弟子中，确是一个杰出人才，人都说他是我的高足，我也认他是我最得意的门人……我的学生邱石冥，任京华美术专门学校校长，请我去兼课，我已兼任了不少日子。曾向石冥推荐瑞光去任教，石冥深知瑞光的人品和他的画格，表示十分欢迎。京华美专原是一所私立学校，权力操在校董会手里，有一个姓周的校董，是个官僚，不知跟瑞光为了什么原因，竭力地反对，石冥不能作（做）主，只得作罢。为了这件事，我心里很不高兴，本想我也辞职不干，石冥苦苦挽留，不便扫他的面子，就仍勉强地兼课下去。

这位姓周的校董很可能就是周肇祥，周氏与北京画坛的保守派视齐白石为“野狐禅”，虽反对齐白石任教，但迫于当时齐白石在画坛的声望，加上邱石冥是齐白石的学生，无法如愿。但对于在艺术观念与追求上同齐白石高度一致的门人瑞光，竭力反对，邱石冥便“不能作（做）主，只得作罢”。

齐白石多次为瑞光题画，赠送画作并刻印，两人还常有合作。瑞光常用印“瑞光之印”“瑞光”“雪厂”“今人摹古，古人摹谁”（图10）便是齐白石所刊。齐白石到北京后，因其山水画不被人认同，极少为人作山水，特别是以书斋之类为图名者，更是少画，1921年，他却破例为瑞光作《不二草堂作画图》（徐悲鸿纪念馆藏）（图11），并在画上题诗云：“佛号钟声两鬓霜，空余犹有画思忙。挥毫莫仿真山水，零乱荒寒最断肠。辛未雪厂画弟雅属。璜并题。”画中，森森古柏下有两间草庐，正厅中有一僧人正伏案作画，表现的正是瑞光在“不二草堂”中作画的情景，其形象极类瑞光和齐白石均极喜之《大涤子作画图》中的僧人形象，瑞光倾慕大涤子之风，齐白石便以之相喻。1928年，齐白石还为瑞光题写了《不二草堂》匾额（北京市文物公司藏）（图12）。还有一件无纪年的《佛手荔枝图》（日本京都国立博

图 10　齐白石为瑞光所刊印章一组:“瑞光之印”“瑞光”“雪厂”“今人摹古，古人摹谁”

物馆藏）（图 13），款题：“抛却颓毫携佛手，佛摘荔支（枝）甘吾口。愿作（做）长安粥僧饭，一笑逃名即上乘。雪广高僧法鉴。齐璜画赠并题。”称瑞光为“高僧”，很有可能是较早的作品。此外，齐白石还送给瑞光两对白铜镇尺，其一是 1924 年以一幅《菩提达摩》请人镌刻其上。其二所镌刻的是一件书法对联：“画似前朝大涤子，食如南岳懒残僧”。（图 14）“大涤子”石涛是瑞光一生追摹的对象。“懒残僧”则来自晚唐袁郊撰传奇小说《甘泽谣》。唐朝天宝年间衡岳寺的执役僧明瓒，性格懒散，喜欢吃残羹剩饭，因此法号“懒残”，又叫懒残僧。当时唐朝中期著名政治家李泌，正巧在寺里读书，认为懒残非凡人，于是晚上前去拜谒，懒残正在用牛粪烤芋，便把自己吃剩的半块芋头给了李泌吃，李泌一口气吃完并道谢，然后懒残谓李泌曰：“慎勿多言，领取十年宰相。”后来李泌果然当了十年宰相，并被封为邺侯。齐白石以“懒残僧”喻瑞光，实际是对他的佛学造诣的肯定。此铜镇尺两联年款不一，上联款：“甲子春赠雪庵方丈联语。”下联款：“戊辰夏重书于此。齐璜。”应是 1924 年春书此联赠瑞光，1928 年夏又将此联重书于镇尺之上并镌刻。

瑞光也多次赠画给老师，齐白石则在画上题跋点评。瑞光有一幅“偶尔拈笔颇似青藤”的《菊花》立轴（北京画院藏）（图 15），齐白石极为欣赏，两次在画上题跋。1927 年题道：“此幅乃雪厂和尚未及

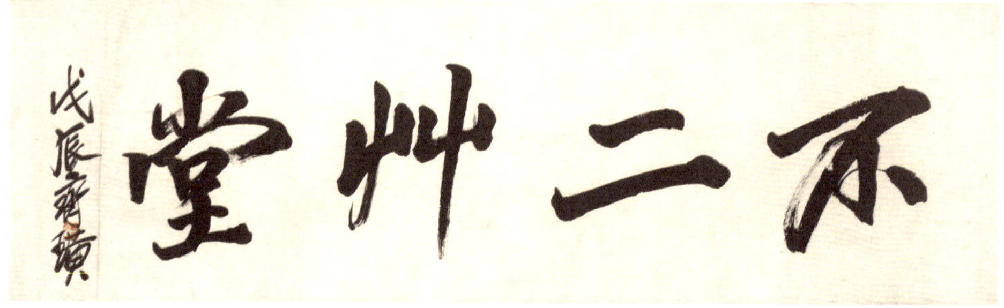

上：图 11　不二草堂作画图　齐白石　镜心　纸本设色　纵 22cm　横 31.5cm　徐悲鸿纪念馆藏
下：图 12　不二草堂　齐白石　镜心　纵 32cm　横 108cm　1928 年　北京市文物公司藏

图 13　佛手荔枝图　齐白石　轴　纸本设色　纵 134.3cm　横 33.6cm　无年款　日本京都国立博物馆藏

图 14　书联语镇尺　齐白石　刻铜　纵 23.5cm　横 3.5cm　厚 0.6cm　见周继烈主编《民国刻铜文房珍赏》

图 15　菊花　瑞光　托片　纸本墨笔　纵 133.5cm　横 32.5cm　无年款　北京画院藏

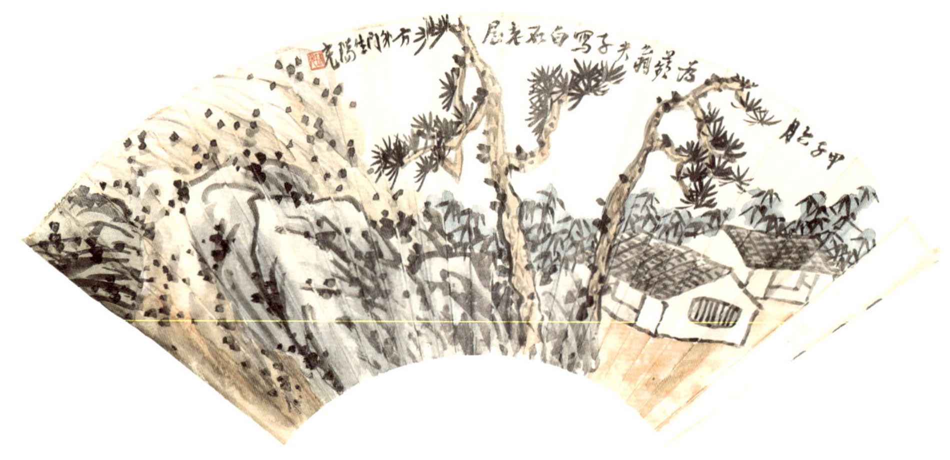

图 16　白石老屋　瑞光　扇面　纸本设色　纵 18.5cm　横 45cm　1924 年　北京画院藏

余门时所画。笔情活活可喜，因记存之。丁卯秋八月。白石山翁。”1932年，瑞光去世，齐白石再次找出题跋，以示怀念：“辛未雪盦购得颠道人版印画册示余，笔情墨色与雪盦此幅绝无丝毫分别。今雪盦死矣，感而记之。壬申白石。”

1924 年六月，瑞光仿石涛笔意为齐白石作《白石老屋》（北京画院藏）扇面（图 16）。题款：“甲子六月为苹翁夫子写白石老屋。方外门生瑞光。”十月，瑞光又为齐白石作《借山问道图》（北京画院藏）（图 17）。庭院中，秋叶渐红，高树下，屋舍两间，黛瓦粉墙，窗帘半启，露出画案书卷。正厅大门开敞，一老者端坐榻上，一僧人正躬身行礼，款题：“借山问道图。白石翁夫子大人命作山水画，谨拟此图奉赠。时甲子十月，受业瑞光。”或许表现的正是瑞光拜师的情形。此外，瑞光以仿刻丝山水法为齐白石作《山水》扇面（北京画院藏）（图 18），款题：“苹翁夫子大人教正。方外门生瑞光。”此画以铁线般笔画勾勒出山形，不做皴擦，直接平涂以花青赭石，山间再点缀红树苍松，绝壁石亭上，一文士正凭栏远眺。

师徒二人还常合作作画，北京左安门内新西里 3 号原是明代袁崇

图 17　借山问道图　瑞光　托片　纸本设色　纵 83.5cm　横 43cm　1924 年　北京画院藏

图 18　山水　瑞光　扇面　纸本设色　纵 19.5cm　横 54.5cm　无年款　北京画院藏

焕督师的故居，清末废为民居。民国初年，齐白石好友张篁溪出资购置，修治整理，人称张园。张园的北边，有袁督师庙，也是张篁溪出资修建的，庙东池塘的边上，有“篁溪钓台”，是篁溪守庙时游憩的地方，1931 年夏，张篁溪邀请齐白石到张园避暑，曾在此钓鱼。为了感谢张氏的厚谊，齐白石与瑞光合作画过一幅《篁溪归钓图》，送给篁溪。并题诗云：“竹绕渔村映晚潮，西风黄叶渐萧条。篁溪日暮持竿去，芦荻闲洲路未遥。”[1] 可惜画已不存。沈阳故宫博物院收藏有一件《渔归图》（图 19）（此画另有一本藏于日本京都国立博物馆，构图题诗完全相同，似笔力逊于沈阳故宫本）设色绘霞岸、小桥、艇、榭、渔翁。款题：“一苇渔村近板桥，秋风过去未萧条。此翁日暮能归去，芦荻州闲路不遥。余与雪广方丈合作。白石山翁并题句。”下钤“木人”朱文方印，左下钤“瑞光”白文方印，下钤“蛰庐所藏白石山翁画”白文方印，当为黄子林的藏画印。

1　张次溪：《回忆白石老人》，载中国人民政治协商会议北京市委员会文史资料研究委员会编《文史资料选编》第 28 辑，北京出版社，1986，第 126 页。

图 19　渔归图　齐白石　瑞光　轴　纸本设色　纵 134cm　横 33.6cm　无年款　沈阳故宫博物院藏

翁似高僧僧似翁

齐白石与瑞光交往的基础，既缘于瑞光事白石以诚，白石老人在人际交往中秉持“投我以木桃，报之以琼瑶”，反过来厚遇瑞光，更重要的是两人在艺术上的共同追求和互相肯定。

崇石涛，尚独创

齐白石特别崇拜石涛，曾作《题大涤子画像》诗云：“下笔谁叫泣鬼神，二千余载只斯僧。焚香愿下师生拜，昨夜挥毫梦见君。”瑞光更是以学石涛画法享名画坛。瑞光无画论存世，但从他的一些题画诗可窥一斑。如：“一画本无法，无法法亦法。透过鸿蒙理，何用种种法。”“南北画宗是与非，不如一画解真机。一画透过鸿蒙理，万壑千岩一笔挥。”承继了石涛“一画论”而又有所发展。瑞光曾自制印草，文曰：“今人摹古，古人摹谁。”与石涛“笔墨当随时代”同出机杼。而齐白石亦崇拜大涤子，两人惺惺相惜，常在一起讨论画理。齐白石在《白石老人自述》中曾云：

> 我向来反对宗派拘束，曾云：“逢人耻听说荆关，宗派夸能却汗颜。”也反对死临死摹，又曾说过：“山外楼台云外峰，匠家千古此雷同。”“一笑前朝诸巨手，平铺细抹死工夫。”因之，我就常说：“胸中山水奇天下，删去临摹手一双。”赞同我这见解的人，陈师曾是头一个，其余就算瑞光和尚和徐悲鸿了。

齐白石亦认为瑞光学石涛山水画格局极高，一次瑞光临石涛山水画请老师题跋，老人当即赋诗道：

释瑞光临大涤子山水画幅求题 二首

爱公心手迈诸曹，随意拈来局格高。
画法不妨僧有我，挥毫一洗众皮毛。
长恨清湘不见余，是仙是怪是神狐。
有时亦作皮毛客，无奈同侪不肯呼。

瑞光何时开始学画，已无记载，日本京都国立博物馆收藏的《异境之阳图》（图 20）钤有一方“瑞光三十四岁始学画”（白文印），由此推知其很可能是出家后，约 1901 年左右才开始学画。《异境之阳图》款题：“丁巳嘉平望日临大涤子。拜句敬斋先生雅正。雪厂瑞光。”说明此画作于 1917 年，但此画山石树木用笔细弱琐碎，略显呆板，缺少变化，仅学大涤子之形，而未得其神。到 1924 年为齐白石作《借山问道》时，其笔力明显变老辣苍浑，同年所作的《白石老屋》，皴擦点染，灵动多姿，画境日高。1930 年发表在《艺林月刊》第 1 期上的《木叶动秋声》（作于 1928 年，戊辰中秋）和 1932 年发表于《县村自治》上的《山水》，点划参差披离，变化万千，直入大涤子之堂奥。可见，拜齐白石为师，使瑞光的山水画日臻进境。

瑞光的山水画受齐白石的影响亦越来越大。1929 年 4 月 19 日，在燕京日本人俱乐部的齐白石画展中，日本外交官须磨弥吉郎为齐白石大胆的画风所震撼，买下了《汉隶对联》和全展最贵的《松堂朝日图》。7 月，须磨弥吉郎在瑞光和画家姚茫父（一直寓居在莲花寺，晚年与瑞光多有交往）的引荐下拜访了白石翁画室，开始了对齐白石和瑞光作品的收藏。须磨弥吉郎在日记中记载：

图 20　异境之阳图　瑞光　轴　纸本设色　纵 99.5cm　横 48.8cm　1917 年　日本京都国立博物馆藏

有齐白石的地方就会有瑞光，二人可谓形影不离，关系亲近！所以，我同时认识两人。

《梅花草堂集》第68页所述的那样，瑞光和尚民国二十二年（1933，笔者按：实误）卒于北京。即昭和八年，我从广州转赴上海之时去世的。他是北京西山向山寺的住持。齐白石自不必说，与姚茫父也有交游。他一生潦倒，总是身着破烂的木棉袈裟，即便些微的借款，也表现得诚惶诚恐。兼子才充郎君来燕时，看到瑞光的作品，说这是塞尚啊！这很好地证明了其画风。作为中国画虽然是极其杂乱的，但其立意和用笔全都近似西洋画。然而，事实上他渴望姚茫父和齐白石的画风，特别是齐白石极其景仰。他的花鸟和人物都画得不错，尤其擅长山水画，属于白石派。他本来生性恬淡，却有着中国人少有的铮铮风骨，说话也很风趣。正如他那幅画所示的那样，我记得他的话题丰富且很有力量。[1]

瑞光为须磨弥吉郎画过多件作品。如1929年的《梅花草堂图》（日本京都国立博物馆藏）（图21），便和齐白石的《桃源图》（北京画院藏）（图22）极为相似。同年，他还为须磨弥吉郎作《仿颠翁墨色山水》图（图23），最近几年从日本回流，纯以水墨写成，构图极满。近处几株枯树，数间村舍，用线不取欹侧，平直如屈铁，一片浅滩从画下方一直伸向远方，以直线随意排布，而不作皴擦。远处山脚树丛随意点画而成，复以大笔运浓墨作远山如铁壁，淡墨层叠铺排，似风卷云起，大有山雨欲来之势。左上方题诗一首："平铺直布不求工，偶然拈笔学颠翁，正未可知山谷里，白云如絮有游龙。己巳秋仲画为升龙山人雅正。雪盦瑞光写于无二斗室。钤"老雪"（白文）"瑞

1　須磨弥吉郎「白石を繞る人々」西上実編「資料紹介－須磨ノート中国近代絵画編（1）」『京都国立博物館学叢』第25号2003年5月。

图 21　梅花草堂图　瑞光　轴　纸本设色　纵 135.3cm　横 53.1cm　1929 年　日本京都国立博物馆藏

平生未到桃源地意想清
溪流水長竊恐居人破心膽
揮毫不畫打魚郎戊寅
時居燕京城西白石齋璜

图 22　桃花源　齐白石　镜心　纸本设色　纵 101.5cm　横 48cm　1938 年　北京画院藏

图 23　仿颠翁墨色山水　瑞光　轴　纸本墨笔　纵 137cm　横 33.5cm　1929 年　须磨弥吉郎旧藏

光无能”（朱文）。画中题诗实来自齐白石《题瑞光上人山水》一诗，原诗为：“平铺直布不求工，翁似高僧僧似翁。正未可知山谷里，白云如絮有游龙。”看来瑞光常以齐白石为其所作题画诗题画，而此诗齐白石称瑞光为“高僧”，瑞光不便直接引用，而改了承句。此画的画法亦让人想起齐白石 1925 年为黄子林所作《山水十二条屏》中的第十幅的画法。难怪瑞光在一天就能临完齐白石的《山水十二条屏》。在这种意义上，瑞光的确是传承齐白石山水画风的第一人，难怪齐白石会说“翁似高僧僧似翁”。

瑞光的“刻丝山水”

瑞光的山水画不局限于学石涛，还自创了仿宋刻丝山水。日本学者西上实先生《雪庵瑞光的山水画法》[1] 曾对此有深入研究，现作一些补充。刻丝也称“缂丝”，是平织的一种，始于唐代，到了宋代进入鼎盛期。缂丝织时各纬丝仅于图案花纹需要处与经丝交织，不贯通全幅，经丝则贯穿全幅，所谓“通经断纬”的织法。纬丝显现纹样，织出的图案正反两面相同。因此，宋代的刻丝模仿了很多唐宋的书画。如台北故宫博物院收藏的沈子蕃《缂丝秋山诗意图》（图 24），图样细致，色彩鲜艳，宛如用画笔画出的青绿山水，受到历代文人的推崇。但是，晚明王世贞（1526—1590）在宋刻丝《仙山楼阁》卷中跋“颇精工，而不甚得画趣”，可见王世贞虽然评价了宋刻丝的精巧，但也指出了刻丝在表现画趣上的限制。因此，瑞光仿刻丝山水受到非议就在所难免。

西上实先生列举的第一件瑞光刻丝山水原作已佚，仅在须磨弥吉郎的《梅花草堂集 Ⅲ》中见到一张照片（图 25）。画上题跋云：“画家习气尽删除，休道缂丝宋代愚。他日笔刀论画苑，钩山著（着）色苦

1　北京画院编《齐白石研究》（第五辑），广西美术出版社，2017。

图 24　缂丝秋山诗意图 （南宋）沈子蕃　纵 86.8cm　横 38.3cm　台北故宫博物院藏

瓜无。白石翁题句，以应梅花草堂主人之属，即希雅正，己巳秋日，瑞光写。”瑞光在此引用了齐白石为他作的题诗。幸运的是，2018 年，北京画院举办展览“胸中山水奇天下——齐白石笔下的山水意境之二”时，从故宫博物院发现了一件齐白石的设色山水（图 26），与瑞光的画几乎一模一样，左侧齐白石题了同一首诗，落款则是“齐璜画”。这种以曲铁盘丝般的线条来勾勒山石树木，不作皴擦，直接以色彩平涂的作画方式，的确受到宋代刻丝通经断纬的织绣方法的启发，平面而略显图案化的表现，别具一格，当为瑞光的首创，齐白石亦不禁临摹一张。

瑞光刻丝山水画的第二例是作于 1930 年的《山寺松溪图》（日本京都国立博物馆藏）（图 27），款题：“山寺门前多古松，溪行欲到已闻钟。庚午夏，释瑞光。”须磨弥吉郎在其《梅花草堂集》笔记中写道：“此画应该摹绘的是北京西山古寺，色彩豪放，具有近代绘画的妙趣，西派诸画家都不能及，此作是和尚的绝作。”西上实先生发现题诗引用了唐僧释灵一的《宿静林寺》诗“山寺门前多古松，溪行欲到已闻钟。中宵引领寻高顶，月照云峰凡几重”的起承两句。《山寺松溪图》的风格与为胡南湖所作《野径行吟图》相似，仿宋刻丝风格更成熟，山石崚嶒，以方折粗重的线条勾勒，近山平涂以花青，远山平涂浅绛，最大限度地压缩了画面的空间感。山间红树古松掩映古寺圆亭，笔趣拙朴，红墙黄瓦，色彩明度极高，使画面更具装饰感、图案化。

齐白石的山水画以“五出五归”壮游中所见真山真水为稿本，自出机杼，形成用笔朴拙、赋色丰富的全新画风，天趣胜人，充满巧思。他以带有金石味的古拙线条勾勒山石，少皴擦点染，常以纯色平涂彩色山峰，这些画法在瑞光的仿宋刻丝山水中加以结合和强化：方折的线条与故宫博物院收藏的《桂林山》（图 28）如出一辙，平涂的色彩与齐白石孤峰独立的远山的色彩极为相似（图 29）。这种刻丝山水的确是一种独特的画法，正如西上实先生所评价的：“所谓的瑞光的宋刻

图 25　青绿山水　瑞光　轴　纸本设色　纵 135cm　横 33cm　1929 年　须磨弥吉郎旧藏

图 26　山水　齐白石　轴　纸本设色　纵 135.7cm　横 43.5cm　无年款　故宫博物院藏

图 27　山寺松溪图　瑞光　轴　纸本设色　纵 127cm　横 45cm　1930 年　日本京都国立博物馆藏

图 28　桂林山　齐白石　轴　纸本墨笔　纵 86.2cm　横 43.1cm　1924 年　故宫博物院藏

图 29　岱庙图（山水十二条屏之九）　齐白石　轴　纸本设色　纵 128cm　横 62cm　1932 年　重庆中国三峡博物馆藏

丝风山水画，并不是去模仿宋刻丝的技巧上的精巧，而是削减画笔上的技巧，除去画家的习气，让画变得单纯明了的画法。可以说是不受传统绘画观和画法的约束的一种尝试。”

齐白石对瑞光的山水画评价极高。启功回忆自己与齐白石的交往时谈道：

> 一次谈到画山水，我请教学哪一家好，还问老先生自己学哪一家。老先生说：“山水只有大涤子（即石涛）画的（得）好。”我请教好在哪里？老先生说：“大涤子画的树最直，我画不到他那样。”我听着有些不明白，就问：“一点都没有弯曲处吗？”先生肯定地回答说：“一点都没有的。”我又问当今还有谁画的（得）好？先生说：“有一个瑞光和尚，一个吴熙曾（吴镜汀先生名熙曾），这两个人我最怕。瑞光画的树比我画的直，吴熙曾学大涤子的画我买过一张。”后来我问起吴先生，先生说确有一张画，是仿石涛的，在展览会上为齐先生买去。从这里可见齐先生如何认为“后生可畏”而加以鼓励的。但我自那时以后，很长时间，看到石涛的画，无论在人家壁上的，还是在印本书册上的，我都怀疑是假的。旁人问我的理由，我即提出“树不直”。[1]

齐白石认为瑞光画的树比自己还直，大概是对瑞光仿宋刻丝山水单纯的几何化倾向的肯定。他自己画树也常追求古拙之气，去掉圆转繁复的线条。齐白石在一件《临八大山水画稿》（图30）中，特意将原画弯曲的树干取直，还在旁加一行小字注明：“原木不佳，余为更稿，笔轻内未涂抹者是更稿也。”

1　启功：《浮光掠影看平生》，陕西师范大学出版社，2008，第11—12页。

图 30　临八大山水画稿　齐白石　托片　纸本水墨　纵 32cm　横 48.5cm　无年款　北京画院藏

齐白石对瑞光人物画的借鉴

除了山水、花卉，瑞光还擅画人物，日本京都国立博物馆藏有其《金刚经罗汉图》（图31），绘一红衣罗汉于菩提树下坐禅，款题："见寿者相。金刚经语。为须磨先生之属，即希雅正。己巳中秋雪盦瑞光。"此画与齐白石赠送给瑞光的铜镇尺（图32）构图极类似，只是菩提树的方向相反，瑞光的用笔稍弱，造型略散。1925年，瑞光临齐白石的《拈花微笑》（北京画院藏）（图33）送给齐白石。齐白石的原画（图34）亦藏于北京画院，两相对比，还是存在相当距离。"拈花微笑"来自《大梵天王问佛决疑经》："尔时大梵天王即引若干眷属来奉献世尊于金婆罗华，各各顶礼佛足，退坐一面。尔时世尊即拈奉献金色婆罗华，瞬目扬眉，示诸大众，默然毋措。有迦叶破颜微笑。""拈花微笑"包含两层意思：一是对禅理有了透彻的理解，二是彼此默契、心领神会、心意相通、心心相印。在齐白石笔下，佛祖着红袍趺坐于蒲团之上，衣纹用线圆转沉着，虽寥寥数笔，但全落在人体结构之上，加上深浅变化的设色，非常明晰地交代出体积与转折关系，显出极强的造型功力。佛祖面部刻画尤其精彩：脸形方中带圆，下巴丰腴，长耳垂肩，螺发卷须，双眉舒展，慈目上扬，嘴唇微抿而笑意微现，神情静穆而庄严。蒲团后有一香炉，一缕青烟如线，更加衬托出佛祖内心的宁静。瑞光之画则改为着赭袍，衣纹用线略显犹豫，甚至左右肩不相对称，衣袖的用笔更显平面化、概念化，面部用线纤弱稚嫩，说明瑞光的人物画造型能力较弱。由于纸张尺寸比例所限，未临画蒲团和香炉，更是削弱了情境的营造。尽管如此，齐白石仍在画上题跋以示鼓励："画山水者昔人释道济，画花卉者今人吴俊卿。二家乃古今独绝，雪盦禅师皆能肖。此拈花佛访（仿）余本，其笔画似俊卿，老手把笔作石鼓字，苍劲超群。犹谦谦不足，愿及余门，是余与佛有缘也。乙

图 31　金刚经罗汉图　瑞光　轴　纸本设色　纵 103.3cm　横 50.6cm　无年款　日本京都国立博物馆藏

图 32　菩提达摩图铜镇尺　齐白石　纵 31cm　横 8.4cm　厚 0.7cm　1924 年　见周继烈主编《民国刻铜文房珍赏》

左：图 33　临白石画佛　瑞光　轴　纸本设色　纵 127cm　横 33.5cm　1925 年　北京画院藏
右：图 34　拈花微笑　齐白石　轴　纸本设色　纵 67cm　横 34cm　无年款　北京画院藏

丑九月廿又八日白石山翁记藏。”

虽然瑞光的人物画基础有限，但齐白石仍能从瑞光的人物画中受到启发，略加改动，作为自己的素材入画。他曾多次仿瑞光的《大涤子作画图》(图35)。北京画院就收藏了四件，最早的一件作于1923年秋。款题：

下笔怜公太苦辛，古今空绝别无人。
修来清净华严佛，尚有尘寰未了因。

释瑞光画大涤子作画图，乞题词，余喜之，临其大意。癸亥秋白石山翁并题。

有礼疏狂即上乘，瑞光能事欲无能。
画人恐被人为画，君是他年可画僧。

此诗乃题雪广和尚画大涤子作画图第二首。此幅为和尚见之欲余为赠补书此诗，和尚两正何如。心出家僧璜。

他在1929秋八月的《大涤子作画图》(北京画院藏)上题跋道：

余门人释雪厂画大涤子作画图，呈于余，余喜之，遂存其稿，略为更改，他日裱褙成幅可矣。已巳秋八月齐璜。

从这两件《大涤子作画图》的僧人侧身而坐，俯身趺坐于案几前作画，身体用线极简，只用两三根浓重的圆弧形线条勾画出大致轮廓，复以淡墨调花青染出结构层次，其形象略类齐白石为瑞光所作的《不二草堂图》中的僧人形象，难怪齐白石会题诗道：“画人恐被人为画，君是他年可画僧”。这个辛苦作画的僧人形象，既是大涤子，亦是瑞光。在《石涛作画图》(图36)中，齐白石又将这一画稿深化，虽仍是侧坐，

图 35　大涤子作画图　齐白石　轴　纸本设色　纵 87.5cm　横 48cm　1923 年　北京画院藏

但露出侧面容貌，案几上砚台、画碟、笔洗一应俱全，僧袍仅以线勾勒，与案几的灰色形成对比，让观者的视线自然聚焦于画笔，造型更为洗练。可见齐白石对于此画不断琢磨深化的过程。

齐白石常画身着红袍，慢摇折扇的钟馗（图37），其中一幅题跋道："乌纱破帽大红袍，举步安闲扇慢摇。人笑终南钟进士，鬼符文字价谁高。此新诗也。门人释瑞光于旧瓷器上所画之稿更大，余为略改变，画存之。三百石印富翁并记。"另一幅题跋道："门人僧瑞光见古瓷器有钟馗像，放大画之呈于余，余略为改定，另画小幅与之。此乃画第二幅，自存其稿也。老年人目之所见，无不虚心。三百石印富翁记。"原来这也是瑞光从古瓷器中得到的画稿，齐白石加以修改而成。

图36　石涛作画图　齐白石　镜心　纸本设色　纵26.5cm　横33cm　无年款　北京画院藏

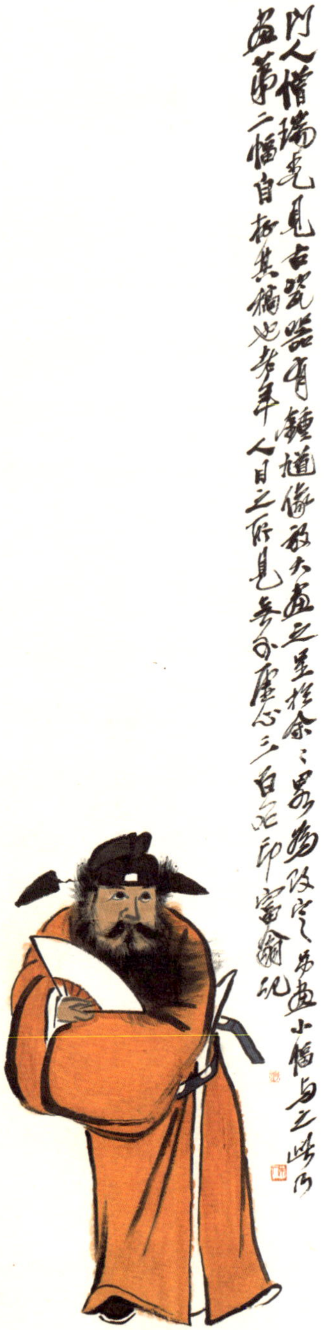

图 37　钟馗　齐白石　轴　纸本设色　纵 133.5cm　横 34cm　无年款　北京画院藏

结语

在众多齐白石弟子中，瑞光早享画名；在齐白石画风遭遇冷眼之时，瑞光却钦佩和支持他的独创精神；当其他弟子多随齐白石学习篆刻或花鸟画时，瑞光却对齐白石自视甚高却不被世人认可的山水画和人物画用力甚勤，且互相启发借鉴，教学相长，在画理画论上多有讨论，因此，瑞光也成为齐白石最得意的弟子。齐白石曾对齐良迟说，瑞光是陈师曾之后在艺术上对他有所帮助的第二人，可惜陈师曾逝于1923年，享年47岁，瑞光逝于1932年，享年55岁，皆不永年。[1]难怪瑞光去世时，齐白石会如此伤心，甚至心生息肩之想。

本文写作过程中得到沈宁、郑雪峰两位老师的指点和高克非先生的帮助，特别致谢！

吕晓系北京画院理论研究部主任、研究员

1 齐良迟口述，卢节整理《父亲齐白石和我的艺术生涯》，海潮出版社，1993，第66页。

我近刻之印于上比去年他自可作十金又其走竹中留
一个金石后颇来一佛以作完新草东借他日当作甘坐
然去年求补篆颇美
信 廿二日附吾行之信一通内有可如附笺写黄业成第五
跋 廿六日 所言十幅○余尝读渔洋先生句云一丈人
比大言相推余以为工于技艺者更有春马猫梅郎兰
芳不出门来学书画时即有此嗜好且能文能工书
画美近来功力以道日有进境此幅摹罗瘿公
书哉美人图案如山先得之如此珍藏且宗
说余所赞跋非姓事者余将必欲借梅郎再临摹
非无梅郎图如山先识余后来常再见一月姚玉
芙娄者约余去的梅郎先至余入门梅郎

幸有梅郎識姓名

齐白石、梅兰芳交游略考

◎ 民国后生

齐白石与梅兰芳

齐白石年长梅兰芳 31 岁，性格敏感而孤傲，老来北漂，大器晚成。梅郎则温文尔雅，年少成名，众星捧月。“齐梅之交”之所以成为美谈，得益于梅兰芳喜好书画，谦虚好学又善于交际，以及“梅党”[1]的促成。齐白石则算不上戏迷，初到京城卖画，需要结交人脉，恰被梅郎之人格魅力和社会地位所折服。

二人从 1920 年开始交往，高峰期是 1920—1923 年和 1949—1957 年，以 1920 年为最，主要物证是梅兰芳上款的齐白石书画。粗略统计，目前可知的梅氏旧藏的白石书画不少于 38 件（套）[2]，约 69 幅，主要来源是齐白石赠送、他人赠送、梅兰芳购藏。其中，有其上款者占多半数，约半数以上藏于梅兰芳纪念馆（以下简称梅馆），余者散落民间或下落不明。另外，齐白石还曾为梅兰芳刻印不少于六方，此文暂不展开，仅举一例，《齐白石手批师生印集》中有一枚白文的“梅澜”（笔者注：梅兰芳的谱名），白石批文：“此刻纯似汉人所刻，无甚味”。另外，还有多件白石书画涉及梅兰芳，不再详述。

1 梅兰芳的智囊团，主要有冯耿光、李释戡、齐如山、许伯明、冯耿光、罗瘿公、黄秋岳等。

2 册页、条屏、合作、题跋等均以一件（套）计算。

另外，梅兰芳也是一位画家，书画是其重要的消遣方式和交际手段。他曾拜白石为师，但鲜有如何学画的记录。从多处文字资料显示，梅曾赠齐书画，以及齐曾向梅求字求画，如他曾致信“梅党”要人齐如山：

璜（笔者注：齐白石的名）曾请代求畹华（笔者注：梅兰芳的字）之画，去纸久矣，恐伊忘却，今请代催一催，如何？

此信无年款，从书风看或为20世纪20年代中后期所书。但是，包括齐白石资料的主要收藏地北京画院在内，尚未见到任何梅所赠齐的书画实物或图片等资料，疑是之前被集中保存，之后集体散落。

虽然“齐梅之交”早已传为佳话，但数十年来有关二人的交游研究，或扑朔迷离，或张冠李戴，或子虚乌有，究其主要原因有三：其一，研究文章多在二人成名之后写成，作者怀抱“大师崇拜”的情怀而展开，难免“感情用事”；其二，“始作俑者”是由梅兰芳口述、许姬传主笔的《舞台生活四十年·第三集》（下文皆简称《舞台·三集》）和由齐白石口述、张次溪执笔的《白石老人自传》，多处细节二者说法不一，比如何时相识，前者说：

我虽然早就认识白石先生，但跟他学画却在1920年的秋天。

后者说：

我跟梅兰芳认识，就是那一年（1920）的下半年。

又因《舞台·三集》面世较晚，从多处细节可推测，有“抄袭”《白石老人自传》之嫌，但自传中所载，又别于白石20世纪20年代的日记、诗草等文献；其三，二人相识37年，因个人变迁、世事动荡，曾出现长期交往空白，即造成了资料丢失以及前后事件的错位。因此，拙文将通过挖掘原始材料，对二人的交游进行简要梳理、考证，差池和不足之处敬请方家指正。

前缀玉轩时代

缀玉轩是梅兰芳在1932年春迁沪之前，京中梅府的一间屋名，约于1918年由“梅党”另一要人李释戡所赐。此为其书画中最常用的斋号，也是梅兰芳和梅府的代称，齐、梅的初见就在此地，姑且将二人未见时的交集称之为“前缀玉轩时代”。

刘女梅郎皆未是

梅兰芳走进齐白石的视野，初见于齐氏1917年的《萍翁诗草》。此年，齐山人为卖画谋生，来京探路，并结交了多位京中名士，其中的易顺鼎、罗瘿公、罗复堪、陈半丁、王瑶卿以及恩人樊樊山等人皆与梅兰芳熟识。是年秋，他为樊氏作《闭门听雨图》，《萍翁诗草》中即有《题闭门听雨图并序》，有句云：

> 不独今无听戏人，瑶卿沦落叫天死。
> 若论声色俱绝伦，刘女梅郎皆未是。

此时，“伶界大王”老生谭鑫培（小叫天）刚刚去世，旦角领袖王瑶卿因倒仓而退居，齐白石为之叹然，但认为当红的伶人刘女喜奎和梅郎兰芳均非声色绝伦。此诗记于《萍翁诗草》，不知何时，他将后两句用红笔圈去（图1）。但在之后的自订本《老萍诗草》中，齐白石重录了《题闭门听雨图》全诗，而在录完后又将上诗四句全部圈掉，且将此画的时间改为戊午（1918）秋，或是1917年先有诗及序文，

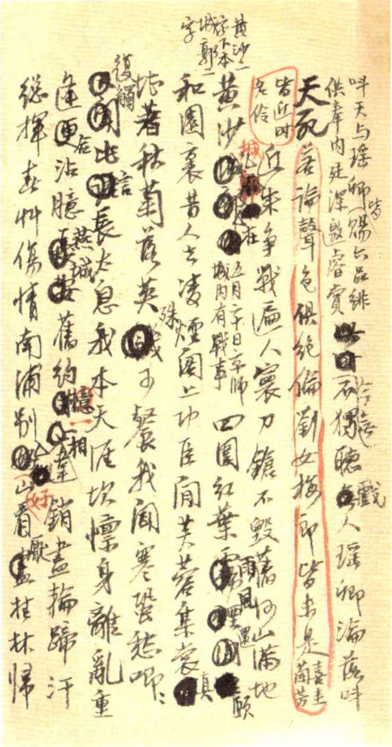

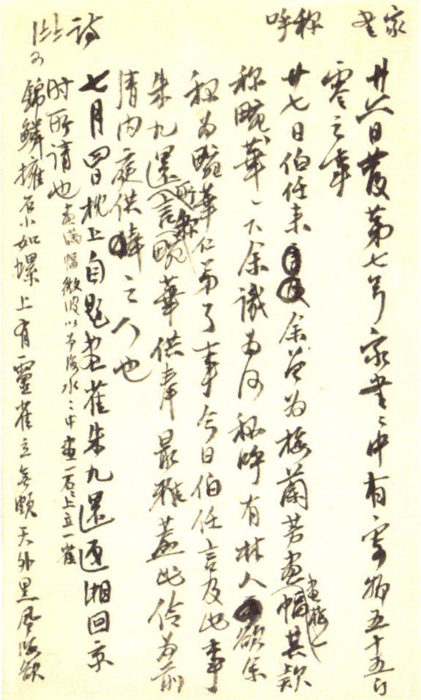

上：图 1 《萍翁诗草》第 4 页　齐白石　北京画院藏

下：图 3 《己未日记》第 14 页　齐白石　北京画院藏

1918 年画方成，究竟如何，暂不考证。

罗瘿公代求墨梅，齐如山后来居上

1917 年，齐白石是否看过梅郎的戏暂不可知。1918 年，他于避居家乡，1919 年三进京华。此年，梅 25 岁，功成名就，齐 56 岁，正式北漂。梅馆就收藏一幅 1919 年六月中旬白石所作《墨梅》（图 2），拟渠师尹和伯笔意，用冬心体题字，款称“畹华仁弟”。此画在其 1919 年的《己未日记》（图 3）中有载：

> 廿七日，伯任来。余曾为梅兰芳画梅一幅，其款称畹华，畹华下余识为何称呼？有邻人欲余称为“畹华仁弟”了事。今日，伯任言及此事，朱九还所言称“畹华供奉”最雅，盖此伶为前清内廷供奉之人也。

其中，他纠结于对梅伶的称谓。

另外，多位学者将此画视为二人订交的信物，其实不然。事实上，此画乃“梅党”中人代求，而罗瘿公的可能性最大。当时，“梅党”正在全面包装梅伶，为其向文人士大夫代求诗文书画，提升其社会地位和交际范围便是一个重要手段，主理人是瘿公和齐如山。1919 年前后，罗氏就曾向徐悲鸿、黄宾虹、郑孝胥、康有为、朱祖谋等人为梅郎代求书画多件，如徐悲鸿所画的梅兰芳戏装像《天女散花》即由其促成。而在此时，“二齐”尚不认识。北京市文物公司旧藏的一套齐白石作《花鸟四屏》曾于此年七月被齐如山购买，他曾委托瘿公代请白石在画上再题数语。而起码在 1917 年，齐、罗已经相识，并多次诗文唱和、书画往来，北京画院即藏有多件此年二人往来作品。1919 年，刚到京后的三月廿日，齐白石还与瘿公、樊山等人举行了

图 2　墨梅　齐白石　轴　纸本墨笔　纵 84cm　横 31cm　1919 年　梅兰芳纪念馆藏

丁香诗会。至于齐、梅的初见，将在下文《初访缀玉轩前后》中说明。

在齐白石画此幅《墨梅》之前，梅兰芳刚刚首赴日本演出，誉满归来。临行前，“梅党”策划了名曰“缀玉轩话别”的践行宴，并由名宿林琴南作《缀玉轩话别图》长卷，名流林长民题引首，卷后先后有数十位军政文艺界的显贵题诗、签名，而在卷尾，“湘潭齐璜白石山翁”的字迹赫然在目。此为何时所签尚不可考，或为某次做客缀玉轩时应邀而题。

虽然罗瘿公是“齐梅之交”的第一位代理人，但齐如山却是之后二人往来的重要桥梁。如山小白石 12 岁，生于簪缨世家，曾留学欧洲，归国后全力辅佐梅兰芳，主要负责编剧、宣传。己未（1919）七月，他通过罗瘿公结识了齐白石，齐曾在 1920 年八月廿三日题梅兰芳的《摹罗瘿公行书放翁梅花诗》中言：“梅郎因如山兄识余”。他又于 1920 年六月中旬题赠齐如山的《紫藤蜻蜓》中言：“如山宗兄先生曾与余不相识即喜余画，见之于厂肆之画即购之，可谓知余者。”或因感怀如山宗兄的知遇之恩，或因同宗之谊，二人相见恨晚，在齐、梅交往的早期，齐如山至关重要。

初访缀玉轩

1920年，梅兰芳四赴沪上演出，名利双收，且和海上画坛领袖吴昌硕的关系更稔。沪上之行结束后，他又应晚清状元、实业家张謇之请辗转南通奏艺，随后又应皖系军阀头目倪嗣冲之请赴蚌埠演出……此年，不到30岁的梅郎住在位于北芦草园由两座四合院打通的大院子，并买下了无量大人胡同的一座由七个院落打通的大宅子。

而此时，年近六旬的齐白石四进京华，因战事和居住问题，携妻妾子孙，频繁搬家。

"假八大"

1920年七月廿一日，齐白石的《庚申日记》中记载：

> 梅兰芳曾求余画，见过一面，是日也来姚家。

何时"见过一面"呢？梅馆现藏的齐白石《菊雀图》（图4）给出了答案。此画款题：

> 浣华[1]仁弟壁间悬一小帧，乃八大山人画雀，以为伪本。余因画此赠之，他日必有人曰：此白石山人真本也。庚申六月廿四日，白石山人并记。

1 梅兰芳的另一个字。

图4　菊雀图　齐白石　轴　纸本墨笔　纵 42cm　横 28cm　1920 年　梅兰芳纪念馆藏
图5　葡萄藤蜻蜓　齐白石　轴　纸本设色　纵 170cm　横 47cm　无年款　梅兰芳纪念馆藏

从中可知，庚申六月廿四日，齐白石初访位于前门外北芦草园的缀玉轩，见梅家所挂的八大山人之画，以为伪作，或应兰芳之请，或为证明自己，现场作此幅八大风格的《菊雀图》，粗石一块斜出于画幅右上，一只寒雀立于其颠，冷眼看天，两束秋菊直立画中，皆用水墨寥寥数笔画成。而此时的齐白石，画风即偏向八大山人冷逸一路，其自传中曾言，除陈师曾以外，京中知音甚少，画价是别人的一半，也鲜有问津者。

此日的初访，齐白石并未有文字记载，当天的日记中只有自作诗《望云》，有句云：我已中年万事休。那么，是谁带他拜访梅老板的呢？齐如山，且看下文。

齐如山代梅求画，陈师曾求画赠梅

此年，梅兰芳已经大红大紫，日夜忙于演出，罗瘿公已将精力转移到了新秀程砚秋身上，所以齐、梅之间的代理人便成了齐如山。

在齐白石六月廿四日初访缀玉轩之前，至少还为浣华作过两幅画，其一便是齐如山代求。梅馆另藏有齐白石画《葡萄藤蜻蜓》（图5），从两次落款可知是临时题赠，原题言作画心得，第二次题曰：

> 此幅自藏两月，因世乱未曾与人，六月中始赠浣华仁弟法正，兄齐璜同在燕京。

此画未书年款，仅言作于“六月中”，但根据“因世乱未曾与人”，或可寻找线索。一、收藏于中国美术馆的齐白石赠朱悟园的《墨竹》中题：“庚申五月廿五日，燕京又有战争”；二、齐白石的《庚申日记》中记载：“六月初四日，闻某军大败离京，城北不数里打仗，京城内外绝无枪案，虽有恐防之心，到底不愧福地也。”由此推测，此幅《葡萄藤蜻蜓》或作于1920年，而代理人应是齐如山，这从一幅“如山宗兄先生”上款的齐白石画《紫藤蜻蜓》[1]中或可得到印证。在画题中，白石山翁奉齐如山为知己云云，感而赠之。可惜此作亦无年款，但尺寸、画风、题款等皆与“浣华仁弟”上款一幅相似，且前画原题中“……余画藤不学前人”与后者落款中“此藤人多不喜……”意趣相符，当为同时所作。

如果说罗瘿公和齐如山是“梅党”骨干，陈师曾则是超级“梅粉”。他既是齐白石的伯乐，又是梅兰芳的书画老师。齐白石在访问缀玉轩之前，为梅所作的另一幅画则为陈师曾赠送。有一把传为梅的秘书许姬传旧藏的花果双面成扇[2]，乃师曾、白石于1920年合作。此扇一面为陈氏画各色百合，未题字，仅钤名章。或是应师曾之请，齐白石在另面画寿桃、荔枝、枇杷，热闹非凡，款题“庚申六月二十日，为浣华仁弟画”。此画和“六月中”所画是否有所关联，暂不考证。题外，1919年，陈师曾就曾画扇面赠梅郎，另面为樊樊山题字。

以上两画不同的是，齐如山代求之画，或是受梅兰芳委托而为，即由梅老板付润而得，陈师曾一幅，或是求画赠梅。

1 王大山主编《齐白石画海外珍藏》，荣宝斋（香港）有限公司，1994。
2 私人收藏。

都是牵牛花惹的祸

梅兰芳喜欢养花，尤喜牵牛花。此花别名朝颜，晨开午败，若要赏花，必须早起。梅郎植此，既为观赏，又为督促起床。1919 年，他赴日演出，带回了新鲜品种后兴趣更浓，所植品种繁多，且花冠大如碗口。“梅党”和伶界同人都纷纷效仿，且以此花为题定期雅集，樊樊山、罗瘿公、姚茫父、陈师曾、金城、胡适等名流都曾以梅家的牵牛花为题赋诗、作画，其中以齐白石成就最大。而在“齐梅之交”的过程中，此花为媒，既增进了感情，提升了牵牛花的美术史地位，又给白石老人新添了诸多烦恼。

齐如山代求牵牛花

1920 年，梅兰芳的生活繁忙而富足，而齐白石因子、孙的考学、住房、卖画、应酬等事忙碌着。七月九日，他把家搬到了象坊桥的观音寺，这是此年的第五个住所。但是，此庙佛事繁忙，佛号声晨夕不绝于耳，不足一月他又被迫搬离。入住后的第三天，在嘈杂、闷热的新居，齐白石作《牵牛花》（图 6）并题：

> 浣华仁弟尝种牵牛花数百本，余画此赠之，其趣味校所种者，何如？庚申七月十二日，时借象坊桥观音寺居焉，尘情不生，挥汗并记。白石。

其中，齐白石幽默地说：“我画的牵牛花和梅家所种，哪个更有

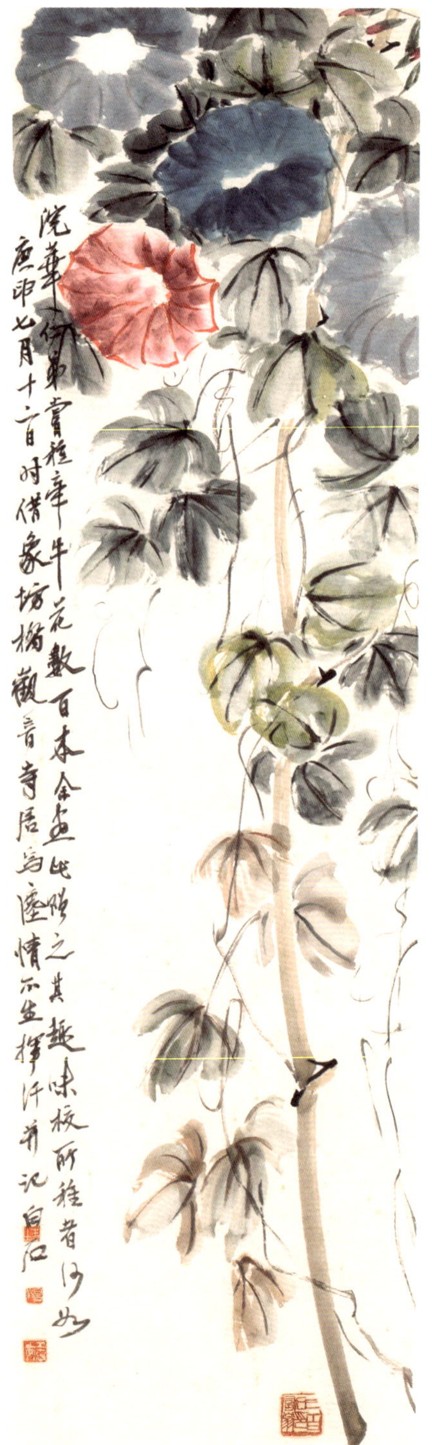

图 6　牵牛花　齐白石　轴　纸本设色　纵 35cm　横 12cm　1920 年　梅兰芳纪念馆藏

趣味呢？”从此可知，他在六月廿四日初访缀玉轩时观赏了此花，“曾求余写真藏之”，即应“浣华仁弟”之请，为画此花。而齐白石在七月廿一日的日记中说，之前只和梅兰芳见过一次，所以此画应是他人代求。代求者何人？香港著名收藏家杨永德旧藏的一幅“如山同宗大兄”上款的齐白石作《牵牛花》[1]给出了答案。此画款题：

如山同宗大兄之雅，请正之。庚申七月中，惊定画此。弟白石四过都门。

一幅“七月十二日”，一幅“七月中”，时间近似；或因新居嘈杂，再加暑热，所以一幅“尘情不生，挥汗并记”，一幅“惊定画此”，情景相似；而且，两画的风格、题字等近乎一致。由此推测，经齐如山之手，齐白石同时作此二画。

一桩疑案的案发时间

齐白石曾画《牵牛花》数十上百，有一幅最为特别，造就了一桩美术史疑案件。此作现为私人收藏，尺幅巨大，款题：

京华伶界梅兰芳尝种牵牛花万种，其花大者过于椀（碗），曾求余写真藏之。姚华见之以为怪，诽之。兰芳出活本与观，花大过于画本，姚华大惭，以为少所见也。白石。

其中的“曾求余写真藏之”，或为上文所言七月十二日所作。而“姚华见之以为怪，诽之”，即姚茫父曾戏谑齐白石所画得牵牛花花冠太

1　1995年秋，中国嘉德《杨永德藏齐白石书画专场》。

大。此事大伤齐白石的小心肝，二人曾有多次笔战，如下文《草虫苦我》中所言，辛酉（1921）三月廿八日，齐对姚颇有微词。此案虽无定论，但已有多位学者论断，拙文不再赘述，而因无年款，仅试图分析其“案发时间”。

姚华之所以“见之以为怪”，即他未到过梅家，不曾观赏此花。从他于1920年八月廿四日在梅兰芳的书法上的题跋中可知，是日应罗瘿公、罗复堪之请，与凌文渊同访缀玉轩，此前与梅郎已有八九年未见。因此，当“兰芳出活本与观”的时间最早应是此日，之后“姚华大惭”，齐白石才算挽回颜面。又因九月廿四日，姚、齐同时参加了在缀玉轩举办的梅兰芳的生日会，并与众画家合作赠梅，定为次日似乎更为准确。所以，齐白石作此幅《牵牛花》的时间在九月廿四日之后。而看到此画后，姚华作诗《齐白石自题画本见嘲，赋此解之》，有句云：碗大牵牛不耐看，为将古事记梅澜。即花口太大不耐看，却拿着梅兰芳作挡箭牌。此诗作于1921年，即此幅《牵牛花》作于1920年九月廿四至1921年姚氏成诗之前。

当然，以上仅是粗略推断，有待更多史料的挖掘。事实上，二人的过节并不深，仅限于特定的时间，此文暂不赘言。

大观钱大变碗大

齐白石自从观赏了梅兰芳家的牵牛花后，再画花口即如碗大，但文字语言学家、齐白石研究专家黎锦熙曾有按语：

> 白石自言：梅家种牵牛花百种，花有极大者，巨观也，从此始画此花。

张次溪执笔的《白石老人自传》中描写1920年初访缀玉轩时

也说："从此我也画上了此花"。两处所言，即齐白石见了梅家所植的牵牛花后才开始画此花。事实上这并不准确，齐白石在另一幅《牵牛花》中就给出了答案：

> 牵牛花最大者，惟（唯）梅郎家最多。余从来画此花，大不过大观钱大，自过梅家画此大花，犹以为小也。梅郎，伶界之兰芳。

即他在见到梅家的牵牛花之前，所画的花冠只有"大观"铜钱大小，之后变如碗大，但仍觉得小，其中或还隐藏着"姚华诽之"的伤痕。

此画无年款，款署"寄萍堂病叟"，这在齐氏的作品中实属罕见，或推测作于1925年。这一年，年过花甲的齐白石大病一场，数日不省人事，清醒后月余方能坐起，此画或为病愈后所作。另据《白石老人自传》记载，此年梅兰芳拜其为师，可惜并无详细记载。

此外，在齐白石的诗文、书画中，还有多处涉及梅郎家的牵牛花，不再一一赘述。

婚礼风波

“齐梅之交”，最著名的事件莫过于在某次宴会上，齐白石无人理睬，梅兰芳雪中送炭，白石感慨道：幸有梅郎识姓名。齐白石不仅将此记在了日记里，之后还曾数次提起。多年来，此事被演化为多个版本，细节不一，真实情况如何呢？

编造的《雪中送炭图》

1920 年七月廿一日，当红京剧名旦姚玉芙与“通天教主”、梅兰芳的老师王瑶卿的堂妹王瑁卿在京举行婚礼，齐白石应邀出席。

姚小梅两岁，既是搭档，又秘书。其学识要高梅许多，不仅是梅的代笔人，还是书画发烧友，与京津书画名家多有往来，到沪演出时亦曾狂热地向吴昌硕、郑孝胥等人求字求画，但与齐白石尚不相识，所以借婚礼之故向齐白石发出邀请。参加一场京中娱乐圈一线明星的婚礼，对于布衣出身、不善交际且初到京华的齐山人而言，尴尬在所难免。

此日，齐白石第二次见到梅兰芳，他在 1920 年的《庚申日记》中说（图 7）：

> 廿一日，伶人姚玉芙先以书来约余喜筵，余与伊不曾相识。有人云，伊必想君画也。余如其言，是日果去。梅兰芳曾求余画，见过一面，是日也来姚家。见余，认识为齐先生。归途得一绝句：记得先朝享太平，草衣尊贵动公卿。如今燕市无人识，且喜梅澜呼姓名。

日记所载较简，而齐白石在归途中感而赋诗，认为在前朝还能过上惊动公卿的生活，如今却沦落燕京。此诗之后又被修改，且被定名为《逢梅兰芳》。可疑的是，“齐先生”并未记录在婚礼上有何尴尬经历。关于此事，齐、梅的口述回忆录中均有记载。由张次溪执笔、白石口述的《白石老人自传》中载：

> 有一次，我到一个大官家去应酬，满座都是阔人，他们看我衣服穿得平常，又无熟友周旋，谁都不来理睬。我窘了半天，自悔不该贸然而来，讨此没趣。想不到兰芳来了，对我很恭敬的（地）寒喧（暄）了一阵，座客大为惊讶，才有人来和我敷衍，我的面子，总算圆了回来。事后，我很经意的（地）画了一幅《雪中送炭图》，送给兰芳，题了一诗，有句说：“而今沦落长安市，幸有梅郎识姓名。”势利场中的炎凉世态，是既可笑又可恨的。

由梅兰芳的秘书许姬传主笔的《舞台·三集》中载：

> 在有一处堂会上看见白石先生走进来，没人招待他，我迎上去把他搀到前排坐下，大家看见我招呼一位老头子，衣服又穿得那么朴素，不知是什么来头，都注意着我们。有人问：“这是谁？”我故意把嗓子提高一点说：“这是名画家齐白石先生，是我的老师。”

显然，《白石老人自传》中所言去“大官家”应酬，纯属编造。事实上，当时的齐白石在京城文艺圈已有一定知名度，且与多位可能参加婚宴的名流熟稔，即便有窘色，也不至于无人周旋或受人无视。

至于齐、梅见面的情景，两家所言都不准确，下文再论。而梅兰芳雪中送炭，自传中称齐白石曾作《雪中送炭图》相报。此言值得怀疑。“雪中送炭”属于命题创作，在齐氏的创作生涯中，此类作品多会数易其稿，并在之后数年里被多次“复制”，但除其自传外，从未见其他任何记载。这或为晚年的齐白石在“忆苦时添油加醋”，或是张次溪顺势捏造。而所谓“如今燕市无人识”，多因齐氏自身性格所致，正如他所刻印“吾狐也”的边款中所言：

> 吾生性多疑，是吾所短，刊此自嘲。（图8）

再“题”伤心事

1920年初夏，梅兰芳南下演出归京，名利双收，“梅党”忙于对其进一步包装，书画便是良媒。因京津地区兵乱，他们便在中山公园策划了一场由王瑶卿、时慧宝、梅兰芳等名伶组成的“伶界书画慈善会”，名流樊樊山、罗瘿公、陈师曾等人皆鼎力支持。当然，梅兰芳一生忠于慈善事业，此次也并非作秀。

与此同时，一场“书法秀”开始了，即梅兰芳“临摹”[1]了一幅罗瘿公的书法，然后遍请京沪名家题跋。此作归齐如山所有，在其主导下，先后有易顺鼎、樊增祥、张謇、金城、姚华、陈师曾、曾熙、陈半丁等28位书画名家的30次题跋。八月廿三日，应同宗如山之请，齐白石长题：

> 余尝读渔洋先生句云：文人从古善相轻。余以为工于技艺者更有甚焉，独梅郎兰芳不然，闻未学书画时即有此嗜好，且能交游工书善画之流。近来致力此道，日有进境，此幅摹罗瘿公书，几欲乱真矣。余同宗得之，如此珍藏且索诸名流题跋，非好事者。余将亦欲倩梅郎再临赠我也。梅郎因如山兄识余，后未尝再见。一日，姚玉芙娶妇，以书约余喜酌。梅郎先至，余入门，梅郎呼曰：齐先生至矣！余于归途戏作句云：记得先朝享太平，布衣尊贵动

1　此作并非梅兰芳所书，实为罗瘿公代劳。

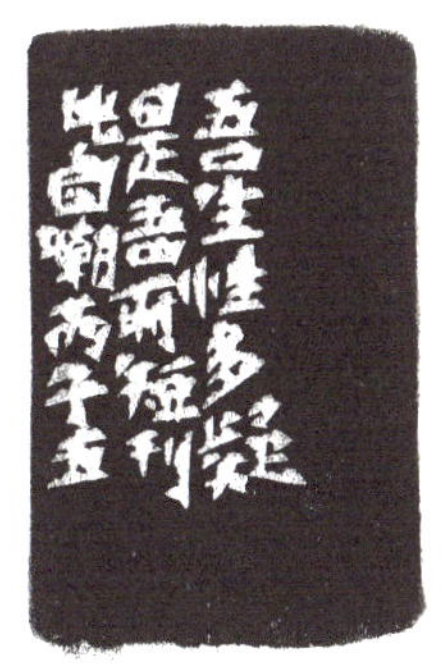

上：图 7 《庚申日记》第 14 页　齐白石　北京画院藏

下：图 8　吾狐也　齐白石　白文　青田　纵 4cm　横 2.4cm　高 3.6cm　1936 年　北京画院藏

公卿。如今沦落长安市,幸有梅郎呼姓名。梅郎知余沦落而不相轻,尚能记得有齐先生,可感也。如山兄索跋,因及之。八月廿三日白石。

以上分两层意思:一、齐白石人认为“工于技艺者”更会文人相轻,而梅郎除外,且盛赞其书法,言:“余将亦欲倩梅郎再临赠我也”。但是,目前尚未见到梅之所赠,仅见齐白石旧藏的此作珂罗版(图9);二、再提月前在姚玉芙婚礼上的遭遇,并言:“梅郎先至,余入门,梅郎呼曰:齐先生至矣”。由此可知,当日情景并非因衣着朴素而遭人无视,而是梅老板先到,见其入门便起身迎接。因有巨星的推介,众人纷纷附和,齐白石顿觉身处名利场中,梅之为人,可见一斑。齐白石重题了《逢梅兰芳》,说是“归途戏作”,较七月廿一日的日记所载,措辞略有改动,如将“梅澜”改为“梅郎”。

八月廿四日,齐白石的日记中记载:“姚玉芙来,谢余赠画。”或是赴婚宴时曾以画祝贺,或是之后又为姚作画。八月廿八日,他又将以上跋原文录于日记,但此事并未结束。

另外,梅兰芳所临书法,内容为陆游的梅花诗:

折得梅花强[1]满颜,文书堆案正如山。输君一觉倏然梦,长在清泉白石间。

巧合的是,首句对梅兰芳,次句对齐如山,末句对齐白石。

1 原诗为“愧”字。

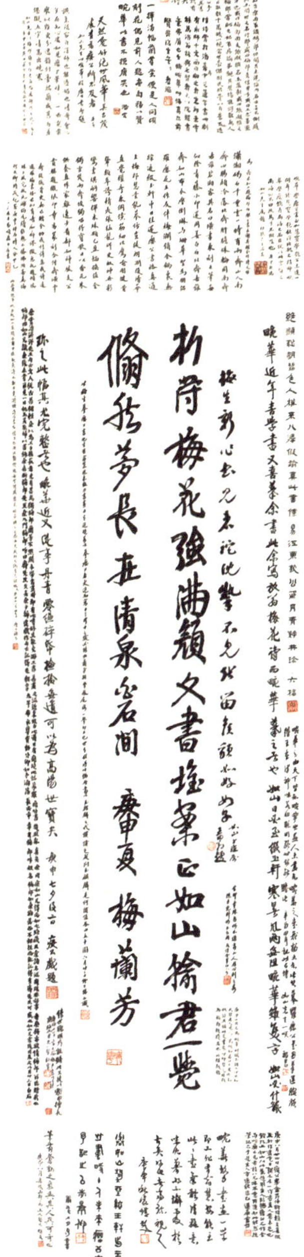

图 9　摹罗瘿公行书放翁梅花诗　梅兰芳　轴　纸本　珂罗版　纵 169.5cm　横 43cm　1920 年　北京画院藏

再访缀玉轩：人为知己，死也呵呵

1920年十一月初，齐白石从北京回到了湘潭老家，他在日记中补记：

> 庚申秋九月，梅兰芳倩家如山约余缀玉轩闲话，余知兰芳近事于画，往焉。笑求余画虫与观，余诺，兰芳欣然磨墨理纸。观余画毕，歌一曲报之。余虽不知音律，闻其声悲壮凄清，乐极生感，请止之，即别去。明日赠以此诗：京华无怪众相轻，口不能夸儿可憎。不忘梅澜欣理纸，再为磨就墨三升。

此处所言，即在同宗如山的陪同下，返乡前齐白石第二次拜访了缀玉轩。在当天的日记中，他只记了"得子贞家书，言宝珠事"，次日又记"发家书，言宝珠事情"，或因家事纷扰，归乡心切，无心记此。

顷画两幅

或是梅兰芳看到了齐先生在八月廿三日的题跋，便委托军师齐如山邀其到缀玉轩做客，这一天是庚申（1920）九月廿日。据《白石老人自传》中言，在座的还有教梅郎画梅的汪蔼士[1]和诗词老师李释戡。

是日，梅演唱，齐作画二画，其一是《豆角蟋蟀》（图10），繁复

1　此时尚未教梅兰芳作画。

的豆角藤占去了大半画幅，并添蟋蟀两只，用冬心体题曰：

> 畹华弟为人之善，樊山老人已常言之矣。余喜其能删势利心事，且不厌老且顽者，余因有句云：记得先朝享太平，布衣尊贵动公卿。如今沦落长安市，幸有梅郎识姓名。近来作画大进，一日，约余往看，因索余画此与观。客中笔砚虽极精良，未必合手。畹弟欣然理纸，情不可辞，随意一挥而成，畹弟他日名家，必不见此幅笑我老来腕大也。画将完，玉芙弟来，余尤乐极，故详细记之。只是畹弟喜余小字，余虽以为苦，然人为知者，死也呵呵。庚申九月二十日，小兄白石翁。

其中，齐白石三提"婚礼风波"，并幽默地说"玉芙弟来，余尤乐极，故详细记之"，可见已经释怀。此外，齐白石一是关注畹华弟的学画情况；二是觉得梅家的笔砚虽好，但自己用着并不顺手，而梅郎理纸磨墨，侍候周到，因喜其小字，所以情不可辞，长篇题跋，自谓"人为知者，死也呵呵"。

也许是逐渐适应了缀玉轩的气氛，齐白石的画兴渐浓，"顷画二幅"，即《芙蓉蜻蜓》（图 11），一朵芙蓉，两片叶子，三只蜻蜓，亦用冬心体题：

> 庚申九月中，余将还湘。一日，家如山兄来，自言畹华仁弟画工大进，偕余往观，同来缀玉轩。畹弟喜且索余虫与观，余见笔砚精良，顷画二幅。畹弟正之，兄白石。

此时，齐白石只谈"笔砚精良"，不再提"未必合手"。

左：图 10　豆角蟋蟀　齐白石　轴　纸本设色　纵 137cm　横 37cm　1920 年　梅兰芳纪念馆藏
右：图 11　芙蓉蜻蜓　齐白石　轴　纸本设色　纵 135cm　横 28.5cm　1920 年　梅兰芳纪念馆藏

唱戏、赠诗新考

有关这次拜访,《白石老人自传》和《舞台·三集》中均有记载,但多有出入。比如,后者说当天所画是“草虫鱼虾”册页,而前者未记。事实上,此时的齐白石因画草虫在京中小有名气,是日,梅兰芳便请齐白石画为示范。所以,在以上二竖幅中均有草虫,此文暂不展开说明,以下就双方均有明确记载的两点做以分析:

其一,当天,梅郎所唱之戏说法不一。白石日记中言“闻其声悲壮凄清,乐极生感,请止之,即别去”,这与其自传中所言的《贵妃醉酒》并不匹配,而与《舞台·三集》中所记《刺汤》及齐白石所言“你把雪艳娘满腔怨愤的心情唱出来了”相吻合;

其二,次日,齐赠梅之诗有两个版本。1920年的《庚申日记》中记为一首:

京华无怪众相轻,口不能夸儿可憎。
不忘梅澜欣理纸,再为磨就墨三升。

《白石老人自传》(1962年出版)中未记载,而《舞台·三集》(1981年出版)和张次溪著《齐白石的一生》(1989年出版)中则变成了另外两首:

飞尘十丈暗燕京,缀玉轩中气独清。
难得善才看作画,殷勤磨就墨三升。
西风飕飕袅荒烟,正是京华秋暮天。
今日相逢闻此曲,他年君是李龟年。

数量、内容均不一，这又为何？

究其源头，后两首源于1933年出版的《白石诗草·二集》，和《庚申日记》版相比，齐白石将原来的一首内容加以细化变为两首，诗前小序则未变，而前诗之后从未再提及。《舞台·三集》和《齐白石的一生》成书较晚，应参考了《白石诗草·二集》。修订后，齐白石对梅兰芳的评价，已经从1917年的“若论声色俱绝伦，刘女梅郎皆未是”变成了“今日相逢闻此曲，他年君是李龟年”。此前，他亦曾赞美梅的老师王瑶卿：“今日听歌人散尽，世间重见李龟年”。二十多年后，他又赞美梅的弟子李毓芳：“四十年来弹指间，京华又见女龟年”。

三访缀玉轩：最后一个作画

1920 年九月廿四日，在齐白石二访缀玉轩后的第四日，是梅兰芳的 26 岁生日，他应邀参加。是日，与会者还有齐如山、李释戡、凌文渊、姚茫父、王梦白、陈师曾、罗瘿公、罗复堪等，白石年长。

画龙“点睛”？

酒过三巡，诸位合作了一幅花鸟竖幅，凌文渊画枇杷，姚茫父作蔷薇、樱桃，王梦白添画眉，陈师曾写竹石，齐白石补蜂，最后由罗瘿公落款，款题“庚申九月廿四日，畹华生日也”。此作现藏梅馆，从多张 20 世纪 40 年代的旧照中可见，曾悬挂于梅花诗屋（图 12）[1]。此事在《舞台·三集》中曾详细记载：

> 一九二四年，我三十岁生日，我的这几位老师就合作了一张画，送给我作为纪念。这张画是在我家的书房里合画的。第一个下笔的是凌植友先生，他画的一株枇杷，占去了相当大的篇幅，姚茫父先生接着画了蔷薇、樱桃，陈师曾先生画上了竹子、山石，梦白先生就在山石上画了一只八哥。最后，轮到了齐白石先生。这张画基本完成，似乎没有什么添补的必要了，他想了一下，就拿起笔对着那只张开嘴的八哥，画了一只小蜜蜂，这只蜜蜂就成了八哥觅食攫捕的对象，看去特别能传神，大家都喝彩称赞。这只

1 梅兰芳寓居上海时的书斋。

图12　20世纪40年代中期梅兰芳摄于上海，墙上所挂为1920年众画家合作的《花鸟草虫》　梅兰芳纪念馆提供

图13　花卉长卷　凌文渊、姚华、陈师曾、王云、齐白石合作　卷　纸本设色　纵40cm　横247cm　1920年　梅兰芳纪念馆藏

蜜蜂,真有画龙点睛之妙。它使这幅画更显得生气栩栩。画好之后,使这幅画的布局、意境都变化了。像白石先生虽然只画上了一只小小的蜜蜂,却对我研究舞台画面的对称很有参考价值。

以上有一个明显错误,即此画作于1920年,而非1924年。另外,齐白石最后一个动笔,补蜂后众人喝彩,当时情景未必如此。《舞台·三集》出版时,齐大师早已名满天下且作古多年,而作者并非亲历者,或是听说,或"看图说话",必然会以动情的文字描写的画龙点睛之妙。当日在场者,除齐、姚外,余者皆缀玉轩常客,且姚茫父早已名满京华,齐白石则相对默默无闻,个中情景,不难想象。

事实上,当日众画师还合作了一幅花卉长卷(图13),罗瘿公在画首题诗,其堂弟罗复堪在画尾题记,齐白石依旧是最后作画。

端方旧湘妃,山人作双蝶

另外,在梅兰芳旧藏的书画中,还有一把齐白石所作的《双蝶》成扇应与此次生日有关。此扇今已流向市场,其中仅画两只兼工带写

的墨笔飞蝶，并题诗两首：

一双蛱蝶遽遽至，犹恐相逢是梦中。
知我生平非酷吏，故人相赠只清风。
慈禧供奉红颜老，湘绮门墙白发新。
珍重前朝双画手，齐山人与缪夫人。

1920 年，诗人樊樊山为提携齐白石，在其所画的草虫册页上题跋，白石便画《双蝶》扇面报答。因时世动荡，樊氏所藏扇画皆荡然无存，睹扇感怀，遂赋此二诗回赠，并把齐白石与慈禧太后的御用画师缪嘉蕙并列为“国手”。

但是，此扇的重心不在扇画，而在扇骨。扇子另一面有罗瘿公的题记，从中可知此乃晚清重臣端方旧藏的湘妃竹巧雕扇骨，“梅党”要人李释戡曾以“饼金四十”购得，梅郎见而爱之，李允诺待梅生日时相赠。所以，此帧《双蝶》是齐白石应李释戡之请而作，落款中也不再称“仁弟”，而是“词史”，盖因此时梅郎正随李氏学习诗词。

可惜此作无年款，或从罗瘿公的题字中可以推断。罗氏去世于 1924 年梅兰芳的生日之前，而 1923 年生日时，他正陪程砚秋在沪演出，1922 年，梅郎正在港演出，遂缩至 1920—1921 年。又因齐白石参加了 1920 年的庆生会，以及当时罗氏另题多件梅郎的书画寿礼，所以作于 1920 年的概率较大。

草虫苦我

因为耆宿樊樊山的推举，齐白石所画草虫声名远播。从1920年开始，他所作的各类草虫颇多，日记中也多次记载：

> 余十八年前为虫写照，得七八只，今年带来京师，请樊樊山先生题记，由此人皆见之，所求者无不求画此数虫。

“梅党”中人罗瘿公、齐如山、李释戡等人也都曾求画草虫册页，梅兰芳自然不会例外，两次求画，代理人依旧是齐如山。但当第二次看到某君画后，“脆弱”的齐白石又开始“自讨苦吃”了。

如山代求草虫册，白石携孙访梅郎

1921年二月初三夜，齐白石从湖南老家返回了北京，此即五入都门。未几日，“家如山兄”便登门替梅兰芳求画草虫册页。此册页现有八开，今存北京市文物公司，其中两开题款较为有趣（图14）：

> 余素不能作细笔画，至老五入都门，忽一时皆以为老萍（齐白石斋名寄萍堂，尝称老萍。）能画草虫，求者皆以草虫苦我。所求者十之八九为吾友也，后之人见笑，笑其求者何如？白石惭愧。
>
> 辛酉春二月，忽一日，家如山兄来寄萍堂出此纸，自言索画兼工小画册以赠浣华。浣华弟一笑，如山兄一笑。夏六月，白石翁并记。

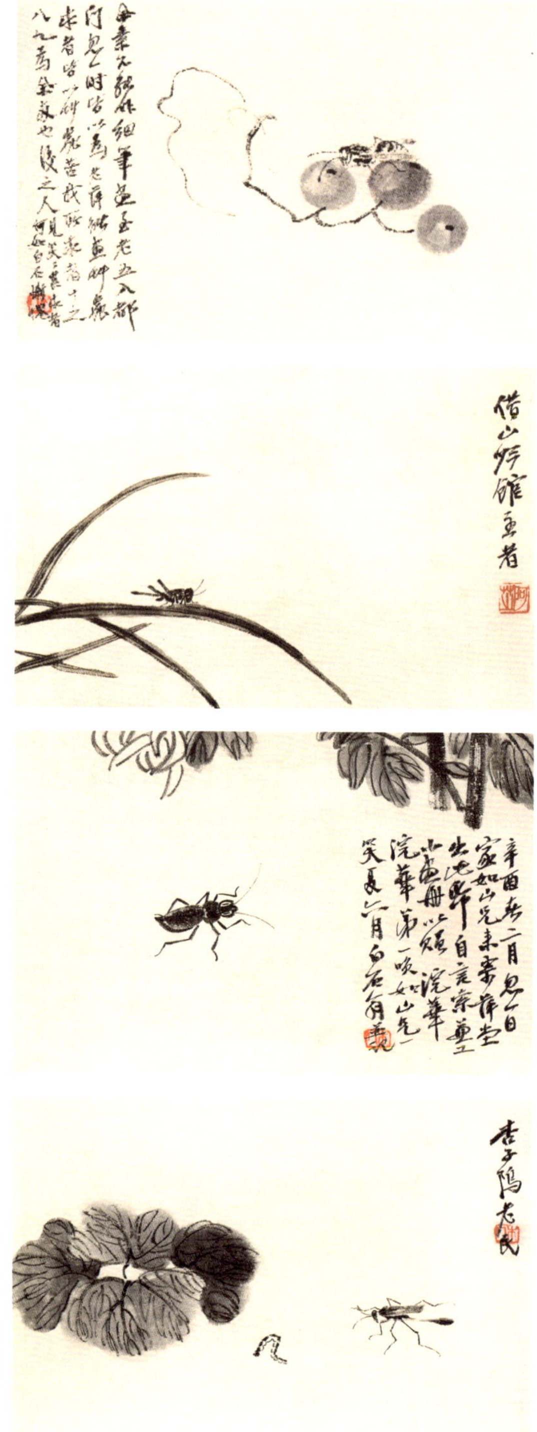

图14　草虫册页八开选四　齐白石　册页　纸本墨笔　每幅纵13cm　横19cm　1921年　北京市文物公司藏

此册是二月所求，直到六月才完成，其间，齐白石应“梅党”之邀至少看了两次戏：第一次是二月廿四日，应齐如山之请看梅郎演出，《白石杂作》中记载：

> 齐如山约余携贞儿观梅兰芳演剧。余携贞儿先往前门外北芦草园梅郎家，如山竟先至。梅郎求余画石榴中幅，观画者姚玉芙、姜妙香。画后往东安市场×[1]园。是日，杨小楼亦登台，伶界人物已观止矣。贞儿虽不觉临缀玉轩为幽境，说与居于北京之士大夫，以为如登天堂，凡夫不可到也。

当日，在梅郎的邀请下，齐白石在缀玉轩作石榴中幅，并借贞儿之口表达光临缀玉轩时的荣幸之感，想象京中士大夫也未必能到此作客。此幅《石榴》原作今已不知踪迹，但在一张梅兰芳、齐如山、罗瘿公于缀玉轩的合影中，梅郎背后所挂《石榴》乃齐氏画风，且为中等尺寸，或为此画（图 15）；

第二次看戏是三月廿四日，应罗瘿公之请看程砚秋演出，《白石杂作》中记载：

> 罗瘿公约余往鲜鱼口华乐苑看程艳秋[2]演《奇双会》，艳秋为梅兰芳之徒，真不负一时“双美”也。

其中，齐白石称赞梅、程为“双美”，心情佳好，异于他时。

1 此处在日记中为空白。
2 1932 年元旦，程艳秋改名程砚秋，此文中统一用后者。

图 15　梅兰芳（左一）和齐如山（左二）、罗瘿公（左三）在缀玉轩合影

四题《蟋蟀图》，重画与畹华

齐白石为梅兰芳所画的草虫册页尚未完成，三月廿八日，“吾家如山兄”又登白石寄萍堂，代梅请在《贽菊图册》上作画。此册为梅兰芳和福芝芳婚前的爱情信物，由罗瘿公策划，册中已有姚茫父、王梦白、陈师曾之画，前二者为齐白石不喜之人，见后顿生纠结。一番思索后，他只能遵嘱作画，画了八只墨笔蟋蟀后题字：

生平不画小笔，此册小，幸畹华能知。辛酉三月齐璜。

此言先入为主，话里有话，望畹华能知其苦衷。或觉意犹未尽，他又在对页长题了一段日前为友人画虫时所作的“虫子哲学”：

余尝看儿辈养虫，小者为蟋蟀，各有赋性。有善斗者而无人使，终不见其能；有未斗之先张牙鼓翅，交口不敢再来者；有一味只能鸣者；有缘其雌一怒而斗者；有斗后触雌须即舍命而跳逃者。大者乃蟋蟀之类，非蟋蟀种族，既不善斗，又不能鸣，眼大可憎。有一种生于庖厨之下者，终身饱食，不出庖厨之门。此大略也，若尽述，非丈二之纸不能毕。白石又记。

此段文字似乎在托物言志，指桑骂槐，没有丈二大的纸不能尽述，可谓用心良苦。或觉指向性太强，齐白石便在所画蟋蟀之上第三次题字：

一日，正作大幅画，忽闻扣（叩）门，乃吾家如山兄携梅郎此册索画，余见姚茫父画菊有旧法，却未敢下笔，此强为之也，白石又。

此言一出，豁然开朗——对姚茫父有微词。此事在上文《都是牵牛花惹的祸》中已言明，即姚曾嘲笑齐所画的牵牛花花冠太大，所以今见姚氏画菊，齐白石矫情道："姚茫父画菊有旧法，却未敢下笔，强为之也。"以上两段题字言辞明褒暗贬，齐白石终究觉不称己意，索性第四次题跋，将此画送给了齐如山：

余所记虫之大略，一时之兴，录昨日为友人画虫之记，录后似不宜，恐同侪诸君以为余骂人，遂于册子上取下此一叶，另画一纸与畹华可也。此一叶与家如山兄哂收得之矣，不置诸同侪册子之后，与同侪无关也。白石又记。

此时，齐白石为梅兰芳另作一画，特别叮嘱原画"不置诸同侪册子之后，与同侪无关也"。《蟋蟀图》一波三折，可谓"草虫苦我"。

以上二、三、四次题跋的顺序未必如实，仅为推断。此作后被画家唐云收藏，今已流向市场，而《赀菊图册》今亦流于市面，从中可知齐白石又画了一幅写意《墨菊》，清淡野逸，颇有与姚氏所作高贵富丽的菊花试比高之嫌。《墨菊》上题：

一日，正为人作大幅，忽见此册中有姚公茫父画，多古趣，近代人所不为者，令人于小纸上不能下笔矣。白石又记。

此时，齐白石将《蟋蟀图》中的“姚茫父画菊有旧法”改为“姚公茫父画多古趣”，委婉而恭敬。但落款中“白石又记”之“又”做何解释？原来，此册中另有王梦白所作设色菊花，此人放荡不羁，亦曾伤害过齐山人，所以他在王画一册题曰：

闻此一页乃王君梦白画，钩墨填色皆古趣，若假作邹小山画者，悬诸厂肆，或者可卖现银百元。人世之所好者，大多如是。辛酉三月廿八日，白石老人题记，时与王君同居京华。

其中，白石老人用调侃的口吻说王梦白的画若是落上邹一桂[1]的款，或许能卖一百个银圆。白石又言：“人世之所好者，大多如是”，意味深长。

1　清代宫廷画家。

梅家有喜

齐白石以卖画为生，且早期润格平平，梅兰芳爱画且有购画的习惯，目前虽无明确证据，但在梅兰芳旧藏的白石老人书画中，不论有无上款，多数应是付润所得，但有一种情况应该例外，即梅家有喜时齐白石所送之画及酒后的即兴之作。

弄璋之喜

梅兰芳和原配王明华结婚多年，所生均夭折。1921 年十月，在罗瘿公等人的撮合下，他迎娶了名伶福芝芳。次年闰七月初四，梅家便有弄璋之喜，众人纷以诗文书画祝贺，齐白石也不例外。

而这年仲春，齐白石就曾到访缀玉轩，见隔年蕉叶活色犹存，归而赋诗、作画。暮春，陈师曾、金城将其画带至日本销售一空，一时“海国都知老画家”。但之后，齐白石的生活便不平静了。三月下旬，他离京返乡，五月中旬返京后将家搬到了三道栅栏，随后又返乡，六月廿日返京后，妻、妾、子、孙同时生病，尤其是 17 岁的孙子齐秉灵病情较重，白石老人为之心力交瘁。之后，孙儿返乡，他又于八月廿二日回乡探望。

而从梅家七月初四诞子到齐白石八月廿二日离京，他的日记中关于家人生病占去大半，对梅家诞丁并无记载。不过，他曾作《红梅天竺》祝贺，今已流向市场，画中仅题“畹华弟得子，赠此志喜，壬戌白石时居京华三道栅栏”，并未写明月、日，或是应邀赴宴时持赠。

八月的某日，梅兰芳以得子为由，在缀玉轩宴请众位画师。菜过

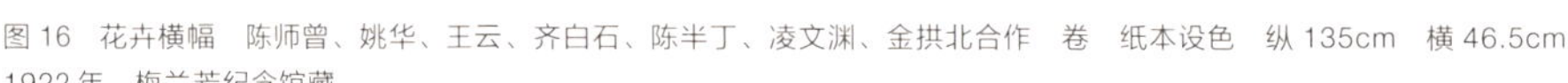

图 16　花卉横幅　陈师曾、姚华、王云、齐白石、陈半丁、凌文渊、金拱北合作　卷　纸本设色　纵 135cm　横 46.5cm　1922 年　梅兰芳纪念馆藏

五味，众人开始挥毫。此次由齐白石开笔，画秋海棠，之后姚茫父画菊、王梦白画紫薇、陈半丁画芙蓉、陈师曾画白芙蓉、金城画凤仙、凌文渊画金瓜，最后由陈师曾题款记事（图 16）。目前，市场上另有一把齐白石在此年秋八月因畹华得子而作的《葫芦草虫》成扇，寥寥数笔，或在宴中即兴所作。

不幸的是，齐白石的劳顿并未能保全孙子的性命，同病相怜，梅、福的长子也一岁即夭。

“三联寿”

1923 年，梅兰芳家先后三人办寿，齐白石赠画最多。先是三月初三，梅兰芳的祖母 84[1] 岁生日，梅家大摆筵席，参加的书画家有罗

1　梅祖母 84 岁、伯母 60 岁均为文献中所记，并非实龄，兰芳 30 岁，实 29 岁。

瘿公、陈半丁、凌文渊、方子易、姚茫父、王梦白等。酒过三巡，众画家开始挥毫，今梅馆尚存当日所作八条屏和六条屏花卉，齐白石作《荷花》《紫藤》各一，且在《紫藤》一幅中题字“醉后制此”（图17），较为少见。当日，齐白石应持画前去祝寿，今不可知，仅为推测。

之后是三月廿一日，梅兰芳兼祧两房之伯母、著名琴师梅雨田之妻胡氏六十大寿。齐白石所赠的寿礼是一幅大尺幅的山水《海日图》（图18），最上方画一轮红日，中间烟波浩渺的海水占据三分之二画面，底部是墨笔山石、青松，并有题诗：

> 我昔偷来王母桃，啖之能称不老翁。
> 今日持山为君寿，海天初日映潮红。

此作既精且大，堪称此际的经典力作。

再到九月廿四日，梅兰芳30岁生日，盛况空前，所收书画贺礼

图 17　紫藤　齐白石　轴　纸本设色　纵 132.5cm　横 37cm　1923 年　梅兰芳纪念馆藏

不胜枚举，为一生之最。当日，凡是能书会画者，多在缀玉轩大显身手，《余绍宋日记》中便记载了是日众人挥毫的情景，颇为不屑。今存齐白石所作窄条长幅水墨《双松》（图 19），两棵松树顶天立地，松针寥寥，草草逸笔，应是当日临场之作。再次推测，齐白石在赴宴时，亦应带去一画。

但是，齐白石的知己、梅兰芳的书画老师陈师曾于月前去世，所以宴会上，齐、梅皆为之泫然。

此外，本年齐、梅至少还有两次交集：第一次是在梅伯母寿辰后的一个多月，梅兰芳、齐白石、陈半丁、金城等人在某处雅集，各为畹华作水墨竖幅，三画尺寸、纸质皆同，今均藏梅馆。齐白石信手画《水墨天竺》，并题诗。惜此作无年款，亦无钤印，但从陈、金二氏之作中可知是四月二十日；另一次是在仲冬，梅兰芳正在沪上献艺，在京的齐如山为之代求《荷花四条屏》（图 20）。今还可见如山上款的齐氏荷花四条屏。在此前后几年里，齐白石曾在荷花生日之际画荷百幅，托物言说苦衷。

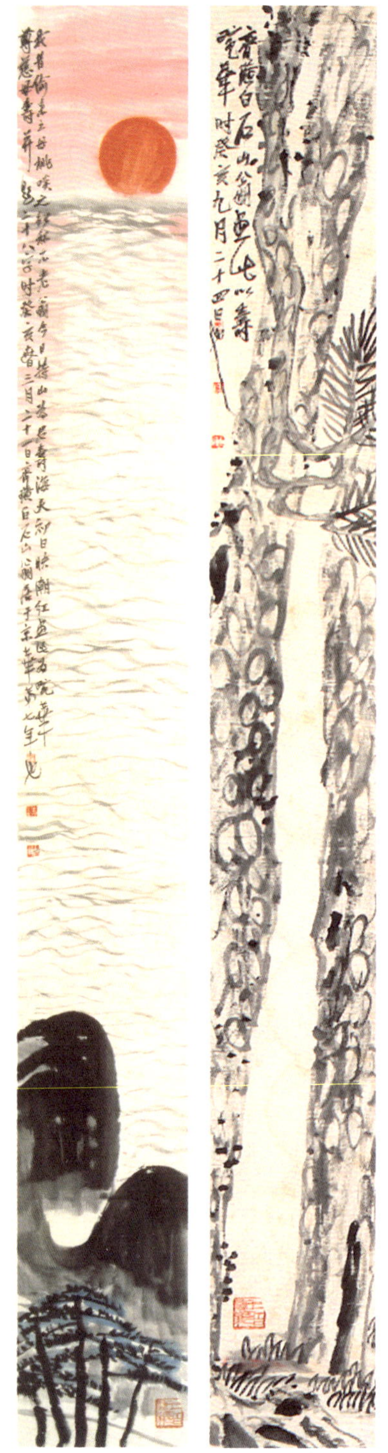

左：图 18　海日图　齐白石　轴　纸本设色　纵 180cm　横 21cm　1923 年　梅兰芳纪念馆藏
右：图 19　双松　齐白石　轴　纸本墨笔　纵 168cm　横 20cm　1923 年　梅兰芳纪念馆藏

图 20　荷花四条屏　齐白石　条屏　纸本设色　每幅纵 138cm　横 34cm　1923 年　梅兰芳纪念馆藏

十四年来两见面

1920—1923 年是齐白石和梅兰芳交往的高峰期。约始于 1923 年岁末，二人的往来急剧减少，如在缀玉轩留影者众多，独不见齐氏踪影，白石也曾有诗曰："百本牵牛花碗大，三年无梦到梅家"。

1924 年，仅见三月十八日应梅郎之邀，白石作蔬菜册页四开，款称畹华"画友"，为目前仅见。该册中另有姚茫父、邵章、罗复堪、汪蔼士等作品。（图 21）《白石老人自传》中言，1925 年梅拜其为师云云，此外无更多记载。

直到 1936 年秋，暂未发现明确的交游的记录，何以至此原因种种：一则，梅府逐渐成了政府以外的"小外交部"，经常接见使节、政要、影星等名流，同时，画家们的雅集逐渐减少，白石山翁不善交际，故有意回避；再则，梅老板经常有夜戏，晚睡晚起，而齐山人则日出而作，日落而息；三则，梅府常备文房以便来宾随时挥写，老画家习惯于先打腹稿，斟酌后方可下笔，不擅"急就章"，亦有意回避；四则，老画师以卖画为生，逐渐稳定，业务增多，少暇于此。当然，还多种原因，不再列举。

情不容辞画兰草，玉簪花扇寄相思

1932 年春，因诸多原因，梅兰芳举家迁沪，齐白石仍居京卖画。直到 1936 年秋，梅首次返京，在京津地区演出两月余。此时，恰逢齐白石从蜀地省亲归来，第九日，应邀画《墨兰》册页十开，今存梅馆，其中一开题：

图 21　蔬果册页　梅兰芳　纸本设色　每幅纵 15cm　横 24cm　1924 年　梅兰芳纪念馆藏

昔人画兰皆似韭，予不愿为，畹华弟属作，不容辞。

白石老人认为前人所画兰草多似韭菜，自己也不愿意画，因畹华弟嘱作，情不容辞。也许在梅兰芳走后，他又检出一张早年画好两只飞蛾的条幅，添补墨兰自存。此作今藏荣宝斋藏，画中题字：

予不画兰花，因梅畹华索予画十册页后遂画此幅，白石山翁。

此时一别，直到 1946 年沪上短暂相逢，二人十年未见。抗战爆发后，世事动乱，齐白石在京深居简出，梅兰芳则于 1938 年避居香港，辍演数年。1939 年夏天，齐白石为之作《玉簪花》扇，用淡墨勾出白色的玉簪花，配以数片绿叶，两只工笔草虫点缀其间，恬淡而平静，款题："兰芳仁弟拂暑，己卯夏白石挥汗"。款题兰芳者实属少见，今仅另见 1955 年所作一幅，余者皆称畹华、浣华。此扇如何交付无明确记载，而梅夫人福芝芳本年曾赴京办事，之后赴港，或由其带去。收到老师的画扇后的某日，梅兰芳在另面抄录了明末清初诗人钱谦益的《奉常王烟客先生见示西田园记，寄题十二绝句》中的四首，字迹工整，笔力稚嫩，原本是要"书为"某君，但另行未再写，而是落款"兰芳学书自玩"。此扇今已流落市场，从附属资料中美籍华人、中国书画专家王方宇的题跋中可知，曾为美籍华人、中国书画收藏家王季迁之女王娴歌旧藏，题跋上并钤有齐为梅所刻白文姓名印两枚——兰芳、梅兰芳印。

五十称寿，师徒赠画

几经周折，1942 年仲夏，梅兰芳回到上海，因形势尚不明朗，依旧辍演。

次年九月廿四日，梅兰芳50岁。一因辍演多年，经济拮据，再因国难当头，心情复杂，他无心过寿，奈何亲朋师友、南北弟子纷纷要求，只好为之。这是他自1923年以来最为隆重的生日。是日，绘画老师汤定之、京剧老师王瑶卿、甲午同庚会的庚兄汪亚尘、晚清遗老陈夔龙、"梅党"要员李释戡等纷纷以诗文书画祝贺，其间，最珍贵者莫过于弟子李世芳所送之白石老人作《益寿延年》和老师齐白石画赠之《多寿大利》，二作均在梅馆。此时，齐、梅已经七年未见。

此年，李世芳22岁，被誉为"小梅兰芳"，新婚宴尔，新娘是姚玉芙之女。23年前，齐白石曾在姚氏的婚礼上遭受"冷落"而赋诗"幸有梅郎识姓名"。《延年益寿》（图22）一画中，五朵菊花配以两朵待放的花骨朵，均用朱砂画成，修长的绿叶菊枝依偎在四支墨笔竹竿上，并篆书"延年益寿"，右下角钤"人长寿"大印，配以长文记事：

> 世芳小友一日来借山馆，索吾画为其师畹华博士五十寿。畹华乃吾之画弟也，即欣然把笔一挥，知畹华一笑，故人犹健也。观画者韩君星久、段子立弟、毓芳弟凡三人。时癸未八月，八十三岁白石老人齐璜居京华第二十七年。

齐白石用"欣然把笔一挥"向梅兰芳告知自己的身体状况。而其中的"毓芳弟"即李毓芳，此时随白石老人学画，也是梅门弟子，她曾与梅师合影，背后即齐老师所画的《牵牛花》。张次溪在《齐白石的一生》中说他曾于1943年元宵后一日访白石老人，李毓芳同在，白石说，梅兰芳留着胡子，不再唱戏了，目前青衣的后起之秀，男的要推张君秋，女的要数李毓芳。书中并言李毓芳也将赴沪，齐师为其作《藤萝》及全篆字幅各一。此二作是否为梅寿贺礼暂不可知，但如今，篆书字幅尚在[1]，与《延年益寿》均署“癸未秋八月”，应是同日所求，所以张次溪所言“元宵后一日”或为“中秋后一日”之误。即便世芳、毓芳求画不同日，也应是前后几日。当日，齐白石亦为李世芳作篆书对联一副，今藏荣宝斋，联中将“世芳”二字嵌入，题款中并兼及梅兰芳。

李世芳、李毓芳所求之画，应是付润而作。而作为梅兰芳的书画老师和故交，齐白石另作《多寿大利》（图 23）祝寿，墨笔画篮子，内置三个寿桃，篮把上挂荔枝一束八颗，亦篆书“多寿大利”，落款：“畹华弟五十岁，八十三岁白石画此寿之，癸未秋由燕寄海上”。

梅兰芳看到老师的画后作何表现呢？当年的《游艺画刊》上曾刊文《梅兰芳绘梅，回赠齐白石画师》：

> 梅兰芳五十整寿，李世芳以老画师齐白石绘五朵红菊为梅祝寿，梅当时得此，视如珍宝，曾向世芳表示本人亦将画梅花一幅还赠齐翁。日前，世芳由上海北归，当将此画携回转齐，并有梅氏亲笔函一件，对齐前次绘赠之画，表示谢意，此画此函，世芳业已转交齐氏矣。又，世芳为深造国画，经人怂恿，有从齐氏学画之意。

其中，仅提到了李世芳所赠之画，而梅兰芳回赠老师的《梅花》及书信今不见踪迹。

抗战胜利后，梅兰芳恢复了演出。1946 年秋，白石老人应邀到南京举办画展，之后，应海上名流杜月笙、孔祥熙、梅兰芳等人之请，画展移至沪上。此间，梅曾邀请老人看戏，并在谢幕时专为老师谢幕一次。老人在沪的画展销售一空，梅兰芳理当捧场，但暂无证据。不过，

1 李毓芳纪念筹委会编《梅韵流芳：李毓芳从事京剧艺术七十年纪念》，2002。

图 22　延年益寿　齐白石　轴　纸本设色　纵 138cm　横 33.5cm　1943 年　梅兰芳纪念馆藏

图 23　多寿大利　齐白石　轴　纸本设色　纵 98cm　横 43cm　1943 年　梅兰芳纪念馆藏

市场上流通着一幅此年白石老人为畹华所作《大富贵喜坚固》，瘦石上立一喜鹊，下画牡丹，篆书题名，落款“八十六岁”，即1946年。与此作同时出现的还有一幅老人所作榜书《无双》，惜无年款，从书风上判断应为此年所作。

1949以后的往来

齐、梅再次频繁往来从1949年开始，但涉及的书画并不多。这年夏，梅兰芳先是北上参加首届文代会，返沪后于秋天又北上参加开国大典等政治活动。据许姬传《邓宝珊请吃烤小猪》一文记载，在文代会期间，他和梅拜访了齐白石，老人在北海后门的庆林春饭馆设宴，梅问，近来还常作画吗？答曰，画，可惜没有人要。一年后，梅迁京，见老画师又忙碌起来了，求画送润者众多。

而在1949年留京期间，齐白石曾作《梅寿》（图24），全画用朱砂画梅花、绶带鸟，并篆画名，款题：“畹华仁弟双正”。梅花即指梅兰芳，绶带寓意生日，虽未署月款，可推测作于九月廿四日梅兰芳生日前后。此年，老人还题《白石老人小册》赠梅（图25）。

1950年以后，虽然同居北京，但梅兰芳的行政事务繁忙，二人往来有限，如今可知的有些交集，记载较为模糊，比如齐白石迷上了画鸽子，常常去梅家看观看；再如，梅兰芳曾说：“每年牵牛花开时，齐老师都要来看几回，他的银须在花丛中更显得白发红颜”，等等，细节均不可知。

1955年，由吴祖光导演，北影厂拍摄纪录片《梅兰芳的舞台艺术》，齐白石曾两次探班，并合影留念。初夏，吴导组织齐白石、陈半丁、汪蔼士三位老画家和梅兰芳到颐和园为纪录片的拍摄取景。而从之后的纪录片中可看到，梅家曾挂齐白石的《紫藤》，此画今已不见，以及1923年梅祖母寿辰时齐白石和众画家合作的花卉条屏。

图 24　梅寿　齐白石　轴　纸本设色　纵 136cm　横 36cm　1949 年　梅兰芳纪念馆藏

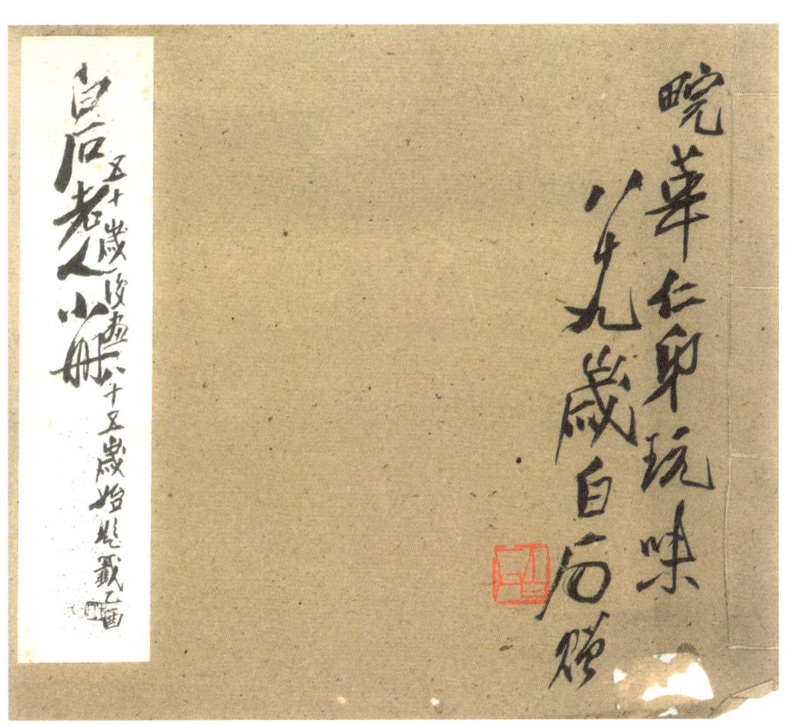

图 25　1949 年齐白石赠给梅兰芳的《白石老人小册》　梅兰芳纪念馆藏

同年，文化部为梅兰芳、周信芳举办“舞台生活五十年”纪念活动，应北京市文化局、文联之请，齐白石为梅兰芳作画，他在一幅旧作《枇杷》上二次题款“兰芳先生舞台生活五十年”（图 26）。此作或是老人为梅所作的最后一幅画。其中,不再称呼“仁弟”而是“先生”。至此或可发现，凡是他人付润求画赠兰芳者，齐对梅的称呼皆从买画人的立场出发,如 1920 或 1921 年,应诗人李释戡之请所作《双蝶图》扇面中称呼畹华“词友”；1943 年，应李世芳之情所作《延年益寿》中称呼畹华“博士”……

1957 年秋，梅兰芳到甘肃巡演，省长邓宝珊盛情招待，并朗诵了梅氏早已模糊的、齐白石 37 年前所作的《逢梅兰芳》。意外的是，白石老人去世的噩耗随之传来。

1961 年 8 月 8 日，梅兰芳去世。回首 1920 年六月廿四日齐、梅初见，当日即 8 月 8 日。

民国后生系自由撰稿人

图 26　枇杷　齐白石　轴　纸本设色　纵 103cm　横 34.5cm　梅兰芳纪念馆藏

少年为写山水照自娱岂欲世人称
我法何辞万口骂江南独有老徐
倾胆
君谓我心手出怪异鬼神使之
非人能最怜一口[illegible]万众使我衰
颜满汗淋白石山翁并题记于北
悲鸿此画自觉可惜以补空

江南倾胆独徐君

再议齐白石、徐悲鸿之交

◎华天雪

徐悲鸿与齐白石

每一个时代的画坛都少不了明星式的人物，围绕着他们，有影没影的或捕风捉影的，在事实基础上能“生产”出好多的演绎，仔细想想，其实就连美术史“正史”的书写也包含着大量的演绎内容，而且往往这部分内容又是最容易被记住并津津乐道的。

从文化发展的角度来说，民国时期堪称精彩，在这个新旧交替、中外交融的时代，旧标准失效，新标准尚未确立，给所有人一个各逞其才的舞台，各种角色，各种“戏码”，热闹之极，是真正的“百花齐放，百家争鸣”。民国的画坛也应运而生了众多明星，他们借由报章传媒和南北交通的助力，在画坛的整体活跃氛围中成功将自己经营得脱颖而出，成为闪耀于画坛的点点星光。

明星当然是指具有知名度，但类型大致有两种，一是靠演技靠实力，一是靠颜值靠炒作，画坛明星也不外这名实相符和名不副实两种。即便以明星人物之众多的民国画坛来说，齐白石和徐悲鸿也算得上是名实相符的实力型“大咖”级别的明星了，都属于盛名于当时，没有辜负自身才华之人。他们新闻出镜率高、作品销售多且稳定、学生多、声望高。可想而知，这样的两个人，交集在一起所产生的效应又会是怎样的吸引人。所以，从当时到现在，齐、徐的“故事”始终是人们乐于说道的，长盛不衰。本文之谈齐、徐关系，并非延续其后再重复那些老故事，而是意在尽量剥除那些漫溢出来的枝叶，谈一些相对确切的事实和关系，看看从相识到发展，齐白石、徐悲鸿这对著名的伙伴之交往究竟是怎样的。

相识：再说“草庐三请”及其前前后后

齐白石何时与徐悲鸿相识？白石老人自己的记述是不准确的。

《白石老人自述》在回忆 1920 年的经历时说：“经易蔚儒介绍，我和林琴南交成了朋友。同时我又认识了徐悲鸿、贺履之、朱悟园等人。”[1] 张次溪在《齐白石的一生》中也大致是这个说法，只是又添枝加叶道：“（1920）同时他又认识了徐悲鸿、贺履之、朱悟园等人，都是当时北京的画家，尤其是徐悲鸿，跟他最为投契。”[2] 但这一年，徐悲鸿已在法国留学，显然是搞错了时间，只是搞错的竟然是齐白石自己和最熟悉他的张次溪。

徐悲鸿于 1917 年 12 月到 1919 年 1 月 14 日第一次逗留北京[3]，虽然长达一年有余，但恰好从 1917 年 11 月 24 日到 1919 年 4 月，齐白石回到了家乡，完美错过了彼此相识的机会。之后直到 1927 年 9 月初是徐悲鸿的八年留学期，虽然其间在 1926 年 2—5 月有三个多月的归国探亲逗留，但也主要是活动在上海一带，没机会见到时在北京的齐白石。1927 年 9 月徐悲鸿回国后，身处北京和上海两地的齐、徐二人，他们相识只能是在徐悲鸿第二次来北平，即 1928 年 11 月中旬至 1929 年初徐悲鸿应李石曾之邀任北平大学艺术学院院长期间。吴作人在《追忆徐悲鸿先生》一文中所记徐悲鸿此行归来之谈话，可以作为旁证：“这次去北平，最大的收获是结识了几位很有艺术才能的画家，他们有坚实的绘画基础，也富有创新的精神，其中最重要的

---

1 齐白石口述，张次溪笔录《白石老人自述》，山东画报出版社，2000，第 118 页。
2 张次溪：《齐白石的一生》，人民美术出版社，1989，第 130 页
3 所用“北京”或“北平”之名，依当时名称。

一位是多才多艺的齐白石先生。”[1]

齐、徐相识时间基本已无太多疑义，而与“相识”紧密相连的1928年徐悲鸿三请齐白石任北平大学艺术学院教授一事，则很快成为艺坛的一段佳话，“生成”为一个“知识”！但研究者的说法有所不同，大致有两种，即林木认为没有徐悲鸿请齐白石任教的确切记载，而是早在1927年林风眠已邀齐至国立北平艺术专科学科任教了[2]；王震则认为徐悲鸿上任后确曾三访齐白石并聘其任艺术学院国画教授，而“林于1927年春虽邀过齐任教，但林于是年暑假辞职后，齐并未续任，才有1928年秋徐悲鸿三请齐白石的事”，而且“林风眠请齐任教虽是事实，但因年代久远，又没留下详细的资料也影响不大”[3]。

事实上，两种说法都有一定的偏差。在齐白石的《白石老人自述》中记有：“民国十六年，我六十五岁。北京有所专教作画和雕塑的学堂，是国立的，名称是艺术专门学校，校长林风眠，请我去教中国画。我自问是个乡巴佬出身，到洋学堂去当教习，一定不容易搞好的。起初，不敢答允，林校长和许多朋友，再三劝驾，无可奈何，只好答允去了，心里总多少有些别扭。想不到校长和同事们，都很看得起我，有一个法国籍的教师，名叫克利多，还对我说过：他到了东方以后，接触过的画家，不计其数，无论中国、日本、印度、南洋，画得使他满意的，我是头一个。他把我恭维得了不得，我真是受宠若惊了。学生们也都佩服我，逢到我上课，都是很专心地听我讲，看我画，我也就很高兴地教下去了。”[4]类似的话齐白石也曾跟齐良迟“唠家常”说起过：“我六十五岁那一年，我记得最清楚的，在西京畿道路的西边有一所玻璃顶房子的洋学堂，名字叫国立北京艺术专门学校，校长是林风眠。一

1 《徐悲鸿——回忆徐悲鸿专辑》，文史资料出版社，1983，第5—6页。

2 林木：《齐白石1927—1928年艺专任教考——对众说纷纭乱象的梳理》，载北京画院编《齐白石研究》（第四辑），广西美术出版社，2016。

3 王震编著《徐悲鸿年谱长编》，上海画报出版社，2006，第70页。

4 齐白石口述，张次溪笔录《白石老人自述》，第135—136页。

天，林校长到我家来，请我到他的这所洋学堂去当国画教席……我是不敢答应的。过了些日子，林校长又来请我。这次林校长讲了许多使我放心的话，称赞我的诗和画如何如何的好。当时，屋子里的朋友听了，也跟着劝我去。林校长这样恳切的心意，着实使得我不好再推辞了，也就答允了他。”[1] 对于林风眠的聘请，齐白石起初有顾虑是正常的，而得到校长、同事和学生的肯定和尊敬，他也是很愉快的。齐白石对此印象深刻，叙述得也详细、清楚，说明对其影响不可谓“不大”。只是所说的“再三劝驾”，不能确定究竟是几次。齐白石在《白石老人自述》中接着说：“广东搞出来的北伐军事，大获胜利，统一了中国，国民革命军到了北京，因为国都定在南京，把北京称作北平。艺术专门学校改称艺术学院，我的名义，也改称我教授。木匠当上了大学教授，跟十九年以前，铁匠张仲飏当上了湖南高等学堂的教务长，总算都是我们手艺人出身的一种佳话了。”[2] 由中专性质的艺专改为大学性质的艺术学院，连带由教习改称教授，是林风眠走后的事情了。从这一段话可以肯定，齐白石随着艺专的改制而成为“教授”这一事实，但他到底有没有“林辞职后他亦辞职”？如果没有，徐悲鸿何必要“三请”呢？

在《白石老人自述》中，对于徐悲鸿的“三请”，只字未提。但齐良迟在《白石老人艺术生涯片断》一文中曾转述齐白石的话说：“记得在我六十九岁时，徐院长亲自登门很多次，为我画了一幅油画像，那是一幅坐在椅子上的半身像，画得很了不起，象（像）得很……徐院长一定要聘我再去任教。咳！我是实在累得不得了，很想息息肩。以后他又来过多次。一再的（地）请，很希望我能去。徐院长既然心诚如此，我就顾不得这大年纪，被他请了去。好在教大学，也不是第

1 齐良迟：《白石老人艺术生涯片段》，载《白石老人自述》附录，岳麓书社，1986，第164页。
2 齐白石口述，张次溪笔录《白石老人自述》，第136页。

一次了。这次教完课，徐院长亲自送我到家。”“从这以后，我和徐悲鸿成了忘年之交。”[1] 齐良末也曾在文章中转述父亲的话：“徐先生真是有耐性的人哪，我两次没答应他，第三次他还是客客气气地来请，我平生爱脸面，不好再推辞，只好教教看。”[2]。以上文献表明，在林风眠的“再三劝驾”之后，也确有徐悲鸿之“三请”（或者“多请”）。

有留学经历的林风眠（图1）和徐悲鸿（图2），虽然艺术观、艺术追求和艺术主张均存在很大差异，人际关系也稍显“紧张”，但却在慧眼识白石方面不约而同，能做出这样相同选择的唯一原因，就是他们在国画画坛上都属于新派、改良派，与传统国画界有着天然的隔阂，他们都是从创造性和面貌“新”的角度选中和看重齐白石的，因为看重，所以尊重，因为尊重，所以白石会应聘。

上述史料似乎已经解答了齐、徐相识和“三请”的问题，但仅仅让我们“知其然”，远未“知其所以然”，这个“然”令我疑惑：这个理应简单的一聘一受、再聘再受的过程为何还怪曲折的？白石为何要一再推脱？白石性格相对直接，似乎没这么矫情啊？其实再深挖，就会发现别有洞天——此番曲折绝非白石“拿腔拿调”或故作清高姿态，其曲折就在人际关系和白石的心理方面，这可以从几份材料中窥见。

关于白石应聘国立艺专的过程，彭飞《不好为人师——齐白石与国立北平艺专两题》[3] 有很好的考证，可以参考。据彭文，林风眠最初是通过齐白石的湘潭老乡、留法同学、国立艺专总务长王代之牵线搭桥来聘齐做国画“教授”的，有白石致王代之函可以为证，该函以《与王代之书》为题刊登于 1927 年 7 月 5 日《顺天时报》第 5 版[4]：

---

1 此文为《白石老人自述》附录之一，岳麓书社，1986，第 166—167 页。

2 齐良末：《永留清白在人间》，载《白石老人自述》附录，岳麓书社，1986，第 178 页。此外，徐悲鸿自己也曾明确说过：“曾三访齐白石，请教授中国画系。”徐悲鸿：《四十年来北京绘画略述》，载王震编《徐悲鸿文集》，上海书画出版社，2005，第 150 页。

3 《美术学报》2019 年 1 期，第 60—67 页。

4 彭飞：《不好为人师——齐白石与国立北平艺专两题》。

左：图 1　青年林风眠
右：图 2　1928 年徐悲鸿任北京大学艺术学院院长

日前惠谈，厚意良可感激。惟（唯）老夫年逾六十，精力衰退，教授之事，终不敢任。兼以生性疏放，可自适其适，而不可责以职守。吾辈相交，当以神契，求相补益。足下爱我，当爱之以德，更当谅我所不欲为，而不加以督责，令就功役也。韩退之有云："人各有能有不能，若此者，非愈之所能也，抑而行之，必发狂疾。"鄙人之于教授，正退之所谓不能者也。足下必欲抑使行之，则狂疾发，足下其忍坐视而不顾耶？去年京华美术专门学校，曾迭次来请，彼时曾登报声明，不好为人师。邱生尝及门，终未允诺。三十年前余年未及四十，衣食犹（忧）患不给，僦居萧寺，诗酒自娱。蔡公松坡，怜其艰苦，属为某校教授，犹未应也。生性使然，欲变不可。事实具（俱）在，非敢鸣高。今也须发尽白，齿牙摇落，淡饭粗茶，差可自给。行将跌岩风光，漫游岁月，以游戏于人间，不为冯妇之攘臂下车，而取众人之笑也。足下壮气锐，抱异居奇，吾国艺术重责，舍君莫属，引领企望，惟有增羡而已。

若仍欲责既跛者以驰驱，既盲者以辨视，《诗》不云乎："其室则迩，其人甚远。"固将闭门谢客，韬匿深藏，不复敢与世相见。高谊隆情，惟有心感而已。兹倩某君代达一切未尽之意，故略报不具。风眠先生处同此致声，恕未另函。

这算是很郑重其事的长函了！其中的含义和信息甚多：

1. 林风眠掌校时期学校虽然还属于专科，理应称"教习"，但"教授"这么体面的称谓还是提早被普遍使用了，这又与前述白石的《白石老人自述》中所说自己是在北伐胜利后艺专改称艺术学院后才在名义上改称教授的说法有一定出入，或许在新式教育机构创建初期阶段存在很多不规范，包括称谓上的混乱，确凿情况有待进一步考证。

2. "蔡公松坡"，即蔡锷，也是湖南人，齐白石早年与之有交集，二人经历和身份均悬殊，事实上白石早年曾多有得到这类"大人物"的帮助或帮助的意愿，蔡氏只是其中一例，此略。

3. 所谓"彼时曾登报声明，不好为人师""事实具（俱）在，非敢鸣高"，是指 1926 年 9 月 29 日至 10 月 3 日《顺天时报》连续五天头版刊载《齐白石不好为人师》之声明："有某校称白石为教授者，白石大不乐，人各有性情也。"对此更详细的原委可见 1928 年第 1 卷第 28 期第 2 页《北晚副刊霞光画报》之"王君异赠刊"《名画家齐白石先生手札》：

爱林、君异二贤弟鉴：昨日所言介绍为举任一事，承二弟雅意，殷殷如面，却未免唐突，今特函告举任事请作罢论，不胜心感之至。余卖画事可长久，溪藤四尺能得番佛十尊，一日可画二三幅。一月之中只要卖出二三幅，一月之柴米费敷矣，快活自谓陆地神仙，何苦欲作师范中之是非人也？说长论短，余亦不能缝纫人口。然不当举任，即余技艺属短，谁敢向老翁面道耳？愿吾二弟爱我，三缄其口是幸！[1]

即在林风眠来请之前，白石不仅有蔡锷牵线当教授的机会，还曾接到过京华美术专门学校的聘请。“爱林”“君异”及“邱生”分别是高希舜、王君异和邱石冥，三人在1924年创立京华美术专门学校。民国时期办教育多有不易，为了多招生，常需拉些知名人士充校董、著名画家充门面，校董是虚名，于教学无碍，教授的列名则直接关乎招生，从白石的“声明”来看，该校应该是在未经白石同意的情况下，将白石强拉进去，这对学生来说是欺骗，白石“大不乐”并愤而“声明”是理所应当的。但如果齐白石要的是尊重，是像林、徐那样登门再三来请，这“迭次来请”的京华美术专门学校和“尝及门”的邱石冥，其诚恳殷切并不比林、徐差，尊重也是足量的了，为何却得不到白石的首肯呢?

想必问题出在姚华（图3）身上。姚华（1876—1930），字一鄂，号重光，一号茫父，别号莲花庵主。贵州贵筑（今贵阳）人，光绪二十三年（1897）举人，光绪三十年（1904）进士，授工部虞衡司主事。戊戌变法时东渡日本攻读政法，归国后改任邮传部船政司主事兼邮政司科长。民国后任贵州省参议院议员、北京女子师范学校校长等职，长期居北平。邱石冥（图4）（1898—1970）又名稚，号石冥山人，贵州石阡白沙镇人。贵州人在北平者为数极少，姚华视邱为同乡，多有维护。[2]尤其邱氏在毕业后工作无着、彷徨于出路之时，“于是主意已定，就追随茫父老师，创办京华美专”[3]。这个“追随”似可理解为

1　白彭飞：《不好为人师——齐白石与国立北平艺专两题》。但笔者以为此声明和信札不一定是连贯的，它们之间或许还有几个“回合”的交流，但它们的因果关系应该是成立的。

2　陈昌繁编《邱石冥文集》，重庆出版社，2014，第11页：“当初弄到学籍都要成问题了，于是茫父老师才向学校当局说：‘贵州人在此研究美术的，就是这一个，难道这点面子都没有么（吗）？’”另见第12页，毕业时邱石冥办个展，得到“一帮国会议员的嘘植”，“一骨碌就跻（身）于名家之列了”，这其中应也少不了茫父老师的帮忙。

3　陈昌繁编《邱石冥文集》，第12页。

左：图 3　姚华像
右：图 4　邱石冥像

办校的主意出自姚氏，在启动资金里或许也有姚氏的一点贡献，但实际上他不参与具体校务，只作名义上的后盾。于是，在 1924 年 10 月，国立北京美术专门学校师范系一班毕业生高希舜、王石之、邱石冥、王君异、储小石和谌亚逵六人筹组了私立京华美术专门学校，设国画和西画两系，后增设音乐系，姚华不仅为首任校长，还为学校拟定了“安、雅、玄、易”之校训，笔者推测“京华”之名或许也出自他。该校并成立有董事会，邱石冥主持校务最久，历任教务长、校长，该校曾几易校长、几迁校址，共艰难维持了 28 年，于 1952 年并入中央美术学院而停办。

邱石冥以及“京华”与姚华的如此关系，应该就是决定白石坚拒的原因，限于篇幅，在这里我们简述原委。白石于 1917 年阴历五月中旬第二次到北京，随即赶上“张勋复辟”事件，随郭葆生一家避乱天津租界，于阴历六月底再返北京，到九月底离京返乡，逗留约三个月，《白石老人自述》中详述了此次的“新交”：“我这次到京，除了易实甫、陈师曾二人以外，又认识了江苏泰州凌植之（文渊），广东顺德罗瘿公（惇曧）、敷庵（惇㬊）兄弟，江苏丹徒汪蔼士（吉麟）、江西丰城王梦白（云），四川三台萧龙友（方骏），浙江绍兴陈半丁（年），贵州息烽姚茫父（华）等人……新知旧雨，常在一起聚谈，客中并不寂寞。”但紧接着话锋一转，“不过新交之中，有一个自命科榜的名士，能诗能画，以为我是木匠出身，好像生来就比他低下一等，常在朋友家遇到，表面虽也虚与我周旋，眉目之间，终不免流露出倨傲的样子。他不仅看不起我的出身，尤其看不起我的作品，背地里骂我粗野，诗也不通，简直是一无可取，一钱不值。他还常说：‘画要有书卷气，肚子里没有一点书底子，画出来的东西，俗气熏人，怎么能登大雅之堂呢！讲到诗的一道，又岂是易事，有人说，自鸣天籁，这天籁两字，是不读书人装门面的话，试问自古至今，究竟谁是天籁的诗家呢？’我明知他的话，是针对着我说的。文人相轻，是古今通例，这位自称有书卷气的人，画得本极平常，只靠他的科名，卖弄身份。我认识的科甲中人，也很不少，像他这样的人，并不觉得物稀为贵。况且画好不好，诗通不通，谁比谁高明，百年后世，自有公评，何必争此一日短长，显得气度不广。当时我作的《题棕树》诗，有两句说：‘任君无厌千回剥，转觉临风遍体轻。’我对于此公，总是逆来顺受，丝毫不与他计较，毁誉听之而已。”[1] 白石在其《白石老人自述》中像这样颇费口舌地“说道”一件事还不多见，这只能说明此事对他刺激大、印象深且始终未能释怀。的确，被背地里骂粗野、俗气熏天、一无可取之类，是真的很难接受，毕竟人非圣贤。其实，白石在《白石老人自述》中除了对自己经历的言简意赅的回忆，占据最大篇幅的就是有恩于他和轻视他的人与事了，这两种相反的待遇都令他“难忘”，很是“计较”——有恩于他的总是“计较”着有机会偿还；轻视他的则总是“计较”着反击，方式通常就是诗文中的讥讽和蔑视。而在前

1 齐白石口述，张次溪笔《白石老人自述》，第113—115页。

述易实甫、陈师曾、凌植之、罗瘿公、罗敷庵、汪蔼士、王梦白、萧龙友、陈半丁、姚茫父诸“新交”中，唯姚茫父是“科甲中人”，有“科名”，白石这一大段的所指是极其明确的。事实上，姚华也的确是轻视白石的人之一，如他曾在与邓和甫论画中有：“然一言突破藩篱，以不美为美，则犷悍、粗豪、恶作皆可托之以雄一时，如时人齐山民之流也。”[1]仅仅是“齐山民”的称谓，就已经将对白石的嘲讽和鄙视露骨化了，“××之流”更属于深恶痛绝之列，至于“犷悍”“粗豪”“恶作”只不过是对白石作风的具体概括，用词之重、意思之损也算顶级了。

事实上，自1917年相识，齐、姚就多次在诸如1923年的罗园雅集、1924年的梅兰芳家雅集等场合晤面，且有多次书画合作或互题，也有书信往还，甚至偶有单独的交往，但显然彼此的芥蒂是根深蒂固的，只不过“虚与”“周旋”，维持个面子而已，此略。相比姚的贬损，白石也并非所谓“逆来顺受”，而是一有机会便反击，如常被引用的1922年白石自题《牵牛花》：“京华伶界梅兰芳尝种牵牛花万种，其花大者过于碗，曾求余写真藏之。姚华见之以为怪，诽之。兰芳出活本与观，花大过于画本，姚华大惭。以为少所怪也。”令姚华“大惭”、自认少见多怪，还是很令白石解气的，表述得也够直白和强烈。哪怕是姚氏去世后的《题姚华画幅》，白石也未放过已无法回击的姚华：“百年以后见公论，玉尺量来有寸分。死后是非谁管得，倘凭笔墨最怜君。”[2]定评姚氏艺术属平庸之列，恐怕没有比这个更狠的了！甚至在1943年为邱石冥画展题词中还不肯放下这份“计较”：“画家不要以能诵古人姓名多为学识，不要以善道今人短处为己长，总而言之，要我行我

1　姚华：《再复邓和甫论画书》，载邓见宽编《姚茫父画论》第八篇，贵州人民出版社，1996，第51页。

2　郎绍君、郭天民主编《齐白石全集　普及版　全十卷　第十卷（诗文）》第一部分第二辑篇八，湖南美术出版社，2017，第60页。

道，下笔要有我法，虽不得人欢誉，亦可得人诽骂，自不凡庸。”联系齐姚间的来龙去脉，其背后更深的意涵所指当然是不言而喻的。

我无意深究齐、姚关系，只想借此说明，聘齐一事成功与否，最要紧的是对白石的尊重，当然这个尊重不仅是当事人的态度，更是其背后所属“关系”的态度。在 1922 年中日联合绘画展览会中作品大卖的齐白石，因“文人相轻”和嫉妒而遭受北平画坛的普遍排挤和诽谤，尤其在陈师曾故去后，更是孤立无助，可以说他对互相勾连的整个北平中国画坛关系网都是比较戒备的，他以“还家休听鹧鸪啼”的策略，尽量回避与人交往。而林、徐属于“外来和尚”，与北平画坛素无瓜葛，所以仅凭足够的诚恳和尊重便可成事，毕竟“平生爱脸面”的白石，对大学教授的头衔还是在意的，他对高希舜、王君异、邱石冥的那一大套说辞，在他接受了林、徐之聘的事实面前，瞬间现形于“推脱”。

据彭文考证，齐白石应林风眠之聘为 1927 年 6—8 月，之后随着 1927 年 8 月 6 日执掌北京的张作霖北洋政府下令改组包括北京国立艺专在内的国立九校，国立艺专改组为国立京师大学校美术专门部，该部在 1927 年 10 月 12 日学校正式成立后由校长刘哲兼任，齐白石便没有再得到续聘，才为徐悲鸿的再聘提供了机会。这就是白石历时仅两月左右的第一次教授履历。无论如何，是林风眠令他拥有了这样的“脸面”，当然是值得在《白石老人自述》中记上一笔的。在这件事上，林氏是开其先者，而徐氏之再聘不过是锦上添花，这也就能解释为何《白石老人自述》中未提及徐氏之所谓“三请”，而只是在题画和其他交谈中有所涉及了。

忘年之交

从现存资料看，徐悲鸿和齐白石是双层意义上的知己——人际关系上的知己和艺术追求上的知己。这个小节谈第一个层面。

齐、徐年纪相差 32 岁，是真正的忘年交。他们认识不久，徐悲鸿便回到南方，但二人“书信往返不绝”[1]，“徐悲鸿的行径，有时可以从齐白石先生口中，获得一二”[2]。徐悲鸿如果到北平，大多有书信提前告知齐白石，如“本月终想来平一行，但祈勿告人”，“年终鸿必来旧都”，“移居未竟，因迟数日之行，下星期一（十九日）必能启程”，“鸿下月必来平”等[3]（图 5）。除了每到北平的拜访，徐悲鸿在北平的活动，包括朋友延请、画展等，齐白石也大多到场，这对于深居简出、在北平画坛不常走动的齐白石来说，是相对难得的。不妨举几个有意思的例子：1935 年 2 月 2—10 日徐悲鸿短暂来平为傅增湘画像以答谢其当年拨公费留学名额之恩，该年 2 月 3 日为农历除夕，到达当晚就由杨仲子、齐白石、王青芳等在西长安街某饭庄为其接风洗尘[4]；其间又有齐白石、吴迪生公宴于甑屋（即齐白石宅）[5]——众所周知，白石在自家宴请比较少见，若有，必是很好的关系；8 日（正月初五）萨空了、吴迪生、王青芳等又假王青芳所在的府前街艺文中学校礼堂举行茶点

1　廖静文：《徐悲鸿一生》，山东画报出版社、中国青年出版社，2001，第 114 页。

2　无病：《徐悲鸿先生》，《人间世》1935 年第 37 期“人物”栏目。

3　见北京画院存徐悲鸿致齐白石书信。

4　见 1935 年 2 月 3 日第 7 版北京《京报》报道《艺术专家徐悲鸿昨来平 杨仲子等为徐洗尘 徐谈在平数日勾留》。

5　见 1935 年 2 月 17 日第 2 版《新天津画报》刊登之徐悲鸿、齐白石等合影：“名画家徐悲鸿日前归去。齐白石、吴迪生公宴于甑屋（即齐白石宅）。前排右至左为刘梦云、杨仲子、刘量伯、齐白石、杨伯早、周作人，后排王青芳、徐悲鸿、吴迪生。”

会，欢迎徐悲鸿，请其报告赴欧展览经过并展其近作。在平应酬颇多的徐悲鸿姗姗来迟，但在当日“车马盈门”的踊跃听众中，不仅“齐白石夫妇到场为最早，因病不能久留，留书云：‘余画友之最可钦佩者，惟我悲鸿，君所见作物甚多，今日所展，尤胜当年，故外人不惜数千金能求一幅老柏树，合矣，白石山翁扶病，乙亥第六日’等语，即行他往”，留签名“白石”“如妇”[1]，而且“齐白石夫妇，在开会后，复与周肇祥同来，但未至会毕，又先行退席”[2]，再签名曰：“齐璜去矣再来，谨观乎后”[3]（图6）。虽然白石家距艺文中学不远，但毕竟是时时需人陪伴的老迈之躯，这个“去矣再来”又不吝笔墨的举动，只能说明对徐和这份友谊的看重，礼数很是殷勤周到，捧场给足了面子。其实，每次徐氏来平，北京（北平）、天津的报纸都热衷于追踪报道，在各种场面中均不乏白石的身影，恕不一一罗列。

有某年徐悲鸿致齐白石函：

> 昨日汉怀先生送来画扇，生趣洋溢，拜谢之至。初汉怀先生精书此扇，既竟，必欲得尊画相配。因托迪生兄矫悲鸿名义奉求大作，一面致书于鸿告知其事。彼知吾二人雅谊，翁必见允也。讵翁书到后彭书方到，遂陷迪生以捏造之嫌。是友人善意，顿成罪戾也。今得杰作，惟（唯）鸿一人便宜而已。伏恳先生勿责难迪生。拜祷无量。敬请道安。悲鸿顿首。九月六日。[4]（图7）

汉怀即彭汉怀（1876—1952），字斗漱，号斗漱居士、漱琴庵主，湖南湘阴人。能书画，尤以篆刻知名于时。迪生即吴迪生，为民国时

1　即白石如夫人胡宝珠。

2　见1935年2月9日《世界日报》报道《平艺术界昨欢迎徐悲鸿 齐白石等均到场参加 徐讲演在欧展览经过》。

3　见《北洋画报》1935年2月12日（总第1204期）。

4　见北京画院存徐悲鸿致齐白石书信。

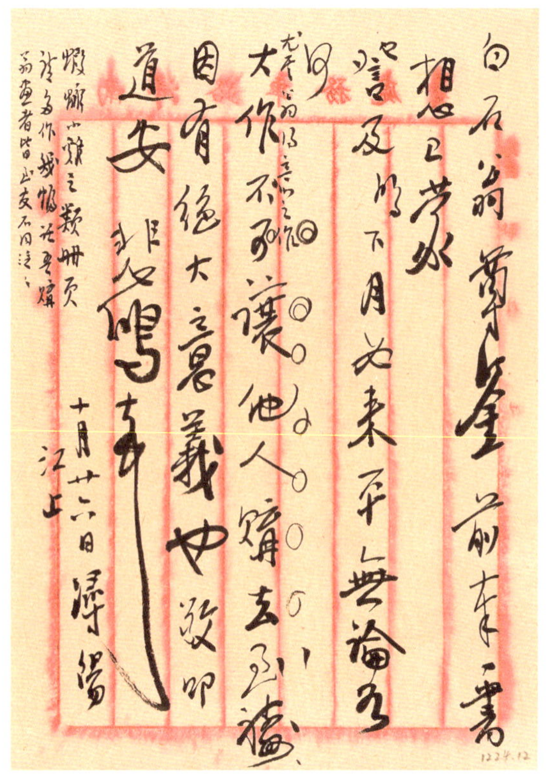

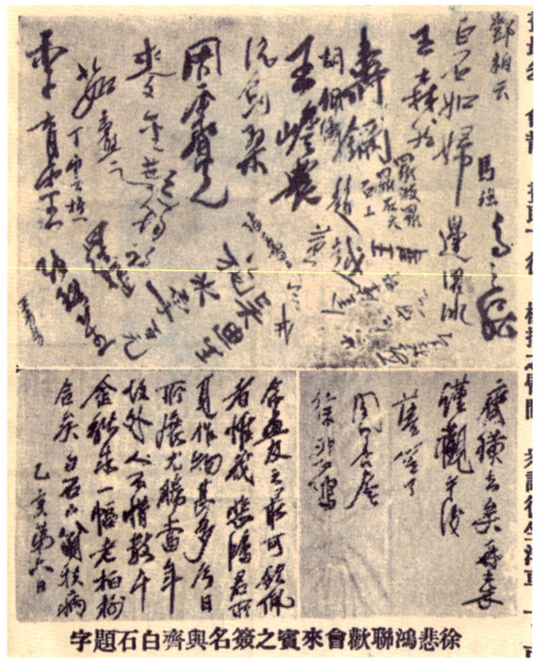

上：图 5　信札　徐悲鸿　托片　纸本　纵 29.5cm　横 21cm　1932 年　北京画院藏

下：图 6　1935 年徐悲鸿来北平时齐白石的签名，刊于《北洋画报》1935 年 2 月 12 日

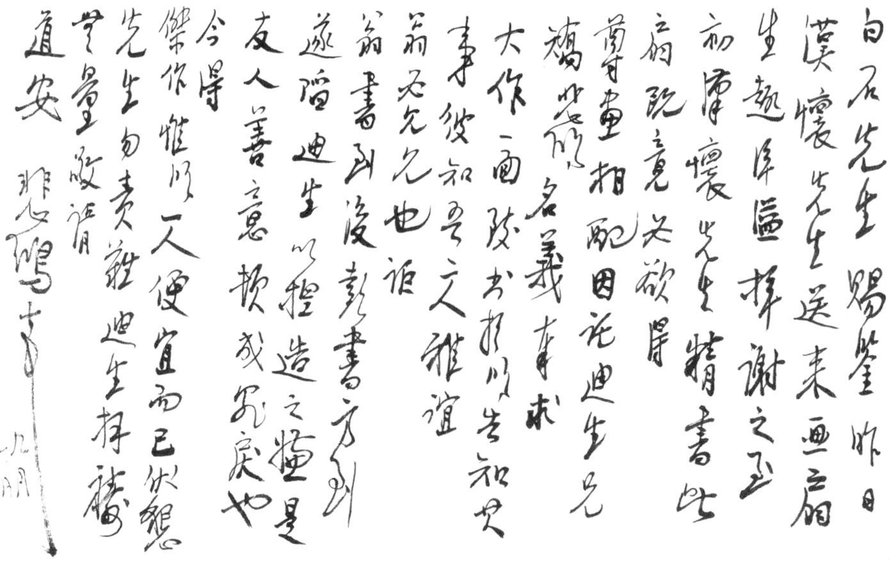

图 7　信札　徐悲鸿　托片　纸本　纵 26cm　横 40.5cm　无年款　北京画院藏

期北京刻竹名家，在 1935 年前后的北方地区有关徐悲鸿的报道中多有他的名字，如乙亥大年初二由熊佛西、刘天华、杨仲子、蒋亚民、吴迪生等组织的雅集“书画绑票团”曾将徐悲鸿“绑”来作画[1]，“乙亥第四日”即 1935 年 2 月 6 日陪同徐悲鸿赴天津访友[2]，1935 年 2 月 19 日《天津商报画刊》第 13 卷第 33 期第 3 页刊登有吴迪生赠刊之三张照片，照片说明分别为“平市名收藏家欢宴徐悲鸿于别墅中。刘伯量、杨啸谷、吴迪生、杨仲子、徐悲鸿、刘伯量之弟”“徐悲鸿君在苦斋留影”和“世界文明圣地雅典安克罗坡高岗上之徐悲鸿夫人蒋碧微女士”，1935 年 2 月 21 日《天津商报画刊》第 13 卷第 34 期第 3 页刊登“苦斋赠刊”（即吴迪生）之“最近来平徐悲鸿杰作”《猫》，

1　见 1935 年 3 月 23 日《天津商报画刊》第 13 卷第 46 期第 2 页之吴迪生《记书画绑票团》。
2　见 1935 年 2 月 21 日《天津商报画刊》第 13 卷第 34 期第 3 页之吴迪生《王梦白遗嘱发现始末记》。

1935年2月10日晚，蒋梦麟夫妇、杨仲子、熊佛西、刘运筹、孙雨珊、吴迪生、王青芳等20余人到北京火车站为徐悲鸿送行[1]等。若不是深知齐、徐二人关系的朋友，大概是万不敢假托名义骗画的；若不是假托徐悲鸿的名义，齐白石也不一定会上第三者的当。这种“捏造”之“罪戾”，既是友人间的善意，又正是“二人雅谊”之证明。

随着交往的加深，徐悲鸿成为齐白石非常信任的朋友，甚至在北平和平解放前夕的“去留”这个大问题上，徐悲鸿的劝告也起到过相当的作用。据廖静文回忆：

> 当我们像往日一样，走进他那个安静的庭院时，却发现老人家正满面愁容地坐在画室里。见到我们，他连忙颤颤巍巍地站起来，衰老的脸上已失去了往常那种安宁、沉静的笑容。这时，我们才知道他也受到了恫吓。有人对他造谣说，共产党有一个黑名单，进北平后，要把这批有钱人都杀掉，名单中就有齐白石。于是，白石先生怀着深深的忧惧，正准备立即携带全家老小，离开北平。[2]

对于一辈子“伤乱”的齐白石来说，“乱”是他最怕的事，因“乱”而背井离乡而思乡，以至于不能落叶归根，成为他一生最为纠结的情感，太太平平地过日子也就成为他最大的渴望，而他对付“乱”的办法主要就是逃离（除了在抗日战争那样的民族灾难中，他无处可逃，选择了闭门不出，或者说他逃到了自己的家里）。在他的交往圈中，能打消他的恐惧和顾虑的，徐悲鸿算是很重要的一个。徐悲鸿自身率领国立北平艺专留下来的举动，更是应该在齐白石的心里起到了极大的稳定作用——“白石老人一向对悲鸿怀着最大的信任，他那双疑虑

1 见1935年2月11日《世界日报》报道《徐悲鸿昨离平返京　临行对记者谈暑假有暇将再来平》。
2 廖静文：《徐悲鸿一生》，第279—280页。

重重的眼睛里渐渐闪出了亮光，满布愁容的脸上展现出微笑。他毅然取消了香港之行，还殷勤地挽留我们吃了湖南风味的午餐。当我们起身告辞时，他又像往常那样，安详地拄着手杖，送我们到大门口。"[1] 去除一定文学成分的描述，文中所表现的齐白石对徐悲鸿的信任，还是比较可信的。

廖静文还回忆道："有一天，齐白石先生满面愁容地由他的儿子搀着，眼睛里含着泪水，来到我们家。"[2] 说的是1950年，服侍齐白石七年之久的护士夏文姝负气离开，致使年届九十的齐白石情感上不舍，生活上也极为不便。一贯"协助处理齐白石的生活"[3] 的徐悲鸿，让廖静文设法找到夏文姝，劝其回心转意，夏不肯回来，他就几次登报招聘新的护士。这可以见出徐悲鸿夫妇介入齐白石家事之深，以及老年齐白石在心理上对他们的依赖。而对于有一定老年性疑虑心理特征的齐白石来说，能形成这样的依赖，靠的绝不是一般的交往，而是日久年深的熟识和情谊。

端午佳节即将来临之际，想起齐、徐间一桩趣事，北京画院藏有徐致齐一函：

> 白石先生：兹着人送上清江鲥鱼一条，粽子一包，并向先生拜节，鲥鱼请嘱工人不必去鳞，因鳞内有油，宜清蒸，味道鲜美。敬祝节禧。廖静文、徐悲鸿。五月初四。（图8）

此信无年款，由廖静文代笔，使用有"中央美术学院"字样的信笺，有1951年、1952年和1953年三个可能性。以一包应时的粽子和"稀为贵"的鲜美清江鲥鱼拜节，又细细叮嘱做法，享口福之外，是浓浓

1　廖静文：《徐悲鸿一生》，第280页。
2　廖静文：《徐悲鸿一生》，第292页。
3　吴作人：《追忆徐悲鸿先生》，载《徐悲鸿——回忆徐悲鸿专辑》，文史资料出版社，1983，第6页。

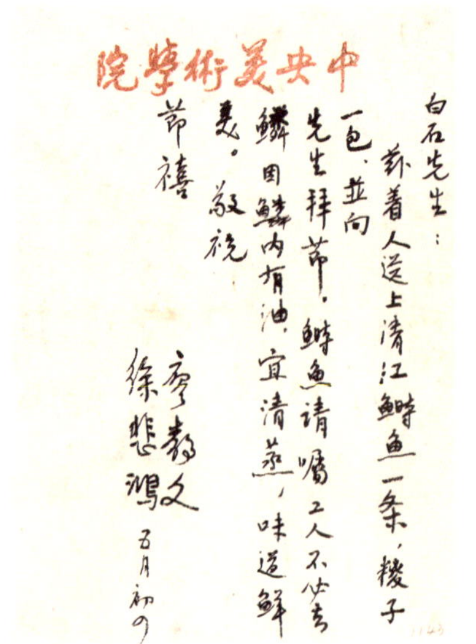

中央美術學院

白石先生：

兹着人送上清江鲥鱼一条、粽子一包，并向先生拜节！鲥鱼请嘱工人不必去鳞，因鳞内有油，宜清蒸，味道鲜美。敬祝

节禧

廖静文
徐悲鸿
五月初四

左：图 8　便笺一通　廖静文、徐悲鸿　纵 24cm　横 17.5cm　无年款　北京画院

右：图 9　信札　徐悲鸿　托片　纸本　纵 28cm　横 20cm　无年款　北京画院藏

的情谊和温暖，更是他们关系亲近的一个反映。

说到齐徐之交还有齐白石在国立北平艺专的位置、名誉、待遇等问题，也都由徐悲鸿为之做主，甚或抵挡“风雨”。中华人民共和国成立初，齐白石在中央美术学院的待遇问题，是徐悲鸿特别关心的。他曾有信函谈到给齐白石“增薪”之事：

> 前呈文化部拟每月增白石先生月薪二百斤，已批来否？待批到，此约须（需）由院中专人送去。告知齐先生，每月须交三尺条幅四件，请勿迁延。本年尚须补足，因吾已与文化部言明，我有责任也。悲鸿。[1]（图 9）

1　见北京画院存徐悲鸿致齐白石书信。

此信大约写于1949年，使用的还是“国立北平艺术专科学校”的信笺。1949年7月的教务会议上，学校开始讨论为教师增加月薪之事，当时因物价和流通货币的不稳定，月薪以小米斤数计。事实上，在华北大学三部美术系并入国立北平艺专前后，学校人事变动很大，有人主张停聘教课较少的教员，显然包括齐白石。在人事上还有一定发言权的徐悲鸿，显然干预了此事，这封信就是很好的证明——徐悲鸿以齐白石每月交作品的变通方式，坚持聘请齐白石并保证他的薪水。这样做，是以他个人的名誉向政府担保的。对此，身为军事管制委员会代表的艾青在《忆白石老人》中也曾有所涉及：“听说白石老人是教授，每月到校一次，画一张画给学生看，作（做）示范表演。有学生提出要把他的工资停掉。我说：‘这样的老画家，每月来一次画一张画，就是很大的贡献。日本人来，他没有饿死，国民党来，也没有饿死，共产党来，怎么能把他饿死呢？’何况美院院长徐悲鸿非常看重他，收藏了不少他的画，这样的提案当然不会采纳。”[1]

1 艾青：《忆白石老人》，《白石老人自述》附录之一，岳麓书社，1986，第153页。

康强逢吉真人瑞
白石翁九旬大庆
悲鸿 一九五〇年

白石翁九旬寿联　徐悲鸿　轴　纸本　纵 227.5　横 43.5cm　1950 年　北京画院藏

收藏与推介

徐悲鸿对齐白石作品的收藏始于他们相识之时[1]，之后便一发不可收拾。廖静文说："白石先生每有佳作，必寄悲鸿，悲鸿便按白石先生的笔单，将稿酬寄去。那时，正是白石先生精力旺盛，创作最成熟的时期，悲鸿购藏他的佳作极多。"[2]的确，在现存徐悲鸿给齐白石的信中，对此类事也多有提及，如"三两笔之虾蟹小鸡请多作几幅"、"倘有杰作，乞为留下"（图10）、"前承赐杰作多幅，感荷无极"（图11），等等[3]。经过多年的购藏，齐作在徐悲鸿的收藏中数量是最多的。据曾任徐悲鸿纪念馆副馆长的郭味蕖说："悲鸿先生一生中所收藏的白石老人的画就有100件。这些作品又是件件精湛，坊间不可多见。其中如芭蕉、棕树、残荷、葫芦、玉蜀黍、扁豆、紫蝶、牵牛以及虾米、鱼蟹、小鸡、鼠蛙、草虫等，都是具有代表性的精品。又有《白石墨妙册》二本，老人得意的花鸟草虫于册内表现无遗，那就更是绝品了。"[4]（图12—图14）此外，徐悲鸿的常用印如"荒谬绝伦""吞吐大荒""江南布衣"和一寸九分见方的大型名章"徐悲鸿"（图15），也均出自齐白石之手。这种尽己所能的竭力收藏，除了深深的喜爱，对徐悲鸿来说，还有为他理想中的未来的国家美术馆积累有价值的藏品的责任，

1 吴作人《追忆徐悲鸿先生》中记载，徐悲鸿在1929年2月回到南京中央大学继续上课时，除了言语中赞扬齐白石，"与此同时，徐先生还带来了齐老的画给我们看。说实在的，我那时才学了不到一年的基础素描，要懂得齐老作品的高明是不可能的。但是对我来说，这一件意外的事（直到我在十几年后去敦煌莫高窟巡礼临摹，给了我对中国画传统以惊雷似的冲击之前）竟成为我认识和热爱中国绘画的一节'序曲'。"载《徐悲鸿——回忆徐悲鸿专辑》，文史资料出版社，1983，第6页。

2 廖静文：《徐悲鸿一生》，第114页。

3 此节所引信函均来自北京画院存徐悲鸿致齐白石书信。

4 《郭味蕖艺术文集》（下），人民美术出版社，2008，第836页。

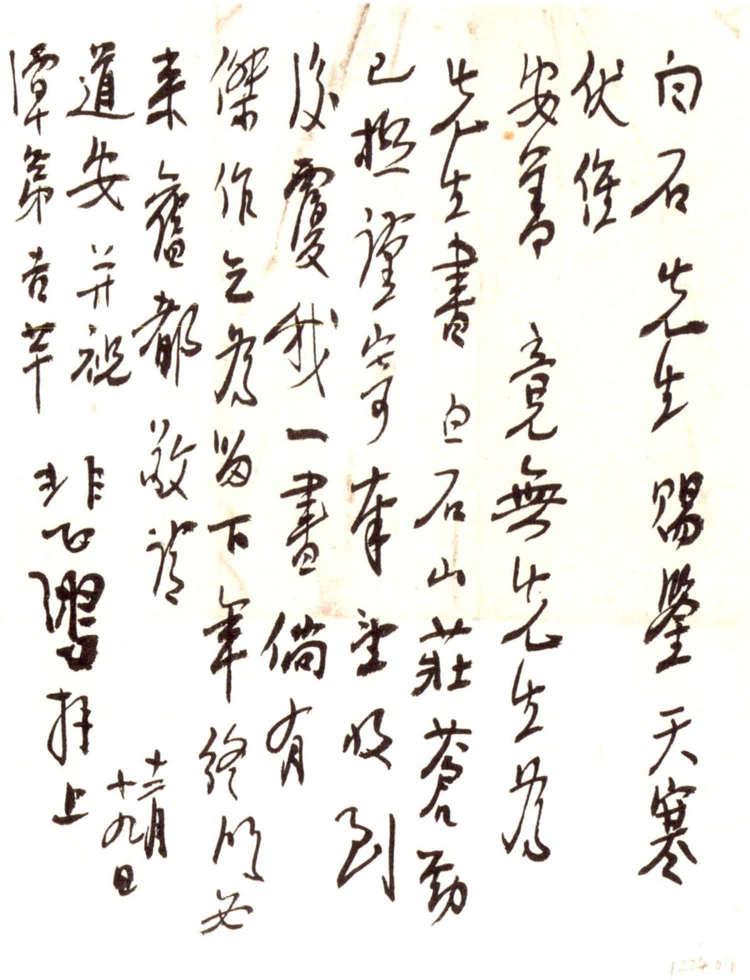

图10　信札　徐悲鸿　托片　纸本　纵29.5cm　横23cm　1932年　北京画院藏

白石先生尊鉴：承两书，欣喜之至。昨特走访欧阳先生，示以尊函，恳先生为彼照扇各一，借山馆题诗亦以尊意裁酌之。[illegible]先生之[illegible]意先生意以未见图[illegible]以著想，此层最[illegible]。凡所作稍不如意，便撕成粉碎，不可强也。但必能得其佳书以报先生雅念。当世笃书者，除竞先右任两公外，尚有弘一和尚即李叔同，亦师曾先生旧日好友，竞先先生出格高调古，镕铸汉魏，愈大愈佳，于书偶仿风流，特多逸气。弘一则遒劲谨严，又雍和简雅，皆与王远、郑道昭争一日之长者也。尚有两人，一为钱振锽，名山，一为方还，唯一唯一，先生上[illegible]逝去。钱先生隐居毗陵，不问世事。二人之书在李竞之间，其人格尤孤高可敬。拙作乃蒙奖饰，易胜感愧。谢君来书感[illegible]，先生古道照人，而又责[illegible]大作，当不肯属意道歉，幸祈恕之。欧阳先生属为陈言，此帧作画[illegible]均受墨，好用先生画一试。前承惠杰作多幅，感荷无极，每念老人[illegible]。敬颂道安

悲鸿 十月十九

图 11　信札　徐悲鸿　托片　纸本　纵 26.5cm　横 92cm　1932 年　北京画院藏

这是他自觉担当起来的社会责任，令人肃然起敬。

当然，徐悲鸿收藏齐作除了这么崇高的原因，似也存在另外的原因，我们可以从北京徐悲鸿纪念馆的现有收藏中略做分析。2016 年 11 月中国园林博物馆举办的“和谐自然 妙墨丹青——徐悲鸿纪念馆藏齐白石精品画展”（以下简称园林馆展）和 2018 年 2 月北京画院美术馆举办的“白石墨妙 倾胆徐君——徐悲鸿眼中的齐白石”展（以下简称北京画院展），基本全部呈现了这部分收藏，共 80 件（套），其中 33 件（套）无年款，约占 41%，另有两套《白石墨妙》册页各十一开中，共有三开注明为 1947 年和 1948 年，从用笔特征看应该大部分作于这两个年份，可以有年款计。在其余 45 件（套）有年款的作品中，1925 年 1 件、1931 年 3 件、1932 年 1 件、1935 年 2 件、1938 年 2 件、1941 年 1 件（书法对联）、1946 年 1 件、1947 年 7 件（套）、1948 年 17 件（套）（其中 1 件为书法对联）、1949 年 6 件、1950 年 1 件、1952 年 2 件，以及徐齐分别成于 1947 年、1954 年的合作画 1 件，即徐悲鸿自 1946 年 8 月来国立北平艺专掌校后六七年间的作品为 35 件（约 43%），而 1924—1945 年的 20 余年间仅有稀稀散散的 10 件，既无规模，也无系列性，虽很有特殊性，但均不属于白石精品。这与北京画院藏徐悲鸿致齐白石信函所显示的信息并不

相符。这批信函共20通，其中15通写于1930—1935年间，此外有1950年一通和不能确定年份者四通，即1938年之前的共约15通，甚至更多。如果从购藏的角度看，不难发现其中最为重要的内容是关于齐白石画作的推广及流通，大多数信中都包括了这个内容，这说明1938年前徐悲鸿在购藏齐作方面是非常活跃的，不至于是我们目前看到的收藏状况。另外，据《徐悲鸿年谱长编》1939年3月18日（新加坡筹赈画展）："徐先生觉得（筹赈画展）时间太长，遂建议在最后三天加入中国近代名家的作品……其中展出任伯年的作品76幅，齐白石的作品100多幅……使画展再一次推向高潮。"[1]100多幅之巨！虽然无法推断这么大数量中属于徐悲鸿的藏品和帮助齐白石展卖的作品到底各占多少，但联系上述15多通信函，徐氏的齐作收藏在1938年之前至少应该是小具规模的吧。总之，今天所见状况是令人费解的，或有两种可能，一是1945年12月与蒋碧微离婚时，分走了部分所藏白石作品，二是人际交往中的割爱或转让。

另外，所有80件（套）作品，只有穷款或单款者48件，占60%；有长题或题诗者仅11件；有徐悲鸿上款者12件（15%），其中既有上款又有长题者5件（约6%），即无年款、穷款和单款者占三分之二，这种现象通常说明非购买或未付"好"价钱购买。是否按润例买画，或花了怎样的价钱买画，往往与作品质量成正比，这是惯例，身为职业画家的齐白石更是习惯于按这个惯例作画的人，他深知买卖和应酬的分寸。再结合作品看，事实上这类作品也的确是以小品式、较为随意甚至应酬的面貌为主，少有"大"作，绝非"件件精湛"。

当然，徐悲鸿所得齐作中定有购藏的部分，只是不能确知所占比例。徐悲鸿即将赴欧办展之前的1933年1月20日的一通信函（图16）最能说明这个问题："兹特汇奉大洋贰佰元，乞察收。前欠四十

1 王震编著《徐悲鸿年谱长编》，上海画报出版社，2006，第206页。

图 12　白石墨妙册（十二开）　齐白石　册页　纸本设色　纵 33cm　横 47.8cm　无年款　徐悲鸿纪念馆藏

图 13　白石墨妙册（十二开）　齐白石　册页　纸本设色　纵 33cm　横 47.8cm　无年款　徐悲鸿纪念馆藏

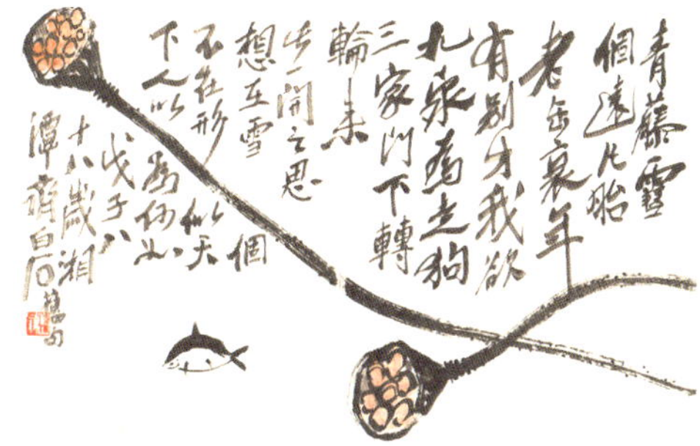

图 14　白石墨妙册（十二开）　齐白石　册页　纸本设色　纵 33cm　横 47.8cm　无年款　徐悲鸿纪念馆藏

图 15　齐白石为徐悲鸿刻印一组："荒谬绝伦""吞吐大荒""江南布衣""徐悲鸿"

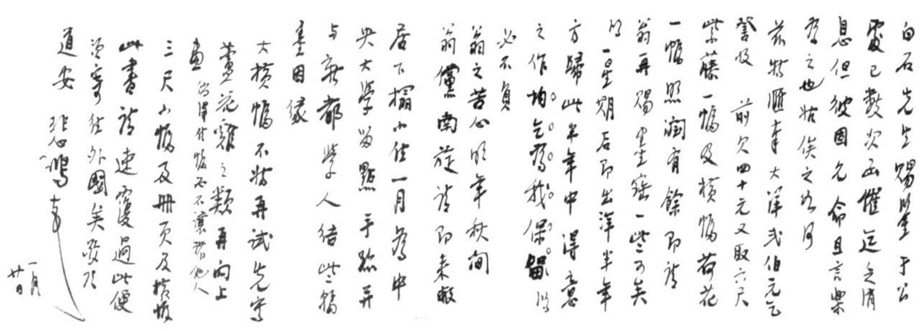

图 16　信札　徐悲鸿　托片　纸本　纵 28cm　横 46.5cm　1933 年　北京画院藏

元，又取六尺紫藤一幅及横幅荷花一幅，照润有余，即请翁再赐墨宝一些可以。”这是少见的写明具体交易数额和数量的信息，也呼应了前述廖静文关于购买齐作的说法，即依白石当时润例，160 大洋可以买一幅“六尺紫藤”和一“横幅荷花”后还有一些富余，至于“再赐墨宝”的数量和品质就应该不严格按润例规矩的处理了，这或许是齐、徐间正式与非正式购藏关系的一个写照？北京画院展览中的六尺《紫藤》（图 17）和大横幅《残荷》（图 18）或许就是这通信中所指的作品？若果真能有这样信件和作品互证的实例，于我们而言是珍贵又幸运的，于历史而言更是稀有又奇妙的！该函接着说：“鸿一星期后即出洋，半年方归，此半年中得意之作，均乞为我保留，鸿必不负翁之苦心。”又再次嘱咐道：“大横幅不妨再试，先写芦花鸡之类再向上画，倘得佳幅必不让诸他人，三尺小幅及册页及横幅。”显然是远行前的“交代”，所谓“不负翁之苦心”似可理解为购买，而且是“好”价钱的购买，而提出“大横幅”“芦花鸡”“三尺小幅”“册页”“横幅”之类的种种具体“要求”，也是只有买卖关系可以解释得通。这种临行前的“结算”和急切叮嘱，似可合理地推测出此前二人之间关于齐作“往来”之频繁和细致程度。1933 年 1 月 13 日（农历壬申年十二月十八日）白石有致姚石倩函，其中“明年中德展览会，徐悲鸿与余买画千元（独买

图 17　紫藤　齐白石　轴　纸本设色　纵 179.5cm　横 47.5cm　1925 年　徐悲鸿纪念馆藏

图 18　残荷　齐白石　横幅　纸本设色　纵 96cm　横 178cm　徐悲鸿纪念馆藏

余一人之画，想外人知余者必多），价已现兑，不一一”之语，再辅助证明了徐悲鸿对齐作的购买和推介。要知道，1933—1934 年的赴欧巡展，是徐悲鸿的个人行为，资金极为紧张，遭遇多次濒于流产的艰难窘况，绝大多数作品是通过或借或要的方式征集的，除了齐白石，目前还没有资料证明徐悲鸿此次通过购买方式获得其他人作品。

从题材来看（不算册页），这批藏品涉及枇杷、桃、白菜、蘑菇、玉米、扁豆、葡萄、竹笋、石榴、荔枝等果蔬类，芭蕉、山茶花、牵牛花、荷花、菊花、梅花、蝴蝶花、松树、柏树、栗树、紫藤、棕树、葫芦、蒲草、芋叶等花木类，鸡、鸭等家禽类，虾、螃蟹、青蛙、蝌蚪、鱼等水族类，松鼠、喜鹊、蜻蜓、蚱蜢、翠鸟等草虫飞鸟类，此外还有灯台老鼠、农具、山水等。在白石所画过的 337 种题材中约占十分之一，人物类几乎空白，白石最为世人所珍的草虫类极少，其他代表性题材也有不少缺漏。当然，其中亦不乏精彩、独特之作，如两套《白石墨妙》册页以及《杖藜伏梦访徐熙》《画猫稿》等（图 19、图 20），不赘述。

另外，1946 年之后的 35 件藏品的购藏也应存在前述买、赠和中

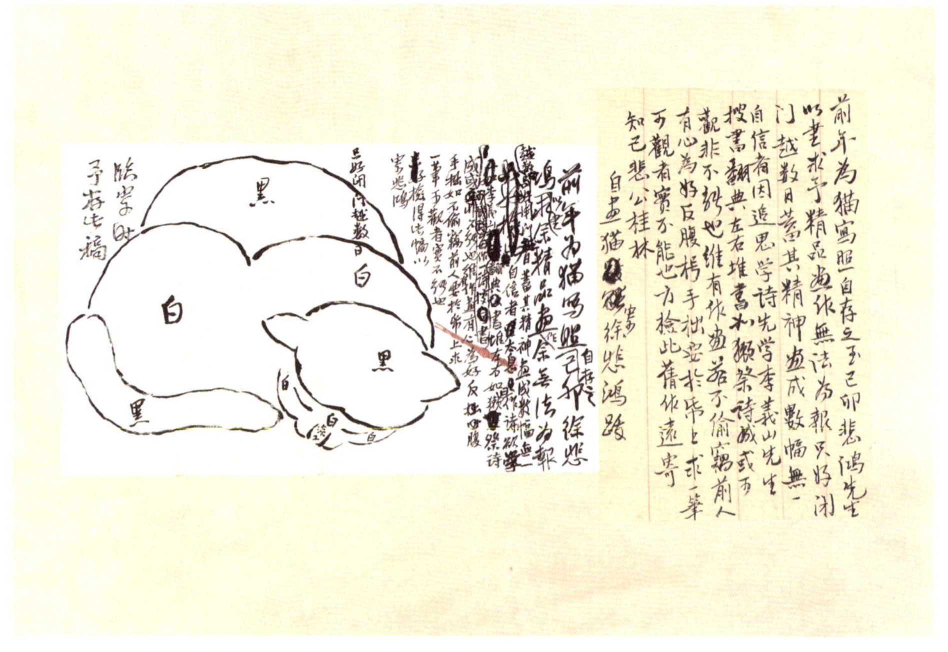

图 19　画猫稿　齐白石　托片　纸本墨笔　纵 18.5cm　横 30.5cm　1939 年　北京画院藏

介几种情形，这么大的数量不应只是一种购藏方式。这些作品以菊花、牵牛花、荷花和所谓“三两笔”之青蛙、蝌蚪、虾、鸡等居多，画法较简，题材较普通，重复性也较高，在白石极为丰富的题材中显得较为单一。特别是其中有三幅三尺水墨条幅，两幅青蛙一幅小鸡，均配以简笔大写蒲草，风格、韵味及构图也均极类似，按理不应该是“买”或“赠”，“中介”的可能性偏大。实际上，成长于商业最发达的江浙的徐悲鸿，历来不缺乏“经营”的意识，他早在留学前即受康有为和哈同文化圈影响，对收藏和它能带来的增值产生浓厚兴趣，养成不放过观摩各种公私收藏，锻炼眼力的机会，1926 年留学中途返沪期间，刚从新加坡挣到一笔丰厚画润的他终于忍不住出手，开始了真正意义上的收藏行为，从此一发不可收拾，在买卖之间衡量价值是必须的。不得不说，徐悲鸿有着极好的生意敏感度，他看到数量有限的古画市场的潜力，敢为天下先地成功介入、推动了对任伯年和齐白石的购买市场，其或直接或间接的获利应该是不言而喻的。徐氏的这种收藏行

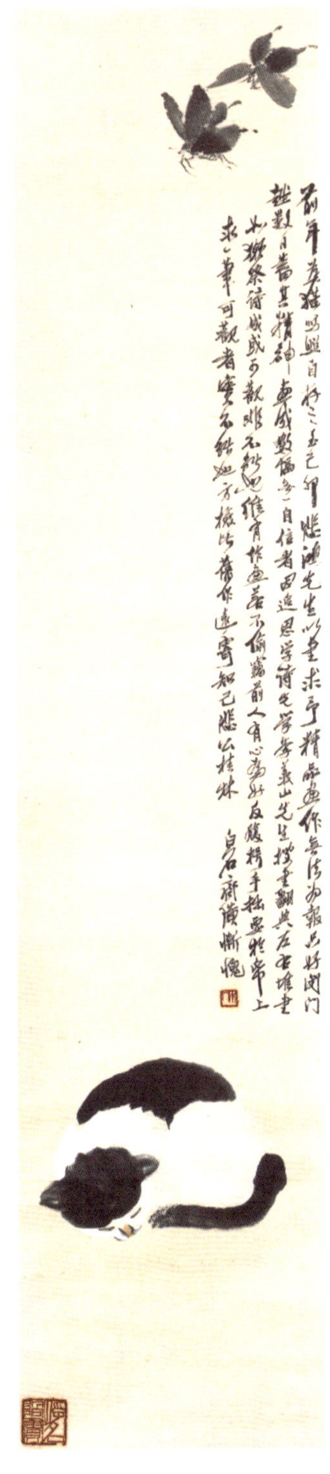

图 20　耄耋图　齐白石　轴　纸本设色　纵 130cm　横 28cm　1939 年　王方宇旧藏

为在整个有留学背景的美术家中都是极为独特的，我以为，也正是因为这一点，他与传统中国画坛的密切度也远远超过其他留学生。

总之，从结果上看，徐悲鸿不仅自己收藏，还带动了朋友圈对齐作的收藏（就像他带动了对任伯年的收藏一样），所谓“虾蟹小鸡之类册页请多作几幅，托吾购翁画者皆至（挚）友，不同泛泛”，及“大作两件均收得，翼如之扇已嘱径以酬金奉寄先生矣”[1]，等等。但必须明确的是，徐悲鸿绝不同于一般画商唯利是图的本质，他的这种“带动”首先是基于他的艺术判断和认同，即他是在真心、极度服膺任伯年和齐白石的情况下，才大力推介的。

画作收藏，通常以故去为界限，画家同行之间少有成规模地互相买卖作品的，偶尔充任中介或许是有的，但像徐悲鸿这样长期关注和购买齐作乃至形成了如此规模的现象极为少见，其根本原因还在于他对齐白石的高度认可，这个眼光和判断不能不说令人钦佩。徐悲鸿不过是一个有固定薪水的教授，时常能办展、卖画的画家，非官非商，财力毕竟有限，无论如何，能形成这样的规模还是相当了不起的。这批收藏虽称不上“件件精湛”，但有其特殊性，除了为学界增加了很多文献参考，还有不少独一无二之作，不可以普通藏家来衡量。尤其那些作品和文献可以互相印证的部分，更是增加了历史的温度，令人玩味久远。

白石曾有书简：“从来画家者，惟大涤子能变。吾亦变，时人不加称许。正与大涤子同。独悲鸿心折。此册乃悲鸿为办印。故山水特多。安得悲鸿化身万亿，吾之山水画传矣。普天下人不独只知石涛也。”白石所谓“知己有恩”之“恩”当然包含这份厚重的认可，但从徐藏齐作的角度，还应有为齐作打开销路，寻找更多、更广出路的含义，即作为职业画家的齐白石之“现实”是需要引起重视的，这是在以往

---

1 见北京画院存徐悲鸿致齐白石书信。

研究中被大多数研究者一厢情愿、有意无意忽略的角度。

徐悲鸿对齐白石的推介不仅限于自己和朋友圈的小范围收藏行为，还尽可能地通过展览等公开的方式，为人们了解齐白石创造机会。在徐悲鸿1933年赴欧巡展、1935年之后避居广西、1939年南洋筹赈活动等几次远行中，均将收藏的齐作随行携带，遇有机会，或联展或个展，向海内外介绍齐白石，诸如1943年5月29日，徐悲鸿“应中国文艺社之邀，将所藏齐白石之国画五十余幅，在该社开展览三天，并于是晚七时在该社讲述齐白石之艺术创作。指出白石先生虽年逾古稀，从未稍懈其创作，国运其初的丧乱，形成他逃避的心境，读其金石字画，品味其诗词，念其生平努力之真诚，艺术是人格的发展，他的艺术是他人格高超的表现”[1]，等等。

1946年1月9日，徐悲鸿与沈尹默还曾为1月7—10日在重庆西路口社会服务处举办的“齐白石画展”，共同在重庆《和平日报》发表启事：“白石先生以嵚崎磊落之才从事绘事，今年八十五岁矣，丹青岁寿，同其永年，北平陷敌八载，未尝作一画、治一印，力拒敌伪教授之聘，高风亮节，诚足为儒林先光，胜利以还，画兴勃发，近以杰作数十帧送渝展出，邦人君子景慕先生绝诣，得此机缘，以资观赏，信乎所谓眼福不浅者，谨为缀言以介。”[2] 此则启事与齐白石给弟子姚石倩的一封信似有联系：“去年之秋，有重庆飞兵到北平军中，有湖南人某甲，此人对白石甚好，所谓无益反有损。谓白石之画在南方价高，惟重庆愿得予画者众。一日，某甲因军事欲之重庆，与予言曰：‘我有重庆友人，求我带画多幅，以供同好’云云。予素无存画，强凑廿幅三尺者，册页十张。某甲到重庆未久，未及分应画事，北平以电报催归。某甲匆匆将予画交与徐悲鸿。徐君不知某甲欲分应何人，

1 王震编著《徐悲鸿年谱长编》，上海画报出版社，2006，第255页。
2 王震编著《徐悲鸿年谱长编》，第275页。

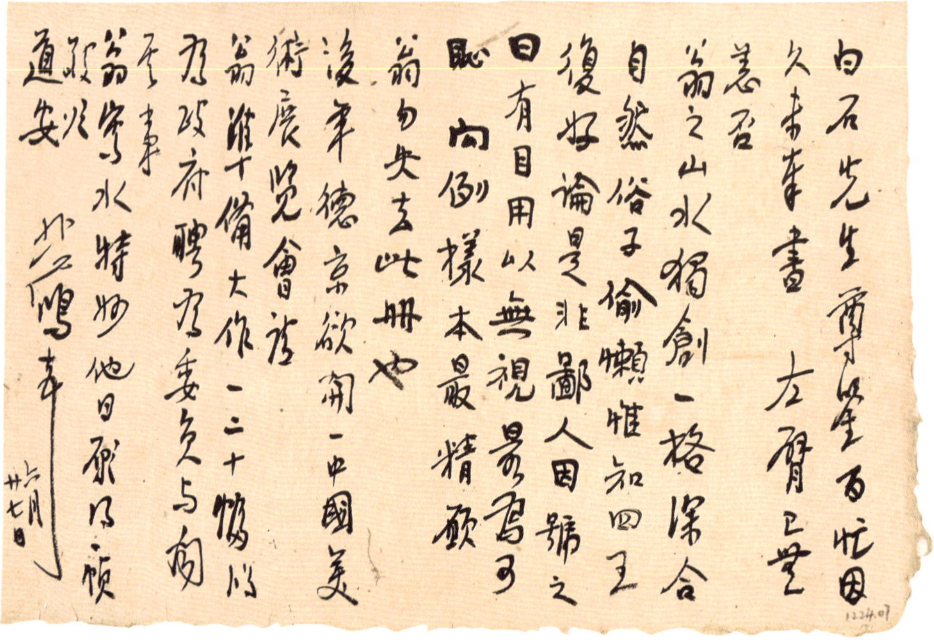

白石先生尊鑒：日前因久未奉書，左臂正患恙召。翁之山水獨創一格，深合自然，俗子偷懶，惟知四王，復好論是非，鄙人因歸之日有目用以無視，最爲可恥。向例樣本最精歡，翁勿失去此册也。後年德京欲開一中國美術展覽會，請翁準備大作一二十幀，以弟政府聘爲委員與聞其事。翁寫水特妙，他日願得一幀。敬頌道安。悲鴻拜 六月廿七日

图 21　信札　徐悲鸿　托片　纸本　纵 24cm　横 36cm　1932 年　北京画院藏

只好为予展览。其画乃凑合之物，未能尽工。闻骂之者甚众，如是失败。弟逢人欲骂予者，弟可答其详（翔）实，大事平靖。若轮蹄通行，望弟来京华一见，予有往后事件相托也。”[1] 如果这两个材料确相关联，亦可见徐悲鸿的堪托付和对齐白石作品不遗余力的推介。

北京画院存的几封信函中还有：“鸿下月必来平，无论如何大作（尤其翁得意之作）不可让他人购去，至祷，因有绝大意义也。”所谓“绝大意义”，指的就是“后年（即1933年）德京欲开一中国美术展览会，请翁准备大作一二十幅，鸿为政府聘为委员与闻其事”（图21）。而且，徐悲鸿不仅要齐白石为展览留出“得意”之作，还“推翁为委员，已见中央议决案矣”——正如徐悲鸿自己所说“鸿有所谋，必欲先生俱”。[2] 不久，白石入选该展筹委也确成了事实[3]。

徐悲鸿还曾在信中说：“先生已有千古，乘此精力尚健之时，写画数百幅藏于椟中，不必贱价售之。俗人悲鸿倘一日有微力时，必设一画院尽以陈列吾白石翁画，以愧三百年来仰人鼻息之小丈夫也（任伯年除外）。”[4]（图22）不妨看作徐悲鸿对齐白石在艺术上的鼓励、肯定和期许。

在这几封信函中，还有徐悲鸿向齐白石推荐其他书画家并代为索字、索诗的内容，如“借山图最好请摄出一二页（托□□□□□，不必大张），即祈先生以册之大小之纸写信其上，俾鸿可以剖纸分求诸老题诗。不然者人必艰于着想，虽允为诗而不可强与催促也。”（图23）；“竟无先生为先生书白石山庄苍劲已极，谨寄奉”；（图24）“昨特走访欧阳先生，示以尊函，为先生求彼联扇各一，借山馆题诗亦

1　见北京画院存徐悲鸿致齐白石书信。

2　同上。

3　见《京报》1932年11月2日第三版报道《昨行政院会议慰留夏斗寅、段锡朋 加聘柏林中国美术展览会筹委》：“【南京一日上午十时三十分本报专电】……（九）教育部（部）长朱家骅请加聘王一亭、张道藩、齐白石、林风眠、林文铮、狄平子、张泽为柏林中国美术展览会筹委案，通过。”

4　见北京画院存徐悲鸿致齐白石书信。

白石先生尊鉴：读手教，令我又气又笑。此辈下流，欺文人有谁能过他，画画真是活见着鬼。吾推重齐白石者，正因无一笔古人而能自立（此节尤重要）。信口雌黄，多见其不知量也。何损于白石毫末，一笑置之可矣。

自印画不甚妥，因费往还麻烦，倘来交印，以尚有法令他变。印唯须有照片乃可。

先生已有千古，乘此精力尚健之时，宜画数百帧，藏于椟中，不必贱价售之俗人。悲鸿倘一日有微力时，必设一画院，以陈列吾白石翁画，以愧三百年来仰人鼻息之小丈夫也（任伯年除外）。敬颂

道安

悲鸿顿首 九月十八日

问师造化矣，不问师古人也。试问古人何师？甚矣，学人之误人也。

白石先生赐鉴：大作两件均收得，罗奥以之扇已嘱匠以腊金寄先生矣。借山图最好请摄出（比如予我意见）一二页（不必太长），即於先生以册之大小之纸写信，交上俾得可以剖纸分求诸老题诗，不然者人必艰于着想，虽名贤诗而不可读，可催促也。

后年中国将在德京柏林开一现代中国绘画展览会，仍当请教育部聘先生为委员。此事近日状况尚未确定，要之先生一代宗匠，必有所谋必然。先生俱近状想佳。敬颂

道安

悲鸿顿首 十一月十二日

王君苏宇秀南京名匠，彼匠仍全家而不及翁求翁作款之，彼必欣喜无量也。比小寄上，实深铭感。

上：图22　信札　徐悲鸿　托片　纸本　纵23.5cm　横66cm　1932年　北京画院藏
下：图23　信札　徐悲鸿　托片　纸本　纵23cm　横62cm　1932年　北京画院藏

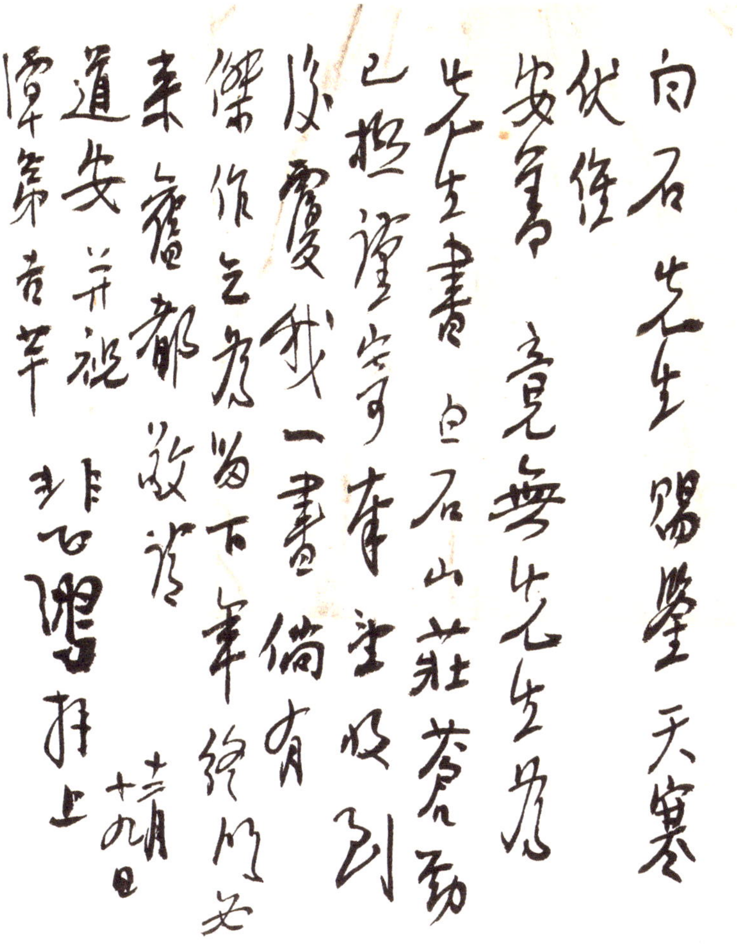

图 24　信札　徐悲鸿　托片　纸本　纵 29.5cm　横 23cm　1932 年　北京画院藏

以尊意裁纸三幅告之。惟竟无先生意以未见图难以着想。此老最矜持，凡所作稍不如意，便撕成粉碎，不可强也。鸿必能得其佳书以报，先生勿念。当世善书者除竟无、右任两公外，尚有弘一和尚即李叔同，亦师曾当日好友。竟无先生书格高调古，镕铸汉魏，愈大愈佳；于书倜傥风流，特多逸气；弘一则遒劲谨严，又雍和简雅。皆与王远郑道昭争一日之长者也。尚有两人：一为钱振锽名山，一为方还唯一。唯一先生上星期逝去。钱先生隐居毗陵，不问世事。二人之书在李颜之间，其人格尤孤高可敬”；“于公处已数次函催，迄乏消息，但彼固允命且言乐为之也，姑俟之如何？”等[1]。在这种交流中，甚至有“此纸作画写字均受墨好用，先生盍一试？”的内容，足见他们在艺术上交流、切磋之广泛。

合作画历来是文人之间交流、雅玩或共襄盛举的活动。齐、徐二人也有过合作画，1935 年 12 月 31 日《北洋画报》第 1342 期发表之吴迪生赠刊、齐徐合作《猫鼠图》，其中徐悲鸿画猫，齐白石题：“乙亥正月第二日白石齐璜。”[2] 猫为徐悲鸿所擅长，鼠是白石常画的题材，合作于前述乙亥春节徐悲鸿来平期间，而发表的日期又临近丙子鼠年，是个很“雅”的交游纪念和见证。

《斗鸡图》（图 25），徐悲鸿题：“丁亥小除夕停电之际，暗中摸索，为刘金涛君糊窗，悲鸿漫笔。”画两只一高一低相向而立的公鸡，大概是因为“停电”，没有继续将背景画完。画面右边有题“九十四岁白石补石并花草”，在高处的公鸡下方补写石头及石边丛草。此作为裱画师刘金涛所有。从款题看，分别为 1947 年和 1954 年，即齐白石的补写是在徐悲鸿已经离世、但自己并不知情的情形下画的，应该

1　书信内容均见北京画院存徐悲鸿致齐白石书信。“竟无先生”“欧阳先生”为欧阳竟无（1871—1943），被称为近代佛学一代宗师，在佛学研究方面有较大贡献。“右任”“于公”即于右任（1879—1964），国民党元老，中国近代书法家、教育家、报刊活动家。方还（1866—1932），原名张方中，字惟一，民国书家，以诗文书法三绝而名噪江南，并和著名才子方地山被世人同誉为“南北两方”。钱振煌（1875—1944），字梦鲸，号名山，近代学者、书法家。

2　王震编著《徐悲鸿年谱长编》，第 163 页。

图 25　斗鸡图　徐悲鸿、齐白石　轴　纸本设色　纵 103cm　横 79cm　1947 年、1954 年　徐悲鸿纪念馆藏

图 26　千里驹　徐悲鸿　轴　纸本　墨笔　纵 52cm　横 78cm　1938 年　徐悲鸿纪念馆藏

是刘金涛促成了这样的合作，也算是最令人感伤的合作画了。

文人之间因一些特别值得纪念的事情而互赠作品也是常有的事，齐徐间相赠的最有趣的一幅画，要算 1938 年徐悲鸿赠齐白石的《千里驹》（图 26）——贺齐白石老来得子之喜："白石翁七十八岁生子，字之曰良末，闻极聪慧，殆尚非最幼之子，强号之曰末耳。故人固无长物，且以远方，因写千里驹为贺，廿七年九月，悲鸿在桂林。"[1] 这类以友情为基础的诙谐、幽默，是"秀才人情"，其表达也是十分文人化的。附带的一个材料是，为答谢徐悲鸿的这幅《千里驹》，白石回赠了十开册页，其中《虾》（图 27）一开题："戊寅夏，悲鸿道兄在

1　图录于《徐悲鸿绘画全集 · 第三卷 · 中国水墨作品》，台北艺术家出版社，2001，第 128 页。

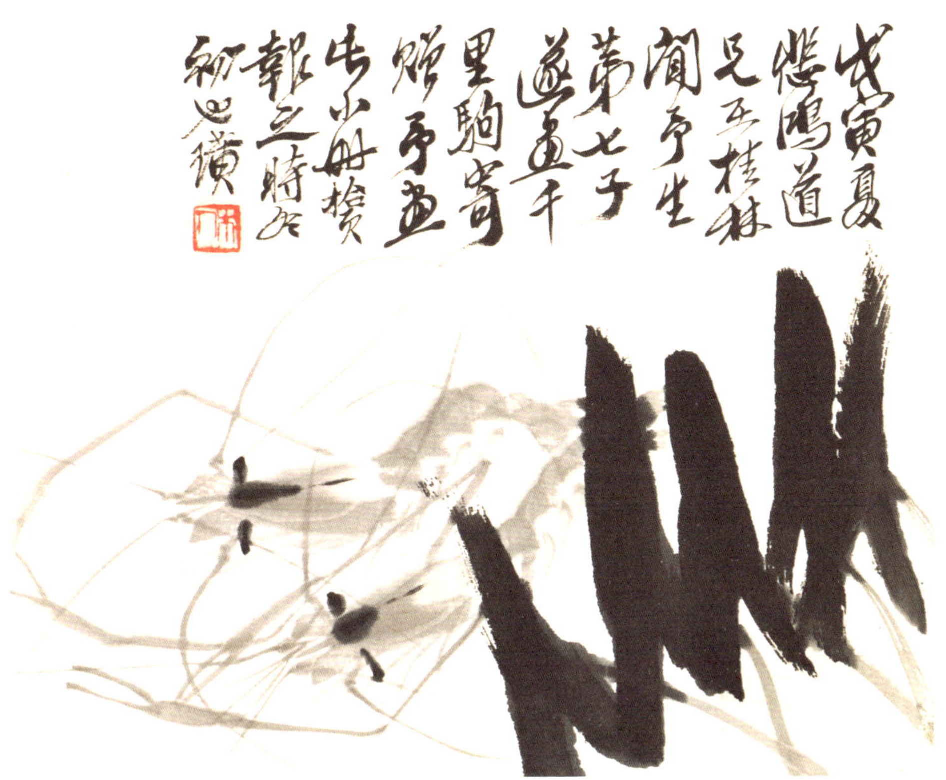

图 27　虾　齐白石　册页　纸本墨笔　纵 24cm　横 29.5cm　1938 年　徐悲鸿纪念馆藏

桂林闻予生第七子，遂画千里驹寄赠，吾画此小册十页报之，时冬初也。璜。”[1] 而《人生若寄 北京画院藏齐白石手稿》(书信及其他) 之《邮寄收据》部分第十七页有邮戳为“廿七年十一月廿八”的“12899号中华邮政挂号邮件凭单”，白石作注云：“徐悲鸿，桂林省政府转。函内册页十件。火漆封。此邮局收条，已寄悲鸿香港中华书局，中华书局寄还。”[2] 进一步佐证了这套册页的作画时间在当年的阴历十月左右，正是“时冬初也”——这么难得的资料链是迷人的，令人沉迷于一点一滴的资料挖掘和考证中难以抽身并享乐其间！

1 《齐白石画选》，人民美术出版社，1980。
2 北京画院编《人生若寄 北京画院藏齐白石手稿》(书信及其他)，广西美术出版社，2013，第 167 页。

左：芭蕉　齐白石　轴　纸本墨笔　纵 172cm　横 48cm　1931 年　徐悲鸿纪念馆藏

右：葫芦　齐白石　轴　纸本设色　纵 130cm　横 32.5cm　1931 年　徐悲鸿纪念馆藏

左：青蛙蜀葵　齐白石　徐悲鸿　轴　纸本设色　纵 101cm　横 35cm　1948 年　徐悲鸿纪念馆藏
右：墨虾蜀葵　齐白石　徐悲鸿　轴　纸本设色　纵 101cm　横 35cm　1948 年　徐悲鸿纪念馆藏

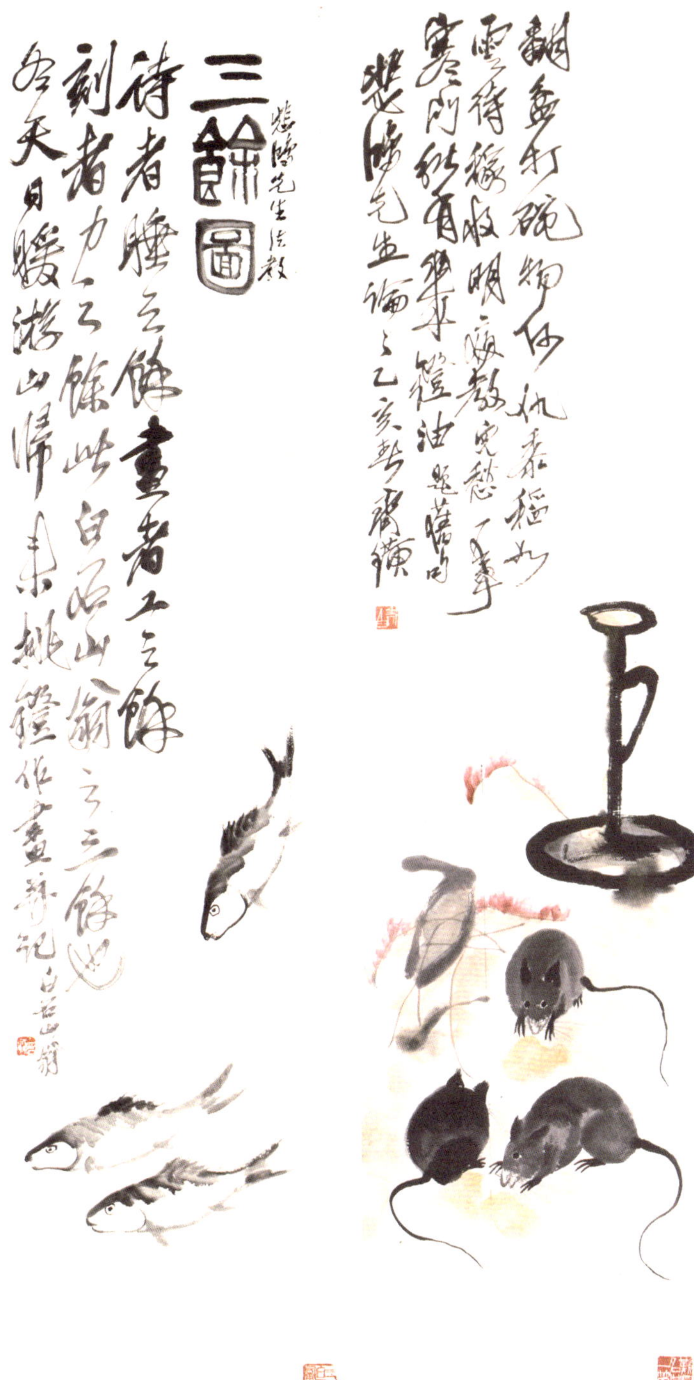

左：三余图　齐白石　轴　纸本墨笔　纵 137.5cm　横 50.5cm　无年款　徐悲鸿纪念馆藏

右：鼠子倾灯　齐白石　轴　纸本设色　纵 140cm　横 34cm　1935 年　徐悲鸿纪念馆藏

艺术知己

我们通常把徐悲鸿和齐白石分别看作20世纪中国画两大类型——中西融合型和传统型画家的代表,他们不仅在对中国画的理解、追求、探索方向,以及具体技法等方面均存在很大差异,而且在年龄、身份、性格、知识背景、处事方式等方面也有很大不同,那么他们之间建立起密切联系的基础又是什么呢?

吴作人在《追忆徐悲鸿先生》中曾说:“当时他[1]发觉北平艺术学院的国画教学基本上是掌握在保守派的手里,而他素来主张对陈陈相因、泥古不化的所谓‘传统’,要进行改革。他的大胆吸收新的以写生为基础训练的主要教学方向,是不见容于当年画必称‘四王’,学必循《芥子园》的北平艺术学院[2]的。尽管还有少数有新意的画家如陈衡恪[3]、姚茫父等人,但他预见到他在北平是孤掌难鸣的。他在北平住了不到三个月就束装南回了。徐先生在北上之前,……就先向我们说:‘我这次去北平时间不会长的,是去看看,也许不久就回来。’”春季开学,当徐悲鸿又回到中大艺术科的西画课堂上时说:“这次去北平,最大的收获是结识了几位很有艺术才能的画家,他们有坚实的绘画基础,也富有创新的精神,其中最重要的一位是多才多艺的齐白石先生。”[4]对于自觉担负起复兴中国美术、改良中国画大任的徐悲鸿来说,其“大胆吸收新的以写生为基础训练”的教学方向,在中央大学艺术科初试成功,基本没有遇到什么阻力,这一方面因为他主要负

1 指1928年底的徐悲鸿。

2 此处吴作人有误,当时称北平大学艺术学院。

3 此处吴作人有误,陈衡恪已于1923年病逝。

4 《徐悲鸿——回忆徐悲鸿专辑》,文史资料出版社,1983,第4—6页。

责的是西画组，他的这一教学主张也主要实施于西画组，而写生本就是西画的基础训练之一；一方面因为这是一个新组建的科组，教学上是从头开始，还没形成什么“传统”，谈不上有什么阻力。但在有一定历史和教学传统的、中国最早的国立美术学院里，徐悲鸿要实施自己的教学主张，就没那么容易了，对此徐悲鸿有足够的估计，而且估计得很准确——真的“不久就回来”了。

从上述吴作人的回忆可以看出，徐悲鸿对齐白石的激赏主要基于三个方面，即“有坚实的绘画基础”、“富有创新的精神”和“多才多艺”。徐悲鸿所说的“坚实的绘画基础”，应该是指齐白石所具备的一般文人画家没有的写实能力；“富有创新的精神”，应该是指齐白石“衰年变法”之后，独特而个性鲜明的绘画面貌，即“他认为齐白石最突出的表现是在艺术上的独创性”[1]；“多才多艺”，应该是指齐白石的诗书画印、工笔写意、山水花鸟人物等各方面的“全能”。

可以说，齐、徐关系的基础主要就是基于以上两个方面，即在北京画坛受到的压力和艺术上的认同，但是艺术上主要是徐悲鸿对齐白石的认同，而齐白石对徐悲鸿艺术的“赞扬”多属溢美，虽不能说全属违心，但“场面话”的成分较多，有时会在极偶然的情况下有微妙的真话流露，如1936年5月30—31日成都《新新新闻》连载之专访《从西洋艺术说到中国：齐白石对记者谈画 作画时修养 平生不开展览会 刘海粟洋味太深 徐悲鸿有望》中有：“西洋画与中国画，画不相同，西画是求实际上的形肖，至于神的方面，西画是不及中画，所以近今外人非常爱好中画，刘海粟昨年曾在德开展览会，颇博得彼邦美称，不过刘氏之画，含西画意味太深，新近徐悲鸿画中亦有西画味，但于神韵尚能写出，亦属有希望人物。”此话是客观公允的，可见对徐悲鸿的认可是较为有限的。

在北京画坛所受到的压力是齐徐关系密切的重要因素。徐悲鸿与

---

1 吴作人：《追忆徐悲鸿先生》，载《徐悲鸿——回忆徐悲鸿专辑》，文史资料出版社，1983，第6页。

北京画坛的正面接触共有三次。第一次是1917年12月至1919年1月，因结识蔡元培而受聘于北大画法研究会，并以《中国画改良之方法》一文崭露头角，但对于相对传统和保守的北京画坛来说，他这个人微言轻的年轻人的这套改良中国画的主张，并没有掀起多大的波澜。第二次是1928年11月至1929年1月末（或2月初），受北平大学校长李石曾之聘，出任当时已是“残局”的北平大学艺术学院院长，仅3个月，就因“枝节丛生”“棘手万分”、教学主张无法贯彻而辞职南返[1]。第三次是1946年8月至1953年9月去世，尽管他深知北平画坛的状况并接受了上一次的教训，带来了一大批教员，但还是闹出“三教授罢教”这样激烈的事端，当然这个时候的徐悲鸿羽翼已相当丰满，不仅“一手遮天”着规模大增的国立艺专，还有自己主导的同行组织北平美术作家协会（图28）、自己做主的媒体平台《益世报》星期副刊，又通过动辄包含几百件作品的大规模艺专师生画展、与新闻媒体的积极互动、与各领域上层社会的人脉，等等，将他的“集团”打造得风生水起，使得人数数倍于艺专集团的北平传统画坛，硬是拿他没办法，双方一直水火不容的僵持着，直到“军管会”来了，“三教授”一方又被徐告了一状才算罢休。历次的经历表明，徐悲鸿是不见容于传统画家阵容相对强大的北平画坛的。

齐白石遭到北京画坛的排斥，是双方面作用的结果。一方面，北京画坛普遍认为齐白石的诗书画印都太过粗野（所谓“如厨夫抹灶”）、没有来历，连带对齐白石的穿戴、做派也看不惯，除了姚华的谩骂和讥讽，自号“骂斋”的王梦白不仅当面骂过齐白石，擅于模仿的他还曾乘兴当众操白石之楚音并神情、态度等，因“酷肖”而博众乐，类似难堪也是不少；另一方面，齐白石的性格和处事方式也起了一定作

1　1929年1月末，徐悲鸿曾在其《梅花双雀图》中有“戊辰冬仲来长北平艺院，收拾残局，棘手万分”之句；王震编著《徐悲鸿年谱长编》又有：1929年1月24日“北大学生为学校体制问题，及校长人选问题，再次爆发学潮，加之党务纠纷，有人利用学生作为捣乱工具，使学校枝节丛生，迄无宁日，徐氏的教学主张无法贯彻，约于月底或学期结束辞职南返”。载王震编著《徐悲鸿年谱长编》，第75页。

图28　1946年，北平美术作家协会成立时在洋溢胡同14号吴作人家外合影。前排左起：宋步云、王临乙、徐悲鸿、齐白石、夏文珠、戴泽；中排左起：王丙照、李可染、卢光照、齐子如、齐振杞；后排左起：叶正昌、王静远、黄养辉、高立芳、高庄、吴作人、宗其香、孙宗慰、李宗津、刘铁华、冯法祀、董希文、艾中信

用，他不善交际、寡言语、怕惹事、厌是非，只想关起门来，清清静静地做自己的诗、画自己的画。他的印语“一切画会无能加入”（图29）、“还家休听鹧鸪啼”和题画句“人骂我我也骂人”（图30），就很生动地体现出他对北京画坛（特别是20世纪二三十年代的北京画坛）的疏离态度。

徐齐二人虽然都是从艰难困顿的生活环境中走过来的，但是却造就出不同的性格。徐悲鸿因此而有着强烈的改变境遇并有所作为的抱负和固执的性格，欣赏和依恋英雄侠义所带来的心理安慰，不仅在绘画上钟情于古典的英雄侠义精神的表现，而且侠义精神也成为其日常

图 29　一切画会无能加入　齐白石

行为的巨大动力，在面对困难时往往意气用事或越挫越勇。齐白石本有直率的性格，但由农民而画家的身份使他屡遭白眼，对此他选择了退避三舍、谨言慎行，尽量让自己远离是非。但这并不意味着他不懂是非，相反他对是非还相当敏感。这样的经历使得齐白石的“报恩”思想要重于同时代的很多画家，所谓“门人知己即恩人”[1]，而他“一生最知己的朋友，就是徐悲鸿先生”[2]，所以对徐悲鸿，他也有“报恩”情感。相识不久的 1930 年左右寄赠徐悲鸿的《寻旧图》(图 31)，即可看作齐白石对徐悲鸿的较早报答。该作画面简单，只一背影扶杖老者而已，但体形和衣帽特征一望便知是白石自己，形似神似意似，背影的处理又恰到好处地烘托了孤独、思念、叹惋等情绪，既巧且妙，绝非一般应酬之作，在所有白石作品中是独一份，当然更独一份的还有长跋，几乎占满了画面的空隙，充满了倾诉感，不妨说兼具了信函的功用:“草庐三请不容辞，何况雕虫老画师。深信人间神鬼力，白皮松外暗风吹。戊辰秋，徐君悲鸿为旧京艺术院长，欲聘余为教授，三过借山馆，余始应其请。徐君考试诸生，其画题曰‘白皮松’。考试毕，商余以定甲乙，余所论取，徐君从之。一朝不见令人思，重聚陶然未有期。海上风清明月满，杖藜扶梦访徐熙。徐君辞燕时余问南归何处，答云:月缺在南京，月满在上海。作画寄赠徐君悲鸿，并题

1　齐白石的一方印语。

2　吴作人:《追忆徐悲鸿先生》，载《徐悲鸿——回忆徐悲鸿专辑》，文史资料出版社，1983，第 6 页。

图 30　人骂我我也骂人　齐白石　轴　纸本设色　纵 35.5cm　横 25.4cm　无年款　北京画院藏

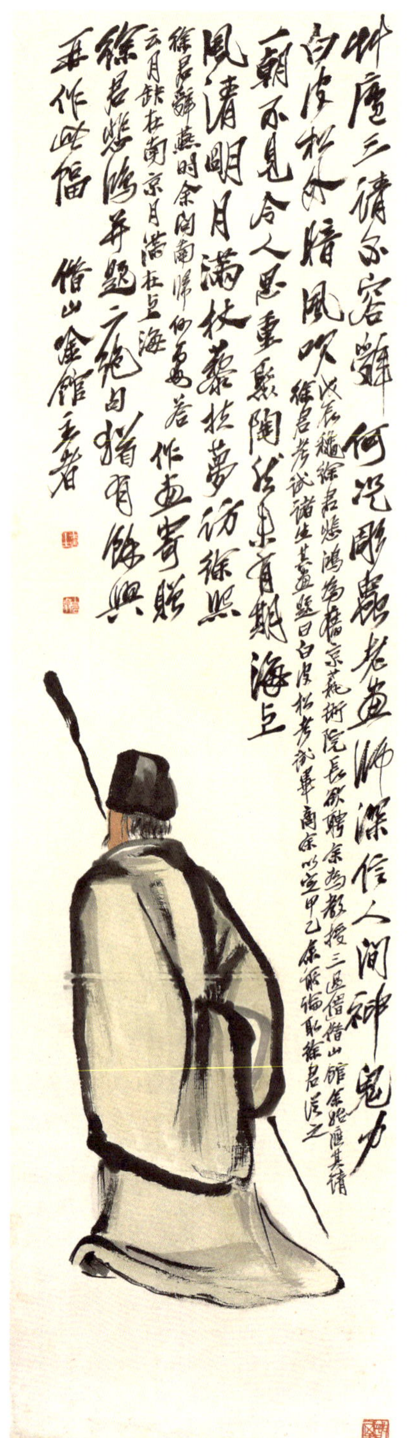

图 31　寻旧图　齐白石　轴　纸本设色　纵 151.5cm　横 42cm　无年款　北京画院藏

二绝句，犹有余兴，再作此幅。借山吟馆主者。”[1]白石所要报恩之事在此长跋中展露无遗，即徐悲鸿对他的看重和尊重，除了三请其出山，还在考试学生时完全依其意见定评成绩，这样的尊重是齐白石从未领受过的。其中“白皮松外暗风吹”一句，最能体现二人当时共同的境遇。徐悲鸿注重风景（或山水）的地域特征，每到一地，遇有机会，就会以有当地特点的景物出题考试。白皮松为北京特有树木，是徐悲鸿考试学生的题目。齐白石巧妙地用这个有地域特点的考题喻指北京画坛，用“暗风吹”喻指徐悲鸿为请他执教所承受的压力，以及二人在北京画坛共同遭遇的排挤待遇。不妨说，这件作品标志着齐徐“阵营”的形成——如果从“阵营”的角度来说，本来更具优势的林风眠，因为没有与齐形成这样互相倚助的阵营，也便没有将其捷足先登的优势发扬下去，在去南方之后逐渐与白石断了交往，而被后来者居上的“阵营”中的徐悲鸿赶超，成就了一场延续终生的忘年之交。

面对排挤，虽然齐、徐处理方式不同，但都是不乏勇敢的，而这份勇敢更多来自他们在艺术上的自信和勇敢，白石所说的“胆敢独造”四字，也可以概括徐悲鸿的艺术态度。这是二人关系的首要基础。

在齐白石的《白石老人自述》中仅有两次提到徐悲鸿的名字，一次是前面提到的相识，一笔带过；另外一次则是：“我向来反对宗派拘束，曾云：‘逢人耻听说荆关，宗派夸能却汗颜。’也反对死临死摹，又曾说过：‘山外楼台云外峰，匠家千古此雷同’，‘一笑前朝诸巨手，平铺细抹死工夫’。因之，我就常说：‘胸中山水奇天下，删去临摹手一双。’赞同我这见解的人，陈师曾是头一个，其余就算瑞光和尚和徐悲鸿了。”[2]这里齐白石说的主要是他对山水画的看法。虽然他的山

1 作品中无年款，从白石题字风格看，应为20世纪30年代初。另，王震编著《徐悲鸿年谱长编》第75页中，记载了另一幅类似作品：1月末，“离北平前向齐白石辞行，得白石所绘《月下寻归图》，画面为一穿长袍的老人，扶杖而行，面容抑郁。并题诗二首：（一）草庐三顾不容辞，何况雕虫老画师；海上清风明月满，杖藜扶梦访徐熙。（二）一朝不见令人思，重聚陶然未有期；深信人间神鬼力，白皮松外暗风吹。旁边附一行小字：悲鸿先生辞余出燕，余问南归何所？答：‘月满在上海，缺，在南京。’”这显然是不同但类似的两件作品，《杖藜扶梦访徐熙》的人物为背影，看不到面容是否抑郁，而且题诗的含义和对仗也较此作合理。

2 齐白石口述、张次溪笔录《白石老人自述》，山东画报出版社，2000，第169页。

水画“布局立意，总是反复构思，不愿落入前人窠臼”[1]，但在他所有题材的画中，山水画受到的非议最多，也最不受美术界和收藏界认可，所以在“五十岁后，懒于多费深思，曾在润格中订明不再为人画山水”[2]，是既无奈又不甘的。

徐悲鸿留下来的60余万字的文章，一个最重要的内容就是以写实为标准重评中国画史，其结论是褒扬花鸟画，贬抑山水画和人物画，所谓“吾国最高美术属于画，画中最美之品为花鸟，山水次之，人物最卑”[3]。对于中国画人物画的改良，徐悲鸿留学归来后，一定程度地融入素描因素，自认为找到了行之有效的方法；但对于他投注精力不多的山水画，不仅他试图把西画写生渗透到中国画基础教学的设想难以在北平画坛实施，而且在当时画坛中也难找出他堪为大力推介的模范。正是在这样的寻找中，他看到了齐白石的山水。

实际上，齐、徐二人对山水画的看法是有同有异的。在反对动辄论宗派、讲来历，反对重临摹、轻创造，提倡师造化上，二人观点相近；但在如何创造上还是有很大差异的。齐白石追求真实感受之后、删繁就简式的、大写意的胸中山水，并大胆创造出前无古人的山水画；徐悲鸿则追求“画树知为何树，画山可辨远近，画石堪与磨刀，画水可成饮料”[4]的实感。所以徐悲鸿对齐白石的山水最看重的是其创造性，而非临摹来的，正如他给齐白石的信中所说：“吾推重齐白石者，正因其无一笔古人而能自立（此节尤重要）”“闻师造化矣，不闻师古人也，试问古人何师？甚矣！浅人之误人也”“翁之山水独创一格，深合自然。俗子偷懒，惟知四王，复好论是非。鄙人因号之曰：有目用

1 齐白石口述、张次溪笔录《白石老人自述》，第169页。

2 齐白石口述、张次溪笔录《白石老人自述》，第169页。

3 1926年《古今中外艺术论》，载王震编《徐悲鸿文集》，上海书画出版社，2005，第16页。

4 徐悲鸿曾在1947年《世界艺术之没落与中国艺术之复兴》中说：“中国艺术没落的原因，是因为偏重文人画，王维的诗中有画，画中有诗那样高超的作品，一定是人人醉心的，毫无问题，不过他的末流，成了画树不知何树，画山不辨远近，画石不堪磨刀，画水不成饮料，特别是画人不但不能表情，并且有衣无骨，架头大，身子小。”载王震编《徐悲鸿文集》，上海书画出版社，2005，第134—136页。

以无视最为可耻”“翁写（山）水特妙，他日愿得一帧”。[1]齐、徐二人在艺术上的这一点“同”，是他们保持后半生交往的很重要的因素，这提示我们，对艺术的某些认识上的共同话语，也许是画家交往的相对牢固的基础，哪怕他们被划分在不同的类型里，哪怕他们只在某个方面存在“同”，哪怕他们各自还存在很大的“异”。

在对齐白石山水的推介上，徐悲鸿的贡献颇大。1930 年 9 月开始谋划，1931 年 6 月为之撰序，1932 年出版《齐白石画册》，可以说是徐悲鸿尽心竭力的结果，这是齐白石的第一本也是生前最后一本以山水为主的画册（图 32）。

针对齐白石山水突出的独创性和被认为粗野、无来历的指责，徐悲鸿在该画册序文中，从头至尾抓住一个“变”字，并对“变”做出了自己的解释。一向崇尚儒学的徐悲鸿，在艺术上也以“中庸”为追求，这从他和谐、含蓄、温润浑融、不浮滑、不刻露、极少剑拔弩张或顿挫沉郁的绘画面貌上即可见出。他理解的中庸，就是“致广大、尽精微”“奉平正通达温顺良好为中，而斥雄奇瑰异者为怪”，崇尚“气度雍容”，鄙夷“犷悍疾厉”。他认为艺术要“变”，而且“变”是艺术的最高境界，所谓“至变而止”，但一定要“正变”——“正者能知变，变者系正之变”，既不能为变而变，也不能从一开始就变。“变”是“经验所积”，但也不是所有有积累的人都能达成的，它是一种“拟之不得，仿之不能”“出诸意料以外”的境界，要达到这样的境界，除了积累，还一定要“具精湛宏博之观”，绝不是“似是而非”的“浅人”的“粗陋荒率之败象”所能体现的。他认为齐白石的山水就是这种具“中庸之德”的正变，既有“具备万物，指挥若定”的雍容气度，又有“真体内充”的广大，“妙造自然”、不“断章取义”的精微，更有儒家所行之大“道”，在艺术面貌上不“徒袭他人形貌”，在品德上也

1　见北京画院存徐悲鸿致齐白石书信。

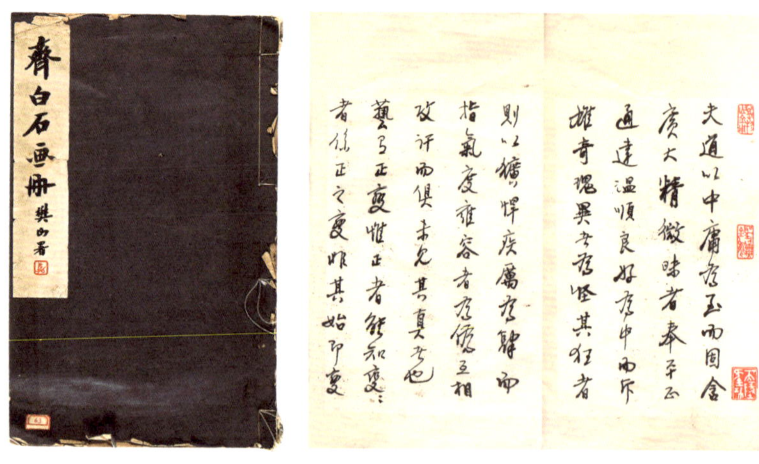

左：图 32　1932 年徐悲鸿在中华书局出版的《齐白石画册》
右：图 33　徐悲鸿为《齐白石画集》作的序

不是“尽得人形貌者犹自诩”者所能相比的。[1] 总之，这区区四百字的序言，可以看作徐悲鸿从艺术和为人双方面为齐白石“正名”，将之推至儒家的最高境界，列入不多见的大画家的行列，所谓“虽翁素称之石涛，亦同斯例也”[2]，可谓极尽褒扬，无以复加，而且非常真诚，这从持续半生的友谊和不遗余力的收藏中可以得到证明。在徐悲鸿著文评价的近四十位同时代画家中，唯有齐白石获得了如此至高的评价（图 33）。

对此，齐白石将感恩体现在赠徐悲鸿的一幅山水画（图 34）上：“少年为写山水照，自娱岂欲世人称。我法何辞万口骂，江南倾胆独徐君。谓我心手出异怪，鬼神使之非人能。最怜一口反万众，使我衰颜满汗淋。”[3] 只要是徐悲鸿认定的，他的“胆”量几乎是无边的，这一方面源自其艺术上的自信和判断，一方面源自其个性，所谓“一意孤行，固执己见”，又何惧“一口反万众”？

1　王震编《徐悲鸿文集》，上海书画出版社，2005，第 44 页。
2　王震编《徐悲鸿文集》，第 44 页。
3　廖静文：《徐悲鸿一生》，第 113 页。

图 34　山水　齐白石　轴　纸本墨笔　纵 72cm　横 29cm　1932 年　徐悲鸿纪念馆藏

在徐悲鸿的引荐下有幸结识齐白石的郭味蕖回忆说:“1956 年的初秋，我在画家徐悲鸿纪念馆又一次接待了白石老人。那时他刚刚知道了徐悲鸿先生辞世的噩耗，立即赶来。他在徐悲鸿先生故居会客厅的沙发上默默地坐了很长时间，凝神不动，心里在寻思着什么。后来他的口角动了一下，说出了‘影像’两个字，我们才知道白石老人是要看看悲鸿先生的相片。他站在悲鸿先生的影像前,眼里含满了泪水，一定要跪拜，大家怕老人过于激动，在劝说下，才深深地鞠躬，然后被搀坐在椅子上。悲鸿先生是白石老人的知友,是‘最怜一口反万众，使我衰颜满汗淋’的倾胆知交，悲鸿先生的逝世，是民族艺术的重大损失，怎能不使白石老人伤感呢？这一次就是我最后和白石老人的会见。”[1] 齐徐二人情谊之深长,令人动容。一个 96 岁的老人要坚持“跪拜”和“深深地鞠躬”，其间最多的含义还是深深的感恩，这种情感超越了年龄、派别甚至艺术本身，深刻地印在齐白石的心里，也留在 20 世纪的中国画坛。

徐悲鸿曾在听说齐白石背后盛赞自己作品后，不胜“感愧”地致信称赞齐白石“古道照人”[2]。年龄、经历、艺术追求等各方面存在很大不同的齐白石和徐悲鸿，能建立起如此深厚的情谊，成为相知相惜的知己，除了他们有上述不多的共同点，还因为他们有和而不同、求同存异的宽厚和容量，有视艺术为生命的情感，性情中都有纯净、单纯、诚挚的东西。也许，这就是所谓“古道”，是值得我们怀想、记取和学习的一种精神。

庚子孟夏修订于望云楼

华天雪系中国艺术研究院美术研究所研究员

---

1 郭味蕖:《向杰出的人民艺术家白石老人学习》，载《郭味蕖艺术文集》(下)，人民美术出版社，2008，第 802—803 页。

2 见北京画院存徐悲鸿致齐白石书信。

感谢下列单位的大力支持：

辽宁省博物馆

中央美术学院美术馆

梅兰芳纪念馆

徐悲鸿纪念馆